자존감 수업

하루에 하나, 나를 사랑하게 되는 자존감 회복 훈련

자존감 수업

윤홍균 지음

심플라이프

C O N T E N T S

Part 3
자존감이 인간관계를 좌우한다

Part 4
자존감을 방해하는 감정들

Part 5
자존감 회복을 위해 버려야 할 마음 습관

Part 6
자존감 회복을 위해 극복할 것들

Part 7
자존감을 끌어올리는 다섯 가지 실천

Epilogue

Prologue

문제는 자존감이다

어느덧 머리가 희끗한 중년 의사가 되었다. 사람들이 수시로 찾아와 조언을 구한다. 내 강연을 들은 후 인생이 달라졌다고 편지를 보내오는 사람도 있다.

생각해보면 참 행복한 시간이다. 나는 아직 건강하고, 사랑하는 아내와 아이들은 나를 존중한다. 부모님은 나를 신뢰하고, 하나뿐인 형은 늘 나를 지지한다. 총체적으로 무척 행복한 인생이라고 말할 만하다.

하지만 이것은 전혀 예상하지 못한 일이다. 어린 시절 나는 유약한 아이였다. 몸은 약했고, 마음도 여렸다. 편도선이 자주 부어 결석이 잦았고, 걸핏하면 눈물을 보이는 울보였다. 여느 사내아이들과 달리 장난꾸러기가 아니었고 그렇다고 야무지지도 않았다. 머리는 평범했고, 손재주도 없었다. 자신감도 없고 끈기도 없었다. 주변 사람들은 그런 날 걱정스럽게 바라봤다.

그땐 무엇을 해도 자신이 없었다. 웬만하면 남들이 하자는 대로 따랐고 양보가 몸에 밴 착한 아이였다. 그런데 그게 가장 큰 문제였다. 지금 생각해보면 타인을 배려하거나 돕고 싶어서 베푼 친절이 아니었다. 내가 하면 망칠 것만 같아서, 나를 믿지 못해서 늘 남에게 기회를 넘겼다는 사실을 뒤늦게 깨달았다.

시간은 거침없이 흘렀고 누구도 예상하지 못한 일이 벌어졌다. 나는 지금의 나에게 상당히 만족한다. 어릴 때와 달리 나의 분별력과 판단을 믿고, 나를 사랑하며, 나를 이렇게 만들어준 모든 이들에게 감사한다.

어떤 사람들은 내가 정신과 의사라는 타이틀 때문에 행복한 거라고 믿는 것 같다. 사회적으로 우대받는 직업이 자신감을 불어넣었다고. 물론 완전히 틀린 말은 아니다. 전문의 수련을 받는 동안 좋은 선배와 스승에게 많은 것을 배웠다. 그 덕에 성장할 수 있었고 전문의 자격증은 언제나 자랑스럽다.

그러나 나는 수많은 의사들이 지독히도 불행한 삶을 살고 있다는 것을 알고 있다. 정신과 의사들의 자살률이 다른 분야 의사들보다 높다는 사실 또한 알고 있다. 그래서 "당신은 누구나 부러워하는 의사 아닌가? 그러니 남들보다 행복한 게 당연하다"는 의견에는 동의할 수 없다.

몇 년 전 근무하던 병원을 그만두고 내 이름을 걸고 일을 시작하면서 나는 미뤄뒀던 숙제 하나를 풀고 싶었다. 바로 '내가 내 삶에 만족하는 이유'를 찾아보자는 생각이었다. 막상 시작은 했지만 생각보다 단순하지 않았다. 나는 행복의 의미는 무엇이고, 무엇이 우리를 행복하게 하는지, 필요한 조건은 무엇인지 등을 시간을 갖고 기록해나갔다. 그 과정에서 내가 무엇을 깨닫고, 어떻게 변했으며, 그런 감정을 어떻게 지속할 수 있는지 남기고 싶었다.

고민의 퍼즐이 조금씩 맞춰질 때마다 어김없이 '자존감'이라는 단어가 수면 위로 떠올랐다. 정신과 차트에 self-esteem이라고 표기되는 단어. 사전적으로는 '자신을 어떻게 평가하는가' '얼마나 자신을 사랑하고, 만족하고 있는지에 대한 지표'를 뜻하는 단어. 나는 '자존감'이라는 표현에 주목하게 됐다.

고민을 정리해보니 내가 행복해진 과정은 곧 자존감을 회복하는 과정이었다. 인생에서 가장 불행했을 때는 자존감이 가장 저하되어 있었을 때였다.

나는 자존감이 매우 낮은 사람이었다. 의과대학을 다닐 때 유급을 당한 적이 있다. 물론 낙방이 처음은 아니었다. 과학고등학교 입시에 실패한 적도 있고, 대학입시에도, 심지어 재수학원 입시에도 떨어졌다. 의과대학 낙제는 그중에서 제일 견디기 힘들었다. 인생의 경로 자체를 수정해야 하는 게 아닌가 하는 회의가 밀려왔다. 그때 나는 매일 술을 마셨고, 담배와 게임에 빠져 지냈다. 후배들과 함께 학교를 다닐 생각을 하니 암담했고, 스스로에게 창피해서 가족들도 피해 다녔다. 아침이 되면 친구들은 학교로 가고 나는 PC방으로 출근했다. 그곳에서 밤을 새우고 새벽이 되면 몰래 귀가했다. 당구장에서 밤을 보내거나 친구들과 포장마차를 전전하다가 동이 틀 무렵 고양이처럼 들어오길 반복했다.

그 밖에도 수차례 방황과 절망을 거듭하며 자존감이 바닥으로 떨어지는 경험을 했다. 어찌 보면 내 인생은 자존감을 무너뜨렸다 일으키기를 반복하는 과정이었다고 해도 과언이 아니다. 누구보다 깊은 열등감에 시달리며 '뒤처지는 기분' '포기하고 싶은 마음' '중독에 빠져 희망을 놓고 싶은 충동'에 사로잡히곤 했다.

돌아보면 자존감을 제자리에 올려놓으려고 그렇게 힘겹게 지냈나 싶고, 자존감이 건강해진 지금에서야 비로소 제대로 된 행복감을 느끼고 사는 것 같다. 자존감은 행복의 결과물이기도 하고, 자존감의 결과가 곧 행복이기도 했다. 자존감이 회복된다는 말과 행복해진다는 말은 같은 의미였다. 그래서였을까? 자존감을 되찾기 위한 길은 다소 힘들고 불편했지만 기꺼이 견딜 수 있었다.

자존감 문제는 내게만 중요한 일이 아니었다. 불행하다며 나를 찾아오는 대다수는 자존감이 부족한 사람들이었다. 배우자가 바람을 피운 사람, 사랑하는 연인과 이별한 사람, 우울증 환자, 중독자, 죽고 싶은 사람과 그 가족……. 이들은 하나같이 자존감 문제를 안고 있었고 나는 그들을 도왔다. 그러니까 나는 의사이자 자존감 트레이너인 셈이다.

정신과 의사가 되기 위해 공부하는 동안 많은 이론과 기술을 터득했다. 그리고 그것들을 나 자신에게 접목해왔다. 그 결과 마음이 튼튼해졌고 힘들어하는 주변 사람들의 마음도 공감할 수 있는 능력이 생겼다. 또 힘들었던 여러 경험 덕분에 자존감이 떨어진 사람들이 어떤 말에 상처를 받고, 어떤 행동을 하며, 그들을 어떻게 대해줘야 하는지 더 잘 알게 됐다. 과거엔 내가 쓸모없는 존재 같아 암울했는데 시간이 흐르고 보니 그 일이 꽤 쓸 만한 자원이 된 셈이다. 그 모든 과정을 책을 통해 솔직하게 털어놓고 함께 나누고 싶었다.

하지만 막상 내가 체험한 이야기, 습득한 정보를 남들에게 전하기란 쉽지 않았다. 가장 가까운 사람인 아내도 알지 못하는 나의 성장담이나 은밀한 사적 세계를 고백하기는 더욱 어려웠다. 몇 번씩 속얘기를 썼다 지웠다 반복해야 했다. 또 의사로서 알고 있는 정보를 모조리 털어놓는 것도 선뜻 내키지 않았다. 중요한 정보를 모두와 공유한다는 것이 싫었던 것 같다. 그럼에도 이 책을 끝까지 써보자고 맘먹은 데에는 몇 가지 이유가 있다.

첫째, 나의 자존감이 언젠간 떨어질 것을 알고 있기 때문이다. 자존감을 유지하는 일은 수영과 비슷하다. 제자리에 멈춰 있으면 중력이 우리를 자꾸 끌어당긴다. 나도 마찬가지다. 살다 보면 자존감이 바닥까지 내려가는 일도 생길 것이고, 큰 실수도 할 것이고, 통제하기 힘들 정도로 지칠 것도 안다. 그럴 때 어떻게 그 순간들을 극복할지 구체적인 매뉴얼로 정리해두고 싶었다.

둘째, 나의 가족과 지인들이 인생에 한두 번은 반드시 자존감 위기를 겪을 것을 알기 때문이다. 딸들이 태어나고 자라면서 해주고 싶은 얘기가 참 많았다. 하지만 머릿속이 정리되지 않아서, 해줄 얘기가 너무 많아서, 시간이 없어서, 아직 어려서 등을 핑계로 마음에 있는 얘기를 들려주지 못했다. 그러다 지난해 뜻밖의 교통사고를 당하면서 '이대로 내 생이 끝나버리면 어떡하지?' 하는 불안감이 엄습했다. 아이들에게 아무 말도 전하지 못하고 떠날 수도 있다는 위기감도 함께 생겼다. 그래서 이 책은 '딸들에게 들려주는 자존감 이야기'이기도 하다. 아이들도 아마 좋아할 것이다. 말로 하면 잔소리로밖에 안 들릴 테니까.

셋째, 어차피 한 번은 정신과 의사로서 하고 싶던 얘기이기 때문이다. 좀 부끄러운 고백이지만 약간의 유명세를 타기 시작하면서 잠깐 고민에 빠진 적이 있다. 내가 꺼내놓은 귀한 정보를 누군가 몰래 베껴

올릴 때면 깊은 분노가 일었다. 어렵게 얻어낸 지식을 나만 아는 곳에 꽁꽁 숨겨두고 싶었다. 하지만 곧, 지식에는 어떤 경계도 없으며 누구의 소유도 아니라는 사실을 인정했다. 얼마나 오만하고 위험천만한 생각인가 말이다. 유익한 정보는 널리 공유할 때 그 의미나 효과가 훨씬 커진다고 믿는다.

이 책은 크게 7장으로 구성되어 있다. 1장에서는 자존감이 무엇인지, 왜 자존감이 우리 인생에 중요한지를 다뤘다. 많이 듣고 쓰면서도 자존감에 대해 제대로 알고 있는 사람이 많지 않기 때문이다. 2~3장에서는 자존감이 부족할 때 흔히 나타나는 사랑, 이별, 인간관계의 문제를 다뤘다. 4~5장에서는 자존감과 관련된 감정을, 6~7장에서는 자존감을 끌어올리는 구체적 방법을 모았다. 각 장 하위 단락이 끝날 때마다 '자존감 향상을 위해 오늘 할 일'이라는 실천법을 소개했다. 이것만 잘 따라해도 자존감이 높아지는 놀라운 체험을 하게 될 것이다. "자존감을 올리려면 평소 어떻게 해야 하죠?"라고 묻는 독자들에게 직접적인 도움이 되길 바란다.

내가 그랬듯 독자분들도 이 책을 통해 인생을 새롭게 발견하고, 접목하고, 창작해내며 자존감을 다시 곧추세우는 시간을 가질 수 있다면 더 바랄 게 없겠다.

윤홍균

PART 1

자존감이 왜 중요한가?

1

자존감의 세 가지 축

언제부턴가 '자존감'이라는 단어를 흔히 접할 수 있게 됐다. 그만큼 많은 사람들이 자존감의 중요성에 대해서 잘 알고 있는 듯하다. 하지만 '자존감이 정확히 뭡니까?'라고 물으면 상황은 달라진다. 어떤 이는 '나를 사랑하는 정도'라고 하고, 어떤 이는 '자긍심'이라고 하며, 어떤 이는 '내가 나를 대하는 자세'라고도 한다. 웬일인지 자존감의 정확한 의미에 대해서는 표현이 제각각이다. 그래서 본격적인 얘기에 앞서 자존감의 정확한 의미부터 정리해보려고 한다.

자존감의 가장 기본적인 정의는 '자신을 어떻게 평가하는가'(self-esteem)다. 곧 자신을 높게 평가하는지 또는 낮게 평가하는지에 대한 레벨을 의미한다. 100점 만점에 70점이라는 숫자로 표현할 수도 있고 높이(high-mid-lowered self-esteem)로 표현할 수도 있다.

자존감의 3대 기본 축

자존감에는 세 가지 기본 축이 있어서 사람들마다 자존감의 의미를 달리 해석하기도 한다. 세 가지란 자기 효능감, 자기 조절감, 자기 안전감이다.

우선 '자기 효능감'은 자신이 얼마나 쓸모 있는 사람인지 느끼는 것을 의미하는데, 우리 사회는 이 축을 지나치게 강조한다. 사회에서 알아주는 직업을 갖거나 직장에서 능력을 인정받으면 당연히 자존감이 높을 것이라고 생각하는 게 대표적인 예다.

두 번째 '자기 조절감'은 자기 마음대로 하고 싶은 본능을 의미한다. 이것이 충족돼야 자존감도 높아진다. 서울에서 손꼽히는 학군에서 공부하고 이른바 명문 대학까지 나온 사람이라면 그렇지 않은 사람보다 자존감이 당연히 높을 거라고 여기기 쉽다. 하지만 시골에서 자유롭게 뛰놀며 자란 사람보다 자존감이 떨어지는 경우도 얼마든지 있다. 자기 조절감이 부족한 경우다.

세 번째 '자기 안전감'은 자존감의 바탕이 된다. 가진 것은 별로 없어도 자존감이 높은 사람들이 있다. 이들은 안전하고 편안함을 느끼는 능력이 다른 사람들보다 뛰어나다. 트라우마가 해결되지 않았거나 애정결핍이 지속되는데 안전하다고 느낄 사람은 없다. 당연히 자존감이 떨어진다. 혼자 있는 것을 유난히 힘들어하는 사람이 있는데, 혼자서는 안전감을 느끼지 못하기 때문이다.

흔히 자존감을 '자신을 사랑하는 정도'라고 생각하는데 이것도 맞는 표현이다. 스스로 쓸모없다고 느끼거나, 자기 조절을 못하거나, 마음 상태가 안전하지 않은 사람은 자존감이 낮아 자신을 사랑하기 어렵고 남을 사랑하기도 어렵다. 그래서 자신을 얼마나 사랑하는가는 자존감의 상태를 가늠할 수 있는 잣대가 된다.

자신감, 자만심, 자존심의 차이

자존감과 자주 혼동하는 용어들도 있다. 시중에 나온 책에도 이 단어들이 헷갈리게 쓰여서인지 내담자들도 혼란스러워하는 용어다. 자신감과 자만심, 그리고 자존심이 그것이다.

자신감은 나의 능력과 과업의 난이도를 상대적으로 비교한 개념이다. 능력을 높게 평가하고 난이도를 낮게 보면 자신감은 저절로 올라간다. 반면 능력은 적절하게 평가했는데 과업의 난이도를 지나치게 높게 잡으면 자신감은 떨어진다.

자만심은 나의 능력을 지나치게 높게 평가하거나, 과업들의 난이도를 지나치게 낮게 잡을 때 생기는 마음이다. 비합리적인 평가 탓에 자신감이 과해진 마음 상태다.

자존심은 자존감과 연관된 감정을 뜻한다. 자존감이 '나를 어떻게 평가하는가'에 관한 답, 즉 생각의 개념이라면, 이에 수반되는 감정을 자존심이라고 부른다. 일반적으로 자존심은 주로 자존감이 떨어졌을 때 느끼는 상한 감정을 의미한다. 비난을 받거나 트라우마가 생겨 일정 선 밑으로 감정이 추락하는 것을 '자존심이 상한다'고 표현한다. 자존심을 세웠다는 의미는 바닥을 치고 반등했다는 뜻인데, 긍정적으로 쓰이는 경우는 드물다.

2

자존감에 대한 오해와 편견

개념의 혼란과 함께 자존감에 대한 오해도 상당하다. 이미 여러 책을 통해 심리학의 기초를 알고 있다고 자부하는 분들 중에도 잘못된 정보를 정답처럼 여기는 경우도 있다. 그렇다면 자존감을 둘러싼 가장 흔한 오해는 무엇일까?

자존감은 부모에게서 온다?

정보 과잉에서 비롯한 오해다. 부모의 양육 방식이나 어릴 적에 받은 대우는 매우 중요하다. 하지만 자존감이 순전히 부모의 영향이라고 오해해서는 안 된다. 흔히 '부모님의 사랑을 덜 받아서 자존감이 낮다'고 여기는 경우가 많은데 여기에 집착했다간 자존감 회복은커녕 가족 사이에 불화만 커진다. 뒤늦게 부모가 사과를 한다고 해도 달라지는 것은 없다. 자존감은 셀프로도 회복할 수 있다.

칭찬이 부족하면 자존감이 떨어진다?

"칭찬은 고래도 춤추게 한다"는 말이 한때 유행을 했다. 이 말을 칭찬은 무조건 좋다는 뜻으로 받아들여서는 안 된다. 잘못된 칭찬은 공허함만 키운다. 칭찬에 대한 환상과 갈망 또한 자괴감을 자극한다.

자존감만 회복되면 행복해진다?

자존감은 감정이 아니다. 감정과 연결돼 있지만 정확하게는 이성의 영역이다. 자존감을 회복했다고 해서 기분이 방방 뜨고 구름 위를 걷는 기분이 드는 것은 아니다. 하지만 자존감이 회복되면 좀 더 담대해진다. 다른 사람들의 평가에 민감하게 반응하지 않는다. 평일에 파김치가 되어 들어와도 주말까지 망쳐버리지는 않을 수 있다. 월요일 아침은 피하고 싶을지언정 그게 걱정되어서 일요일 저녁까지 날려버리지는 않을 것이다.

자존감이 회복되면 나르시시스트가 된다?

자존감 회복의 목표는 흔히 말하는 '근자감'(근거 없는 자신감)을 갖거나 '자뻑남' '자뻑녀'가 되는 게 아니다. 이들처럼 지나치게 자신을 높게 평가하는 사람을 '자기애성 인격장애인'(나르시시스트)이라고 부른다. 이들은 겉으로는 거만한 척하지만 사실은 창피를 당할까 봐 노심초사한다. 자존감을 회복하면 오히려 자신의 허물을 인정하고 받아들인다. 못난 그대로의 자신을 인정하고 발전할 수 있는 에너지도 함께 갖출 수 있다.

자존감은 정말 회복 가능한가

자존감은 자신을 어떤 높이로 받아들일 것인가에 대한 느낌이다. 이 느낌은 생각이며 판단이지만 감정에 영향을 받는다. 그래서 유동적이고 시시때때로 변한다. 게다가 자존감 정도가 변할 때마다 그 느낌은 확연히 달라진다. 마치 롤러코스터를 타는 것처럼 올라갈 때는 흥분되지만 내려갈 때는 그만큼 공포감도 커진다.

자존감을 회복한 사람은 이 속도감을 비교적 잘 견뎌낸다. 내려갈 때도 안전띠를 매고 있으며, 실제로 추락할 확률은 극히 낮다는 것을 알기 때문에 크게 두려워하지 않는다. 올라갈 때도 마찬가지다. 곧 다시 내려갈 것을 알고 미리 대비를 한다.

자존감을 회복하면 인간관계가 좋아지는 것도 이런 이유에서다. 주위에서 비난을 들어도 그 충격이 오래가지 않는다. 잠깐 자존감이 떨어졌다고 해서 죽기 살기로 예민하게 굴지 않기 때문이다. 자존감이 건강하면 좋은 평판은 저절로 따라온다.

결론부터 말하자면 떨어진 자존감은 회복할 수 있다. 다만 시간이 좀 걸리는 사람이 있고 쉽게 되찾는 사람도 있다. 물론 그 과정이 쉽지 않아 번번이 낙심할 수도 있다. 하지만 확실한 것은 노력하면 분명히 회복할 수 있다는 사실이다.

자존감을 회복하는 과정은 자전거를 타는 과정과 비슷하다. 자존감은 자전거처럼 쉴 새 없이 움직인다. 우리는 자존감에 올라타 중심을 잡고, 핸들을 조종하며, 바퀴를 굴리는 과정을 터득하게 될 것이다.

자전거는 혼자 타지만 타는 법을 혼자 터득하는 사람은 많지 않다. 운동신경이 남다르고 균형 감각이 뛰어난 사람도 옆에서 돕는 사람 없이는 배우기 쉽지 않다. 누군가 옆에서 코치를 하거나 잡아줘야 한다.

지금부터 이 자전거가 어떻게 생겼으며, 어떻게 하면 잘 탈 수 있는지 비교적 상세히 안내하려고 한다. 타는 법뿐 아니라 넘어지지 않고 오래 타는 법, 안전하게 넘어지는 법, 착용해야 할 보호장비에 대해서도 짚고 넘어갈 것이다.

자전거를 타는 동안 우리는 분명 한두 번 이상 넘어질 것이다. 자전거를 배운 지 30년이 넘은 사람도 가끔 넘어지고 깨지는 이치다. 하지만 자전거를 일으켜 다시 올라탈 줄 알며 상처를 치료할 줄 아는 사람은 더 이상 자전거를 두려워하지 않는다. 자주 타고 싶고, 애용하며, 즐기게 될 것이다. 이 책을 읽는 독자들도 그렇게 될 것이라고 믿는다.

3

왜 지금 자존감이 중요한가

자존감은 우리 인생에 어떤 영향을 미칠까? 한마디로 우리가 하는 말, 행동, 판단, 선택, 감정 등 모든 것에 영향을 미친다.

특히 요즘처럼 힘들다고 호소하는 사람들이 많을 때 자존감은 더욱 중요해진다. 흔히 자존감을 '정신 건강의 척도'라고 부르기 때문이다. 자신이 불행하다고 생각하는 사람, 연애가 힘든 사람, 자주 우울한 사람, 대인관계가 힘든 사람도 모두 자존감과 연관되어 있다. 자존감은 사회 환경과 밀접한 관련이 있다. 아무리 자존감이 높은 사람도 지속적인 스트레스나 압박 상황에 놓이면 자존감이 떨어진다. 반대로 자존감이 낮은 사람이 환경에 따라 서서히 회복하기도 한다.

자존감이 중요해진 시대

"남들은 다들 결혼도 잘하고, 애도 잘 키우고, 일도 척척 해내는데 왜 저에겐 이 모든 게 힘들게만 느껴질까요?"

이런 질문을 하는 사람들이 몇 년 새 부쩍 늘었다. 자주 듣는 질문이지만 들을 때마다 대답을 하기 쉽지 않다. 나조차 이런 생각을 자주 하기 때문이다. 다른 의사들은 돈도 잘 벌고, 논문도 잘 쓰고, 주말마다 가족과 여행도 잘 가는데 왜 나는 아직 집도 없고, 글도 잘 안 써지고, 하루하루가 고단할까 하는 생각이 든다.

남의 인생은 모두 쉬워 보인다. 때가 되면 다들 좋은 짝을 만나 사랑을 하고, 아니다 싶으면 헤어지기도 잘하고 며칠 울적하다가 다시 씩씩해진다. 결혼도 순탄한 것 같고, 취업도 잘하는 것처럼 보인다.

하지만 정말 그럴까? 세상은 멀쩡히 잘 돌아가는데 유독 나만 혼자이고, 힘든 걸까? 결론부터 말하면 절대 그렇지 않다.

경계가 사라졌지만 더 외로워진 사람들

과거에 비해 우리의 삶은 비약적으로 발전했다. 부모 세대에 비해 밥 굶을 걱정은 하지 않아도 되고, 저마다 수십만 원짜리 스마트폰을 갖고 있다. 하지만 아이러니하게도 기술이 발달하면 할수록 정신 건강을 지키기는 쉽지 않다. 이것은 역사적으로도 반복되는 사실이다. 17세기 영국의 산업혁명이 일어났을 때 정신과 환자는 대폭 늘었다. 특히 알코올 중독 환자들은 급격히 많아져 사회문제가 되기도 했다.

IT 산업이 빠르게 발전한 우리의 삶은 어떻게 변했을까? 눈을 뜨자마자 뉴스와 날씨를 확인하는 것부터 잠이 들 때까지 스마트폰 세상과 접속해 있는 우리는 과연 행복하고 건강할까?

스마트폰과 SNS의 발달은 분명 유익한 점이 많다. 과거였다면 알지도 못했을 사람들과 실시간으로 연결되고 교류한다. 모두가 친구이고 지구 반대편에 있는 사람과도 이웃을 맺는다. 친구의 페이스북, 트위터, 블로그를 들여다보면 감탄이 절로 나온다. 근사한 인테리어, 맛있는 음식, 해외 여행, 책 읽는 삶, 따라하고 싶은 취미생활…… 어쩜 그렇게 다 잘 살고 있는지 보는 것만으로도 기가 죽는다. 나를 제외한 모든 사람들이 행복한 것 같아 비교가 되고 우울해진다. 부러움은 잠시고 그만큼 내 삶이 위축되고 초라해 보인다.

하지만 그들의 삶이 과연 보이는 것처럼 행복과 만족으로 가득 차 있을까? 나는 아니라고 생각한다. 거리가 가까워진 만큼 가면을 쓰고 살아가는 사람들도 많아졌다.

우리는 타인과 가까워졌지만 마음의 거리는 그만큼 멀어진 세상에 살고 있다. 친구라고 생각해 다가갔는데 적이기도 하고, 힘들게 마음을 열었는데 더 큰 상처를 받기도 한다. 말 한마디 했다가 심한 모욕을 당하기도 하고, 같은 팀이라고 생각했는데 치열한 경쟁자가 되어 있기도 한다. 누구한테 함부로 속을 털어놓을 수도 없고, 속마음을 드러낼 때도 수없이 자기검열과 눈치 보기를 해야 한다. 누구에게나 고민을 털어놓을 수 있지만 누구도 진심으로 고민을 들어주지 않는다고 느낀다. 그래서 사람들은 함께 있으면서도 지독한 외로움에 시달린다.

과거엔 속상한 일이 있으면 형이나 언니에게 털어놓았다. 같은 반

친구가 돈을 빼앗아 가면 다음 날 형이 쫓아가서 다시 빼앗아다 줬다. 누가 날 무시하거나 상처 주면 언니가 위로를 해주거나 왜 당하고만 다니냐며 꾸지람이라도 들을 수 있었다. 하지만 지금은 그것조차 쉽지 않다. 형제 자매의 수가 줄어들어 물리적인 환경이 변한 데다 그들도 자신의 삶에 집중하는 것만도 벅차다. 그렇다고 같이 일하는 동료가 내 편이 되어주지도 않고, 한 아파트에 사는 이웃이 내 고민을 들어주지도 않는다. 우리는 모두 외떨어진 섬처럼, 각자의 고민을 안고 외로워한다. 어쩌면 사통팔달로 연결되어 있되 꽉 막힌 고립의 시대인지도 모르겠다.

자존감이 가장 강력한 스펙

사람만 바뀐 것이 아니다. 세상은 어느새 너무 많은 것을 묻고 요구한다. 앞으로 어떻게 살 건지, 무엇이 되고 싶은지, 어떤 길로 갈 건지, 얼마의 속도로 갈 건지 수시로 묻고 확인한다. 결정할 것도 많아지고, 답을 내야 할 것도 많아졌다. 당연히 혼란스럽고 불안할 수밖에 없다. 젊은이들은 "내가 잘할 수 있는 일이 뭔지 모르겠어요"라는 고민에서 한 치도 벗어나질 못한다. 그리고 그 고민을 물고늘어지느라 가진 에너지를 소모한다. 보고 들은 것은 많고, 그에 따라 질문과 고민은 많아졌는데 답을 찾을 수 없으니 참으로 답답한 세상이다.

정보가 폭발하면서 우리는 고유의 정체성조차 비교당하고 산다. 내가 하는 생각, 살아가는 과정, 판단, 결과 들도 비교의 대상이 되었다. 그래서인지 그럭저럭 잘 살고 있는 사람들조차 마음 한구석에 '내가 정말 잘 살고 있는 걸까'하는 의문을 안고 살아간다.

이런 환경은 자존감에 큰 영향을 미친다. 끊임없이 비교하며 열등감을 조장하고, 내 환경을 원망하게 하고, 내 성격이 이상한지 자꾸 점검하게 한다. 답을 찾기도 쉽지 않다. 뭔가 문제가 있다고 느끼지만 고민할 시간은 부족하고 점점 생각조차 하지 않게 되면서 떨어진 자존감은 방치되기 일쑤다.

환경이 좋지 않을 때는 건강한 마음으로 무장한 자신이 가장 강력한 무기다. '나는 누구인가' '지금 가는 길이 맞나?' '내가 제대로 해낼 수 있을까?'라는 생각과 고민에 빠져 있는 것도 알고 보면 자존감과 연결된 질문들이다. 이럴수록 자존감이 강해야 상처를 덜 받고 길을 찾을 수 있다.

바야흐로 셀프로 자존감을 지켜야 하는 시대다. 행복해지기 위한 온갖 방법과 글귀가 난무하지만 진짜 행복은 튼튼한 자존감에서 나온다. 건강한 자존감이야말로 요즘처럼 복잡한 시대를 살아가기 위한 가장 강력한 무기다.

PART 2

사랑 패턴을 보면 자존감이 보인다

1

사랑받을 자격을 의심하는 사람들

성장 소설에는 어김없이 사랑 이야기가 등장한다. 이유가 뭘까? 사춘기가 성욕이 가장 왕성할 때라서가 아니다. 성장은 자존감을 획득하는 과정이고, 자존감을 갖추면 사랑부터 찾기 때문이다. 반대로 자존감이 무너지면 사랑에 대한 능력부터 의심하게 되어 있다.

정신과 의사로 일하면서 가장 많이 만나는 유형이 '사랑 고민' 상담자다. 그들과 대화를 나누다 보면 어김없이 자존감 문제에 봉착한다. 역시 자존감이 회복되지 않은 상태로는 사랑도 풀리지 않는 모양이다.

연애할 준비가 안 됐다는 말의 속마음

'나는 사랑받을 수 없어'라는 생각이 확고한 사람들이 있다. 멀쩡하게 생겼고 누가 봐도 매력적이건만 왜 그런 생각을 갖고 있는지 이해가 안 가는 사람들 말이다. 이런 사람은 좋은 사람을 소개해줘도 사소한 핑계를 대며 퇴짜를 놓기 일쑤다. 속내가 궁금해 "말은 그렇게 해도 눈이 너무 높은 거 아냐?"라고 떠보면 진심으로 정색을 한다. 몇 마디 대화를 나눠보면 그 말이 빈말이 아님을 알게 된다. "처음에는 나를 좋아할 수도 있어. 하지만 나에 대해 더 알게 되면 실망할 게 뻔해."

놀랍게도 자신의 가치를 전혀 인정하지 않는다. 이런 사람들은 대개 결혼을 강렬히 원하면서도 기피한다. 연애를 할 때조차 결혼을 해야 하는지 말아야 하는지 스스로 확신하지 못한다. 답답한 마음에 점집을 찾아다니기도 한다. 자신이 과연 누군가를 사랑할 수 있는지, 한 사람과 오래 사귈 수 있는지 자신 없어 한다. 자신은 연애 불능자라고 단정하고서 평생 한 사람만 사랑할 수 없고, 사랑받지 못할 거라고도 말한다. 그러니 사랑을 해서는 안 된다고 믿는다. 그런데 평생 외로울 것을 생각하니 서러움이 밀려오고 그래서 또 사랑을 갈망한다.

사랑을 놓친 후 찾아오는 자기비하

같은 맥락에서 자신의 사랑스러움을 믿지 못하는 사람들도 있다. 이들은 아무리 괜찮은 사람이 대시를 해도 받아들이지 못한다. 겉으로는 "아직 연애할 준비가 안 되어 있다" "우리는 성격이 너무 다른 것 같다" 등 좋은 말로 거절하지만 마음 안에는 '내 성격을 알면 떠나갈 게 뻔해' '너처럼 똑똑한 사람은 결국 나를 무시하고 질려버릴 거야'라는 생각이 가득하다.

이런 사람들을 보는 주위 사람들은 무척 안타깝다. “정말 좋은 사람인데, 왜 겪어보지도 않고 미리 포기해?” “아니야. 너는 사랑스러워”라고 아무리 말해도 소용이 없다. 자신이 사랑받을 수 없다는 믿음은 망상에 가까워 쉽게 변하지 않는다. 오히려 “우리 엄마도 나를 사랑하지 않는데, 네가 어떻게 나를 사랑해?”라며 상대를 설득하려고 든다.

이런 스타일은 처음엔 겸손하거나 착하다는 인상을 준다. 하지만 같은 일이 반복되면 주위 사람의 시선도 달라지고 무엇보다 본인이 후회가 늘어간다. ‘그냥 지난번 사귀던 사람하고 쭉 가볼 걸 그랬나?’ 하고 후회한다. 하지만 이미 시간은 지났고 흐른 시간만큼 나이도 먹었지만 떨어진 자존감만 그대로다.

낮은 자존감 때문에 사랑을 놓치고, 사랑을 놓친 후에 자존감은 더 떨어진다. 이들의 문제는 사랑하는 사람을 놓치고 후회하면서도 자신이 사랑 부적격자라고 믿는 데 있다. 이런 악순환이 반복될수록 자기비하는 더욱 견고해진다. 궁극적으로 자신을 더 믿지 못하게 되기 때문이다. 비극이다.

기초 믿음의 부재

자신이 사랑받을 가치가 있음을 인정하는 일은 ‘신뢰’라는 감정에서 출발한다. 우리가 살아가는 데 꼭 필요한 덕목이다. 인간은 제각각 독립적인 존재지만 서로에 대한 기본적인 믿음이 있어서 팀을 이루고 사회를 이뤄 살 수 있다. 승객은 기관사를 믿어야 몸을 맡기고 여행할 수 있다. ‘이 기관사가 운전면허는 있을까?’ 하고 의심하기 시작하면 절대

편안하게 여행하지 못한다.

이렇듯 누군가에 대한 본능적인 믿음을 기초 믿음(basic trust)이라고 부른다. 사람이 태어나 가장 먼저 갖는 기초 믿음은 엄마에 대한 믿음이다. 아기에게는 배고프면 엄마가 젖을 물려주고 기저귀가 젖으면 갈아줄 것이라는 믿음이 필요하다. 만일 엄마가 젖을 물릴 때마다 "왜 이렇게 칭얼대서 나를 힘들게 하니?"라며 짜증을 부리거나 아이를 돌보지 않는다면 아이는 외부 세계에 대한 최초의 믿음을 형성하지 못한다. 엄마의 거부로 인해 아이는 '자꾸 배가 고파지는 나는 이상한 존재, 세상에 불필요한 존재'라는 인식을 가지게 된다.

하지만 기초 믿음이 없는 사람이라고 해서 무조건 엄마의 사랑과 양육 방식을 의심해서는 안 된다. 부모에 대한 기초 믿음이 형성되었으나 그 후 다양한 경험을 통해 깨져버린 경우도 있기 때문이다.

자기 불신은 인간관계도 망친다

자신의 매력이나 능력을 믿지 못하는 사람은 타인과의 관계에도 문제가 생기기 쉽다. '나를 사랑할 이유가 전혀 없는데 왜 나를 사랑한다고 할까'라는 의심을 품기 때문이다. 기혼자의 경우 자기 불신은 의처증이나 의부증으로 발전한다. 또는 경제적으로 무능하거나 성적 능력을 상실했거나 다른 콤플렉스가 있어 자존감이 무너진 경우에도 남을 의심하는 마음이 생긴다. 그 마음을 들여다보면 '내가 이렇게 못났으니 아내(남편)가 곁에 있을 이유가 없다'는 생각이 자리잡고 있다.

대개 이런 사람들은 자신의 열등감이나 마음 상태는 못 보고 상대를 탓함으로써 문제를 해결하려고 든다. 겉으로는 상대를 사랑해서 힘든 것처럼 보이지만 사실은 자신을 믿지 못해서 괴로운 것이다.

이른바 나쁜 남자에게서 벗어나지 못하는 여자나 제비족의 꾐에 빠져 재산을 탕진한 사모님들의 저변에도 이런 문제가 숨어 있다. 이들은 이 사람이 떠나면 나를 받아줄 사람이 없다는 착각에 빠져 이별을 감수하지 못한다. 죽을 만큼 사랑해서가 아니라 이별이 두려워서 만남을 지속하는 셈이다.

자기 자신에게 관심 갖기

이 모든 문제는 자신을 '사랑받을 만한 가치가 없는 사람'으로 인식하기 때문에 생겨난다. 하지만 세상에 사랑받을 만한 자격과 가치로 똘똘 뭉친 사람은 없다. 모든 면에서 완벽한 사람도 없다. 마찬가지로 아무 데도 쓸모가 없는 사람도 없다. 단지 사랑받을 자격이 없다고, 쓸모없다고 믿는 사람이 있을 뿐이다.

내가 정말 사랑받을 가치가 있는지 없는지 알아보려면 자신을 솔직하게 들여다보는 작업을 해보면 된다. 정말 부모님의 갈등에서 영향을 받았는지, 그것이 어떤 영향인지, 성격은 어떻고, 잘하는 것과 못하는 것이 무엇인지 찬찬히 탐색해봐야 한다.

방법은 쉽다. 종이 한 장을 꺼내 자신의 장단점을 적어보면 된다. 특히 대체 자신의 어떤 점이 사랑받을 수 없다고 믿는지, 어떤 점을 믿지 못하는지 마음속에서 꺼내 바라보자.

아는 만큼 더 사랑할 수 있다

사랑은 감정이다. 원한다고 억지로 생기지 않는다. 자신을 진심으로 사랑하지도 않으면서 "나는 사랑스러워!"라고 아무리 외친들 사랑이 갑자기 솟아날 리 없다. 따라서 당장 자신을 사랑하라고 강요할 수도 없고 그렇게 되지도 않는다.

다만 자신의 단점과 장점을 적어보는 것만이라도 해보자. 아무리 생각해도 장점이 하나도 없다면 '남이 생각하는 나의 장점'을 적으면 된다. 그것이 설령 타인의 오해이거나 드러난 겉모습에 불과할지라도 누군가 말해준 내용을 그대로 적어보자.

이런 행위는 자신에게 관심을 갖게 한다. 세상의 모든 사랑은 관심에서 시작된다. 집이 어딘지, 무엇을 했는지 등 사소한 관심이 번져 존경과 사랑이 싹튼다. 자신을 사랑하는 것도 똑같다. 자신이 어떤 사람인지, 어떻게 살아왔는지 관심을 가져야 한다.

참으로 재미있지 않은가. 누군가를 사랑하는 능력이 결국 내가 누구인지 알아가는 능력에서 시작된다니 말이다. 나를 아는 만큼 사랑 능력도 커진다.

자존감 향상을 위해 오늘 할 일

나에 대해 적어보기

자신에게 관심을 갖는 것부터 시작하자. 자신을 좀 더 알기 위해 최대한 구체적으로 자신의 장점과 단점을 써보자.

1. 나의 장점들 vs. 나의 단점들

2. 내가 잘할 수 있는 일들 vs. 잘하지 못하는 일들

3. 내가 좋아하는 것들 vs. 싫어하는 것들

4. 타인이 말하는 '내가 잘하는 것'

2

자신의 가치를 부정하는 사람

자신을 사랑할 수 없으면 퍽 불쾌한 기분이 든다. 마치 맘에 들지 않는 쌍둥이 형제와 꼭 붙어 다니는 것과 같다. 아무것도 하지 않았는데 야단맞는 느낌이고 매사 비관적이 된다.

반면 자신을 사랑하면 인생이 심플해진다. 혼자 길을 걸어도 좋아하는 친구와 함께하는 느낌이 든다. 외로움이 느껴져도 많이 괴롭지 않고, 방황할 때도 사랑하는 '나'에게 조언을 구할 수 있다. 그렇다고 외톨이가 되는 것도 아니다. 자신을 사랑하는 사람은 혼자가 되는 것을 두려워하지 않기 때문에 자신감이 있다. 이 자신감이 타인과 있을 때 생기는 불안감을 없애준다. 그리고 자신감이 매력으로 작용해서 주변에서 인기도 얻는다.

내 마음에 들지 않는 나

나도 내가 몹시 싫었던 때가 있다. 고등학교 1학년이 끝날 때쯤 무기력증에 빠졌다. 아침에는 일어나기 싫고 식욕도 없고 만사에 흥미를 잃었다. 씻지도 않고 겨우 학교에 가서는 맨 뒷자리에 앉아 잠을 자거나 멍하니 있었다.

평소 모범생으로만 살아온지라 스스로도 이런 모습이 낯설었다. 하지만 놀랄 에너지도 남아 있지 않아서 그다지 충격적이지도 않았다. 친구들은 밤새 공부를 하고 와 낮에 조는 거라고 쑥덕였지만 나는 굳이 그게 아니라고 말할 기운도 없었다.

그런데도 나는 누구에게 짜증을 내거나 감정을 토로하지 않았다. 당연히 가족들도 모르는 듯했다. 형이 입시를 앞둬 막내도 예민해졌다고만 생각하는 것 같았다. 나는 '언젠 뭐 나한테 관심이나 있었나?' 하면서 점점 냉소적이 됐다.

그러던 어느 날, 어머니가 잠깐 따라 나오라고 했다. 그러곤 동네에 있는 작은 서점으로 나를 데려갔다. "사고 싶은 책 있으면 아무거나 다 사." 늘 그렇듯 무덤덤한 표정이었다. 책장을 여기저기 둘러보던 나는 『나 자신을 사랑하기』라는 책을 골랐다. "나를 사랑하지 않고는 누구도 사랑할 수 없다"라는 글에 눈이 꽂혔다. 그리고 조금이라도 기운이 생기면 그 책을 뒤적거리며 시간을 보냈다.

돌이켜보면 그때 무기력에 시달리던 것보다 더 괴로웠던 게 있다. 바로 나 스스로 내 상태를 이해할 수 없다는 점이었다. 한없이 나약해 보이고, 의지도 없고, 승부욕도 사라진 내가 싫었고 이해가 되지 않았다. 차라리 성적이 떨어졌거나 가족과 불화가 있는 거라면 낫겠는데, 나란 존재가 내 맘에 들지 않는다는 느낌은 생각보다 괴로웠다.

책 내용은 정확히 기억나지 않는다. 하지만 열일곱 살 고등학생인 내게 '나 자신을 사랑하기'에 관한 글은 적잖이 중요한 사건이 되었다. 자신을 사랑하는 것이 얼마나 중요한지, 그러지 않으면 어떻게 되는지에 대해 처음 알려주었기 때문이다. 덕분에 나중에 혼란에 빠질 때마다 용기를 얻었다. '지금 상황에서 나를 사랑하는 길'을 기준으로 삼을 수 있었다. 아무리 내게 중요한 사람이라 해도 그 사람 때문에 나 자신을 사랑하길 포기해서는 안 된다. 그래서 나에게 고통과 불행을 안겨주는 사람들과 이별할 때는 단호할 수 있었던 것 같다. 술이나 온라인 게임에서 벗어날 때도 그랬다. 분위기를 맞추거나 아이템을 모으는 것보다 내 인생을 챙기는 것이 소중했기 때문이다.

시간이 흘러 나는 다른 이의 마음을 달래주는 정신과 의사가 되었다. 자신을 사랑하지 못해 괴로운 사람들이 도움을 받기 위해 찾아온다. 나는 이들에게 유난히 신경이 쓰인다. 아마 지독하게 앓았던 경험 때문 아닐까.

다시 과거로 돌아가자면 20대에도 나는 무기력하거나 게을러지는 이유를 이해하지 못했다. 하지만 여전히 나는 게으른 구석이 있었고 그런 내가 마음에 들지 않았다. 추측건대 매사 최선을 다하는 부모님을 보고 자란 데다 부지런하게 움직일 때 느껴지는 흥분에 중독이 되어 있었던 것 같다.

내가 싫어지는 감정은 대학에 가서도 나를 괴롭혔다. 의과대학에는 멋진 아이들투성이였다. 어쩜 그렇게 다들 머리도 좋고 술도 잘 먹고 성실하기까지 한지 나와 심하게 비교가 됐다. '도대체 나는 왜 저들처럼 세련되지 못했을까' '왜 난 한 번에 외우지 못할까' 하는 열등감은 점점 커져갔다. 하지만 자존심이 상해 털어놓을 수도 없었다. 다른 길을 택한 친구들은 군대에 가 있거나 고시촌에서 힘들게 살며 나를 부러워했다. 그런 친구들에게 속마음을 털어놔봤자 공감해주지 못할 것이 뻔했다. 무엇보다, 나도 내가 이해가 안 되는데 남들에게 이해해달라고 설득할 방법이 없었다. 나는 입을 다무는 방법으로 그 시절을 견뎠다. 돌아보면 자신을 사랑하지 못하는 것이 얼마나 외로운 감정인지 그때 처음 알게 된 것 같다.

가장 가까운 친구는 바로 나

누구를 미워하거나 무관심한 건 특별한 일이 아니다. 사람마다 좋아하는 사람과 싫어하는 사람이 있게 마련이니까. 하지만 가까운 사람을 미워하는 것은 문제다. 배우자를 사랑하지 않거나 연인에게 무관심하면서 행복하기란 어렵다. 가족이나 회사 동료 중 미운 사람이 있어도 마음은 불편해진다. 부부간의 무관심은 자연스럽게 자녀들에게도 영향을 미친다. 하물며 그 싫어하는 대상이 자신이라면 어떻겠는가. 말하고, 행동하고, 먹고 잠자는 모든 순간 싫은 나와 마주해야 하니 문제는 더욱 심각하다. 거울을 볼 때마다 싫어하는 인간의 모습을 봐야 하니까 말이다.

자신을 사랑하지 않는 사람은 이런 이유로 알게 모르게 짜증이 나 있다. 무기력한 내가 싫고, 키가 작은 내가 싫고, 성격이 모난 나에게 화가 난다. 그럴 때마다 서슴지 않고 자신을 비난하고 남들과 비교한다. 생각해보라. 누군가 내 등에 업혀서 하루 종일 나를 비난하고 남들과 비교하면 어떻겠는가? 어떤 장치가 귀에 꽂혀 속삭이듯 "너는 못났어. 너는 남들보다 무능해"라고 세뇌한다면 어떻게 될까?

자신을 미워한다는 것은 그런 것이다. 남에게 비난을 들으면 도망이라도 칠 수 있는데 자신을 미워하면 그게 안 된다. 하루 종일 잔소리를 듣게 되고, 그 경험이 쌓인다. 숱한 비교와 비난 속에서 자존감이 낮아진 사람은 생각이 자꾸 비관적인 쪽으로 흐르기 쉽다.

이에 반해 자신을 사랑하는 이의 인생은 상당히 수월해진다. 자신을 사랑한다는 건 마치 마음이 잘 통하는 친구와 함께 있는 것과 같다. 그래서 외로움이 찾아와도 크게 동요하지 않고, 혼자 여행을 가서도 마치 둘인 양 즐거운 시간을 보낼 수 있다. 거울을 볼 때마다 위안이 되고 자신의 목소리를 들을 때마다 마음이 편안해진다. 스스로를 위로할 수 있고 격려할 수도 있다. 특히 자신이 했던 어떤 행동을 되짚어보며 상대가 어떻게 생각할까 하는 근심과 불안에 빠질 일이 없다.

물론 자신을 사랑해도 괴로운 일은 생긴다. 시험에 떨어질 수도 있고, 연인과 이별할 수도 있고, 부모님이 돌아가실 수도 있다. 하지만 이들은 그런 일이 있을 때 '나는 왜 이 모양 이 꼴일까?'라고 비난하지 않는다. 또한 불편한 현실을 그대로 받아들이기 때문에 고통의 시간이 오래가지 않는다.

이들은 문제가 생겼을 때 적극적으로 해결책을 세운다. 평소 남들과 비교하며 자신을 깎아내리는 데 에너지를 낭비하지 않기 때문이다. 건강한 사람은 감기에 걸려도 빨리 면역력을 회복하는 이치와 같다. 마치 기운을 북돋우고 위로해주는 친구를 곁에 둔 거나 진배없다. 내가 곧 나의 든든한 보디가드인 셈이다.

나에게 "괜찮아!"라고 말해주자

인생을 조금 편하게 살고 싶다면 평소 자신에게 "괜찮아"라는 말을 자주 해줘야 한다. 우리는 너무 오랫동안 남들과 경쟁하고, 비교하고, 비난당하며 살아왔다. 그래서 필요 이상으로 스스로를 이상하고 부족한 사람으로 매도해왔다. 우리의 자아는 억울함과 슬픔에 빠져 있다. 그러니 이제부터라도 조금 과하다 싶을 정도로 위로를 해주어야 한다. 혹자는 "그러면 너무 자기안위에 빠지는 거 아니냐"라고 물을지 모른다. 좋은 질문이다. 그렇지 않다. 게다가 그동안 자신을 너무 못살게 굴었거나 억압해왔다면 더 그렇게 말해줘야 한다. 그것은 우리의 잘못이 아니다. 잘못된 사회 탓이고 잘못된 교육 탓이다. 투사해도 괜찮다. 과하다 싶을 정도로 자신에게 관대해져야 하고 합리화해야 한다. "자기안위에 빠져도 괜찮아"라고 말해줘야 한다.

자존감이 낮아져 있어도 괜찮다. 그 덕에 더 노력할 수 있었고, 때론 무기력에 빠져 쉬는 시간도 가질 수 있었다. 그저 "괜찮아. 그동안 수고했어"라고 얘기해주면 된다. 지금 당장 그게 되지 않는다 해도 괜찮다. 우린 이제 첫발을 떼었을 뿐이니까.

자존감 향상을 위해 오늘 할 일

'괜찮아' 일기 쓰기

오늘 한 일을 떠올리며 자신을 토닥거릴 시간을 가져보자. 이것은 자신에 대한 위로일 뿐 아니라 앞으로 사랑하는 사람을 만났을 때 써먹을 수 있는 좋은 기술이 될 것이다. 방법은 간단하다.

1. 오늘 겪은 일을 적는다.

예

오늘 자존감에 관련된 책을 읽었다.

2. 그 일을 떠올리면 어떤 감정이 생기는지 적는다.

예

'내가 자존감이 낮은 사람이 아닐까?' 하는 걱정이 들었다.

3. "괜찮아"라고 쓴다.

예

자존감에 관련된 책을 읽고 내 자존감이 너무 낮은 건 아닌지 걱정이 되었지만 괜찮아. 이런 책을 읽으면 당연히 그렇게 생각이 드는 법이야. 오히려 그런 생각도 들지 않는 게 이상한 거지. 괜찮아.

3

끊임없이 묻고 확인하는 사랑

사랑을 많이 받거나 인기가 있는 사람들은 자존감이 높을 거라고 여기기 쉽다. 하지만 인기 연예인들 중에 우울증을 앓는 이들이 적지 않다. 대중의 사랑과 관심을 받는 연예인들도 인기와 무관하게 정작 본인은 불안하고 외롭고 사랑받을 리 없다고 여기곤 한다. 이런 사람들은 자신의 부족함을 메우기 위해 포장과 과장을 반복하지만 그럴수록 내면은 더 황폐해진다. 차츰 이렇게 자기 확신이 줄어들면 나를 사랑해줄 사람이 과연 있을까 의심하게 된다. 당연히 괜찮은 사람은 나를 사랑할 리 없다고 확신하고 그래서 누가 봐도 부족한 사람의 사랑을 덜컥 받아들인다.

사랑과 집착은 함께 온다

이런 사람들은 괜찮은 사람에게 사랑 고백을 받아도 의심부터 한다. 처음엔 의심하며 만나다가 나중엔 매달리는 형국이 된다. 어떤 이들은 이것을 강렬한 사랑이라고 믿는데 사실은 집착이다. 집착은 병이다. 긴 병에 효자 없듯 집착은 굳건한 사랑도 떠나게 한다.

집착 때문에 사랑이 떠나면 자존감은 더 떨어진다. '거봐. 또 떠났잖아. 역시 날 사랑하지 않은 거야'라는 생각이 들 수밖에 없다. 자존감이 낮기 때문에 집착하고, 집착해서 자존감이 낮아지는 악순환이 이어진다. 참으로 안타까운 일이다.

법정 스님의 저서 『무소유』를 보면 난초 키우는 이야기가 나온다. 누군가 선물해준 화분 하나를 키우기 시작하면서 스님은 행복감에 젖는다. 물을 주고, 볕을 쬐어주고, 눈길을 주는 일이 일상의 큰 즐거움이 되었다고 고백한다. 하지만 머지않아 딱 그만큼 걱정도 함께 따라왔다고 한다. 집을 비우게 되면 혹시 말라 죽지나 않을까, 얼어 죽지는 않을까 하고 없던 걱정이 생긴 것이다.

강아지나 화초 등 살아 있는 뭔가를 길러본 이라면 스님의 이야기에 공감할 것이다. 어떤 것에 애착이 생기면 행복감과 동시에 두려움도 싹튼다. 그 대상이 사람일 때 우리는 그것을 사랑이라고 부른다. 사랑에 빠진 남녀는 달콤한 행복에 빠져들지만 동시에 사랑이 끝나버릴지 모른다는 조바심과 불안도 함께 느낀다. 그래서 대개 연애를 시작하고 석 달이면 웬만한 연인은 다투고 화해하는 과정을 거친다. 투닥거리고 화해하고, 다시 사랑하고 화해하고 싸우는 과정을 반복한다.

그런데 자존감이 부족한 사람은 이 과정을 남들보다 격렬하게 겪는다. 자존감이 부족한 사람은 사랑을 시작하기도 어렵지만 일단 시작해도 더 빨리 다투고, 더 심하게 싸우며, 화해도 쉽지 않다. 그리고 이 과정에서 자존감이 한 번 더 떨어진다. 사랑을 할 때마다 더 소심해지고 상대에게 집착하는 자신이 너무 못나 보이기 때문이다.

사랑한다며, 어떻게 그럴 수 있어?

사랑에 빠지는 이유는 다양하다. 자상해서, 배울 게 많아서, 잘생겨서, 순수해서, 불쌍해서, 자꾸 생각나서 또는 아무 이유 없이 등등.

그중 상대를 사랑하는 이유가 '이 사람이 나를 사랑해주니까'밖에 없는 경우를 주목할 필요가 있다. 이 말 속에는 '나를 사랑해주는 건 상당히 특별한 일이야. 남들은 그러지 않거든' 하는 뜻이 들어 있다. 사랑이라는 감정엔 특이성이 포함된다. '예뻐서 사랑한다'는 특별하게 예쁘다는 뜻이고, '돈이 많아 사랑한다'는 남보다 눈에 띄게 돈이 많아 좋다는 뜻이다. 그리고 '나를 사랑해서 사랑한다'는 원래 자신은 사랑받을 가치가 없는데 이 사람만 특이하게 나를 사랑한다는 뜻을 포함한다.

자존감이 건강한 사람들에게는 '나는 사랑스러운 존재야. 그래서 누가 나를 사랑하는 건 자연스러워'라는 전제가 있다. 이 느낌은 사랑을 유지하는 중요한 보호막이 된다. 반면 자신의 매력과 가치를 잊은 사람들에겐 사랑도 어렵다.

연인들이 다투는 이유는 상대가 나를 사랑한다는 명제에 의심이 생기기 때문이다. 기념일을 안 챙겨줘서, 약속을 안 지켜서, 전화를 자주 안 해서 등 이유는 다양하지만 '그렇게 행동하는 건 사랑이 식었기 때문'이라는 결론은 똑같다. "나를 사랑한다면, 어떻게 그렇게 오랫동안 전화를 안 할 수가 있어?" "나를 사랑한다면, 어떻게 다른 이성에게 그렇게 친절할 수 있어?" "나를 사랑한다면, 어떻게 우리의 소중한 날을 잊을 수 있지?" 이러면서 다툼이 시작된다. 하는 말은 다르지만 '상대가 나를 사랑하고 있다'는 명제를 확인받고 싶은 의도는 똑같다. "너를 진짜 사랑해. 그럼에도 바쁠 땐 전화를 못할 수도 있는 거야. 너야말로 나를 사랑한다면 그 정도는 이해해줘야 하는 거 아냐?" 이런 반론이 몇 번 오가고 감정이 격해지면 이내 싸움으로 번진다. 가벼운 사랑싸움이라면 다행이지만 문제는 이런 싸움이 반복되고 근본적인 사랑을 의심하게 되는 경우다. 자존감이 부족한 사람들의 전형적인 연애 패턴이다.

이렇게 자신이 사랑받을 만한 존재라는 사실에 확신이 없으면 상대를 의심하게 된다. 풀 한 포기, 꽃 한 송이를 키우는 데에도 에너지와 노력이 필요한데, 상대가 지속적으로 '나를 사랑하긴 하니?'라는 의문을 제기한다면 버텨낼 장사가 있겠는가.

자존감이 낮은 사람들의 말에는 다양한 의미가 담겨 있다. 예컨대 "왜 이렇게 늦었어?"라는 말에는 시간을 안 지켰다는 질책만이 아닌 '내가 가치 없는 존재니까 약속을 어기는 거야'라는 의미까지 숨어 있다. '사랑에 취했을 땐 그러지 않더니 내 정체를 알아버려서 사랑이 식은 거지'라는 불신도 섞여 있다.

그래서 이들의 사랑싸움은 과격한 방향으로 흐르기 쉽다. 해결해야 할 문제가 늘어나기 때문이다. 상대는 약속 시간에 늦은 이유뿐 아니라 사랑한다는 사실, 앞으로도 사랑할 가치가 있는 사람이라는 것까지 설득해야 한다. 문제는 이렇게 반응하는 것만도 상당한 에너지를 소모하는 일이라 이후의 행동을 바꾸거나 의견을 맞춰가는 데까지는 갈 엄두가 안 난다는 점이다.

자존감이 낮은 사람들은 연애를 하는 동안에도 상대에게 집중을 하지 못한다. 대신 자신의 모난 성격, 외모, 상처, 애정 결핍 등 부족한 점들을 떠올린다. 누가 봐도 사랑 문제가 아닌 자존감 문제다.

사랑싸움에도 차이가 있다

반면 자존감이 건강한 사람의 연애는 다르다. 스스로를 사랑스러운 존재로 인식하고 있는 사람들은 이 문제에 오래 빠져 있지 않는다. 간혹 기분이 나쁘고 초조해져도 '나는 사랑받을 만한 존재야'라는 믿음은 견고하다. 이들은 말다툼을 해도 상대방의 특정 행동만 문제 삼는다. 몇 시간 동안 핸드폰이 꺼져 있었던 사실, 술자리가 자정을 넘겼다는 사실, 약속 시간에 두 번이나 늦었다는 그 사실에만 화를 낸다. 그러곤 곧 해결책을 찾는 데 주력한다.

물론 자존감이 건강한 사람들도 분노나 서운한 감정을 느낀다. 그래서 사랑이 식었다거나 무시당했다는 느낌을 받으면 화를 내기도 한다. 하지만 이들의 사랑싸움은 대부분 독하게 흘러가지 않는다. 이들은 감정을 지나치게 자극해 서로에게 깊은 상처를 낼 정도로 싸움을 끌고 가지 않는다. 감정적으로 화해를 하고, 행동 변화를 위한 대책을 빨리 세우기 때문이다. 이들은 '나를 안심시키려면 이렇게 행동해야 해'라는 메시지 또한 효과적으로 전달한다. 상대의 표현 방식을 변화시키면서 자신도 상대가 원하는 방식으로 변화하는 데 초점을 맞추기 때문이다.

사랑을 한다는 건 거기서 얻는 행복만큼이나 큰 에너지를 요하는 감정이다. 이때 그가 진짜 나를 사랑하는가, 내가 사랑받을 만한 사람인가 하는 고민을 하지 않으면 그만큼 에너지 소모를 줄일 수 있다. 그리고 그 에너지는 건강한 관계를 만드는 데 쓰인다.

잘 사랑하기 위한 기초 공사

'자신을 사랑스러운 존재로 인식하기'는 사랑을 지속하는 데 꼭 필요한 기초 공사다. 이것이 무너지면 안정된 사랑을 이어갈 수 없다. 사랑을 지키려고 온갖 노력을 기울이는 사람들이 매번 고개를 떨구는 이유 중 하나는 결정적으로 '내가 사랑스러운 사람'이라는 사실 하나를 잊기 때문이다.

많은 사람들이 사랑하고 사랑받기 위해 노력한다. 외모를 보기 좋게 가꾸고, 말투나 행동, 심지어 능력과 직장까지 바꾼다. 하지만 이 모든 노력에 앞서 '내가 나를 사랑하기'가 되어야 한다. 그래야 사랑을 할 때 상대와의 관계에 집중할 수 있다. 나에 대한 확신이 약하면 상대를 생각해야 할 때 나를 생각하고 나를 생각해야 할 때 상대를 생각하게 되기 때문이다.

이런 경험을 반복한 사람이라면 지금부터라도 시점을 조금 바꿔야 한다. 옷을 고르거나 미용실에 갔을 때도 '어떻게 하면 그의 마음에 들까'가 아니라 '어떻게 하면 내 마음에 들까'를 먼저 생각해야 한다. 그러다 보면 이기적인 사람이 되는 게 아니냐고 우려할 수도 있지만 그래도 괜찮다. 우리는 지나치게 타인의 관점에서 평가받고 사랑받는 것에 익숙하다. 이제는 스스로에게 관대해지고 주체적이 되어야 한다.

자존감 향상을 위해 오늘 할 일

나를 위한 선물 고르기

선물은 사랑에 대한 증표다. 누군가를 사랑하게 되면 자꾸 선물을 하고 싶다. 애인이 준 선물을 보며 '맞아. 그 사람이 나를 이만큼 사랑하지?'라며 미소 짓는다. 선물의 힘은 강력하다.

지금부터 자신에게 선물을 줘보자. 나에게 가장 적당한 선물은 무엇이고, 무엇을 받으면 가장 기뻐할까에 관심을 가져야 한다. 그리고 일단 선물을 골랐다면 "잘 골랐어! 난 참 선물도 잘 골라!"라고 칭찬까지 해주자. 나 자신을 사랑하는 길에 한발 더 다가설 것이다.

하지만 이런 행동들이 가식적이고 부자연스럽게 느껴지는 사람도 많을 것이다. '내가 무슨 자격으로 선물을 받아?' '이런다고 정말 내가 나를 사랑하게 될까?' 하는 저항감이 생길 것이다. 그렇다면 이것은 자신에게 소홀했다는 방증이기도 하다. 마음에 반감이 생긴다면 그건 더욱더 자신을 챙겨야 할 때라는 뜻이다. 눈 딱 감고 기분 좋은 선물 하나 고르자.

4

싸우면서 끊지 못하는 관계

'부부싸움은 칼로 물 베기'라는 말이 있다. 나는 대한민국의 이혼율을 높이는 데 이 속담이 많은 기여를 하고 있다고 생각한다. 부부싸움은 으레 하는 일, 많이 해도 상관없는 일쯤으로 생각하게 만드는 말이다.

이 속담에서 중요한 것은 물이 아닌 칼이다. 칼을 들고 여기저기를 베고 있으니 얼마나 위험한가. 칼로 돌이나 나무를 베면 칼끝이 무뎌지기라도 한다. 그런데 베는 것이 물이라고 한다. 물을 뚫고 닥치는 대로 이것저것 해칠 수도 있지 않을까.

살면서 한 번도 싸우지 않을 수는 없다. 하지만 자주 싸우는 게 당연하다고, 사랑하니까 싸운다고 합리화해서는 곤란하다.

자존감이 높은 남녀도 싸운다. 하지만 이들의 싸움은 비교적 상처를 적게 남기고 회복도 빠르다. 자존감을 꺾어놓을 정도로 심하게 싸우지 않는다. 수위 조절을 한다는 뜻이다.

1년이 지나도 싸운다면

대부분의 관계 문제는 서로 다른 의사소통 방식에서 비롯한다. 다른 부모 밑에서, 다른 지역, 다른 환경에서 살아온 남녀는 다른 방식으로 대화하게 마련이다. 따라서 이 차이를 조율하는 과정에서 몇 번의 스파크를 경험할 수밖에 없다. 이 갈등과 해결 과정을 통해 보통의 남녀는 진정한 연인 관계로 성장한다.

대다수의 평범한 연인들은 3~6개월 정도가 지나면 싸움이 줄어들고 안정을 찾는다고 한다. 반면 이 시기까지 타협을 이루지 못한 커플은 헤어지는 수순을 밟는다. 그런데 커플 중 한 사람이 자존감이 확연히 떨어지는 경우, 상황은 애매하게 흐른다. 사랑하지도, 헤어지지도 못한 채 서로를 비난하거나 공격하는 관계가 된다.

사귄 지 1년이 지나도 싸움이 줄어들지 않는다면 각자 자존감을 체크해야 한다. "우린 싸움도 자주 하지만 화해도 잘해"라고 말하는 커플이 있는데, 결코 자랑할 만한 일은 아니다. 격렬하게 싸우고 뒤끝 없이 마무리를 한다 해도 우리의 뇌와 피부는 그 횟수만큼 시들어간다.

싸움에서 이겼다고 해도 문제다. 제압한 상대가 사랑하는 사람이기 때문이다. 뛰어난 언변과 논리로 남편을 제압한 부인은 '남편은 나보다 논리적이지 않아'라고 생각할 수밖에 없다. 이긴 기쁨은 잠시뿐, 논리적이지 않은 남편과 사는 자신에게 만족할 수는 없는 법이다. 진 쪽은 더한 스트레스를 받는다. 말싸움에서 밀리든 힘에 밀리든 제압을 당한 쪽은 자괴감에 빠진다. 사랑 표현을 받아도 시원찮을 판에 가장 믿었던 사람에게 공격을 당했기 때문이다.

커플은 팀이다. 아무리 좋은 팀이라도 불화와 갈등은 있다. 하지만 팀 킬은 가장 어리석다. 시비를 가리고 공격을 주고받는 사이 팀이 패배하기 때문이다. 자신은 억울하고 속상하겠지만 남의 눈에는 '저 팀은 형편없는 팀'으로 보일 뿐이다.

싸우는 진짜 이유가 따로 있다

자신을 믿지 못하는 사람은 현재 연애하고 있는 자신도 믿지 못한다. 우선 상대와 사귀기로 한 결정 자체에 자신이 없다. 그래서 자꾸 묻는다. '내가 지금 과연 연애하기에 적합할 때인가?' '과연 이 사람이 나에게 적합한 사람일까?' '이 사람도 곧 떠나지 않을까?'

혼자 연정을 품거나 호감을 느끼는 건 본능적인 감정이다. 그런데 연애는 다르다. 느낌이 아니라 판단이다. 짝사랑은 감정이지만 연애는 결정이다. 그래서 자신의 판단력을 믿지 못하면 불안할 수밖에 없다.

자신을 사랑하지 못하는 경우도 마찬가지다. 이런 사람은 상대가 아무리 나를 사랑한다고 해도 납득이 되지 않는다. '너처럼 멀쩡한 애가 왜 나를 좋아하겠어?' '혹시 내 몸만 좋은 거 아냐?'라며 의심한다. 이러면 상대를 채근하게 되고 색안경을 낀 김징은 자연스럽게 드러난다.

자신을 낮게 평가하다 보니 상대에게 너무 많은 것을 요구하기도 한다. 연애에 지나친 욕심을 부려 평범한 관계에 만족하지 못하고 본질적이고 형이상학적인 것을 공유하길 희망한다. '어릴 때도 사랑을 못 받았는데 이 정도 사랑은 받아야지' '남들 하는 평범한 연애를 넘어 정신적인 사랑을 하고 싶어' 등이 좋은 예다.

이러면 안정된 심리 상태로 호감을 나눌 수 없다. 데이트를 해도 불안하고, 사랑한단 고백을 들어도 믿지 못한다. 그럴수록 더욱 집착하고, 그래서 뜨겁게 빠져들수록 더욱 불안해진다. 그리고 불안을 달래느라 에너지를 낭비한다. 싸움이 안 일어나려야 안 일어날 수가 없는 환경이 조성되는 것이다.

더 큰 상처를 남기는 사랑싸움

싸움이 대화와 다른 점은 공격을 목적으로 한다는 점이다. 사랑싸움도 예외가 아니다. 오히려 낯선 사람과 싸우는 것보다 더 위험하다. 사랑하는 만큼 가깝고, 남들이 모르는 부분까지 알고 있기 때문이다. 작심하고 싸우자면 상대에게 지울 수 없는 고통을 남길 수 있다. 쥐꼬리만큼 남은 자존감마저 앗아가는 게 사랑싸움이다.

그래서 연인이나 부부간의 싸움은 큰 비극으로 번지기 일쑤다. 아이러니하게도 가까운 사이일수록 공격할 거리도 많고 의심할 것도 많다. "넌 항상 그게 문제야. 그러니 회사에서도 그 모양이지" "그런 부모 밑에서 자랐으니 너도 뻔하지" 식으로 직접적인 공격이 오가기 쉽다. 따라서 사랑싸움은 내상이 더 크고 깊다. 말로, 마음으로만 다퉈도 정신은 탈진한다. 하물며 외상이 남는 폭력으로 이어지는 경우는 말할 필요도 없다.

사랑하는 이와 제대로 된 사랑을 주고받지 못한다는 사실은 누구에게나 아픔이다. 타인에게 속 시원히 털어놓을 수 없는 고민도 생긴다. 사랑을 하면 자존감이 올라갈 줄 알았는데 오히려 자괴감만 커지는 셈이다.

너무 아픈 사랑은 사랑이 아니다

우리는 누구나 사랑에 대한 환상을 갖고 있다. 사랑이 우리를 행복하게 할 것이란 환상이다. 이런 믿음은 백설 공주 이야기부터 춘향전에 이르기까지 동서고금을 막론하고 널리 퍼져 있다. 진정한 사랑을 만나면 모든 고통이 치유될 거라고 믿는 것 같다.

자존감도 비슷하다. 많은 사람들이 사랑을 통해 자존감을 회복할 수 있다고 믿는다. 과거가 불행했던 사람일수록 사랑을 통해 상처를 회복하고 행복해질 수 있다고 믿는다. 자존감을 획득하면서 가장 먼저 찾는 게 사랑이듯 자존감이 떨어질 때도 가장 먼저 의지하는 게 사랑이다.

그래서 자존감이 낮은 사람들은 사랑을 쉽게 끝내지 못한다. 자신이 원하는 사랑이 아니어도 참고 견딘다. 너덜너덜 상처를 입고 우울증에 빠져도 이별할 엄두를 내지 못한다. 가끔 듣는 사랑한다는 말이나 근거 없는 느낌에 기대어 심약한 사랑을 유지한다. '이 사람 말고는 아무도 나를 사랑하지 않을 거야'란 생각, '이별을 감당하지 못할 거야'란 생각은 전쟁 같은 사랑일지언정 완전히 끝나지 않도록 강력한 방어막을 친다. 이렇게라도 사랑하는 것 말고는 희망이 없다는 생각에 무릎을 꿇는다. 그러면 자꾸 슬퍼진다.

내가 상담을 하면서 놀랐던 것 중 하나는 너무나 많은 사람들이 슬픔과 사랑을 혼동한다는 사실이다. 화가 나서 눈물이 나고, 불안해서 우울해지고, 슬픔에 가슴이 미어지는 경험을 사랑으로 인한 아픔이라고 생각한다. 그건 그냥 아픈 거다. 노래 가사처럼, 너무 아픈 사랑은 사랑이 아니다. 이별이 행복의 지름길일 때도 많다.

자존감 향상을 위해 오늘 할 일

사랑하는 사람과 '사랑하게' 해달라고 기도하기

지금 사랑하는 사람과 영원히 사랑할 필요는 없다. 빨리 헤어지는 게 좋은 경우도 있다. 하지만 지금 사랑을 하는데 굳이 이별을 앞당기는 행동을 할 필요는 없다. 사랑이 끝나면 어떻게 하나 미리 걱정할 필요도 없다. 사랑하는 상대를 시험하거나 괴롭히지 말고, 지금 사랑하고 있다면 더 사랑하게 해달라고 빌어야 한다.

사랑은 워낙 복잡한 감정이라서 종종 혼란을 야기한다. 의심이나 속박을 사랑으로 착각하기도 한다. 하지만 중요한 건 사랑하는 사람이 생겼을 땐 맘껏 사랑하기를 바라야 한다는 점이다. 그러니 매일 잠들기 전에 "이 사람을 더 많이 사랑하게 해주세요"라고 기도해보자.

5

이별이 무서워 떠나지 못하는 사랑

이별을 유난히 두려워하는 사람들이 있다. 더 이상 만나길 원치 않는데도 헤어지기 두려워서 관계를 못 끊는다. 주변에서 보다 못해 그만 헤어지라고 충고하고 자신도 언젠가는 파국으로 치달을 걸 알면서도 이별을 결심하지 못한다. 행복하지 못한 사랑을 힘겹게 이어간다. 심지어 무시받거나 폭행을 당하면서까지 상대를 떠나지 못하기도 하고, 적잖은 돈을 빌려주고는 갚으라는 말을 못하기도 한다. 자기 권리를 주장하면 상대가 떠날까 봐 두려워서다.

이별 클리닉을 찾는 사람들

내 블로그에는 '이별 클리닉'이라는 코너가 있다. 거기에 쓴 글을 읽고 상담실을 찾아오는 분이 적지 않다. 주로 이별을 앞두고 지나친 공포를 느끼거나 헤어지고 나서 회복하기 힘들어하는 사람들이다. 이는 꼭 연애 문제에만 국한되지 않는다.

이별 클리닉을 찾는 사람은 크게 두 부류로 나뉜다. 한 부류는 헤어진 연인을 지나치게 이상화(idealization)하는 경우다. 이들은 대개 "그 사람은 나랑 완벽한 한 쌍이었어요!"라며 상대를 추켜세운다. 헤어진 슬픔이나 충격으로 이성적 판단이 흐려진 상태다.

다른 하나는 자기연민에 빠져버린 경우다. 이들은 이별의 슬픔과 비탄에 중독된다. 자기연민에 빠지는 건 술에 취한 상태와 흡사하다. '불쌍한 내 인생, 아이고 불쌍한 내 인생아!'라며 술을 마시듯이 감상에 젖는다. 실제로 자기연민에 자주 빠지는 사람은 알코올 중독으로 이어질 확률이 높다. 스스로를 불쌍한 존재로 인식하면서 자신을 위로하고 위로받는 생활에 갇혀버린다.

이별을 두려워하는 사람들은 이별을 무조건 부정적인 것으로 낙인찍는다. 헤어지면 인생이 곧 끝나기라도 할 듯이 여긴다. 그래서 뭐가 힘든지 실감하기도 전에 좌절부터 한다. "이 엄청난 일을 당했으니 난 이제 어떻게 살죠?" 하는 식이다. 이 사람들이 지닌 핵심 감정은 대개 '외로움'이다. 혼자 있는 것은 외로운 것이며, 외로움은 곧 괴로움이라고 간주한다. 혹은 자신은 혼자서는 절대로 행복할 수 없다고 믿는다. 이들은 자신을 '나약하고 여려서 혼자서는 아무것도 못하는 존재'라고 단정하기 때문에 상대가 못났어도 이별할 엄두를 내지 못한다. 자신을 너무 낮게 평가하기 때문이다. '저 사람이라도 있어야 해' '저 사람은 그래도 나를 사랑하잖아. 나를 사랑해줄 유일한 사람이야' '저 사람만큼 나를 사랑해준 사람도 없었어'라며 의지하고 관계를 유지한다.

혼자 남겨졌던 기억에 대한 공포

이별에 대한 두려움은 대개 상처와 연관이 있다. 혼자 남겨진 것에 대한 트라우마가 있는 경우인데 특히 일곱 살에서 열 살 무렵에 혼자 집에 남겨진 경험을 한 경우가 많다. 이때 뭔가 무섭거나 불쾌한 일을 겪으면 '혼자 있음'은 곧 불쾌한 경험으로 각인되기 쉽다. 또 혼자 있는 것에 대한 두려움이 부모를 향한 원망과 이어지곤 한다. "그때 왜 나를 혼자 뒀어?" 하는 원망. 방치되고 보호받지 못했던 기억이 강하게 남아 있어서 또다시 그런 연약한 존재가 될까 봐 두려워한다.

어린아이가 혼자 집에 남겨져 두려움에 떨었을 때 어른이 "용감하게 혼자 있었네? 대단하다"라며 칭찬을 해줬다면 조금 나을 수도 있다. 불안하지만 그만큼 용기를 얻을 기회가 되기 때문이다. 하지만 혼자 있다가 더 위험한 사건을 경험했다면(성추행, 음란 전화 등에 노출된 경우가 은근히 많다) 큰 상처로 남기도 한다. 불안했던 마음에 적절한 공감을 받지 못했을 때도 상처로 남는 경우가 많다.

그 외에 따돌림이나 괴롭힘, 소외를 당한 경우 트라우마가 된다. 그런 일이 또 생기고 무시를 당할까 봐 두려운 것이다.

이별은 누구에게나 어렵다

이별은 쉽지 않다. 오래 지녔던 물건이 없어져도 불안하고 허전한데 하물며 사람과 헤어지는 일임에랴. 이별을 하지 못해서 힘들다는 사람들, 이별한 후가 너무 괴롭다는 사람들에게 하고 싶은 말은 그것이다. 이별은 누구에게나 원래 힘든 일이다. 지금 당신이 이별 때문에 힘들다면 그건 이 세상 모든 인류가 겪는 고통이다. 그리고 그 고통을 각자 나름의 방식으로 겪어낸다. 예를 들어 나처럼 운명으로 받아들이려는 사람도 있는데, 나도 최근에야 그렇게 받아들이게 되었다. 사람마다 방식은 다를뿐더러 한 사람의 방식도 변화한다.

그러니 자신이 이별에 어떤 식으로 반응하는지에 대해 너그러워지기를 바란다. 몇 날 며칠 우는 사람도 있고, 괜찮은 듯 웃고 사는 사람들도 있다. 화를 내는 사람들도, 무덤덤한 사람들도 있다. 그렇게 화를 내면 안 된다거나, 참으면 안 된다거나, 어떻게 해야 한다는 규칙 같은 건 없다.

이별은 자신을 돌볼 소중한 기회

이별을 너무 나쁜 것으로 낙인찍을 필요도 없다. 세상에 절대적으로 좋은 일이 없는 것처럼 절대적으로 나쁜 일 또한 없다. 이별 후 혼자가 되면 외로워지게 마련이지만 그만큼 자유로워지기도 한다. 나는 우울증을 앓는 30대 아기 엄마들을 만나면서 이 사실을 깨달았다. 이들의 고민은 엇비슷하다. "혼자 있어보고 싶어요"라며 찾아온다. 엄마들은 아이를 임신하는 순간부터 자유를 빼앗긴다. 뭘 먹고 마실지는 물론이고 잠자고 움직이는 행동 하나하나까지 아이의 건강 상태를 염두에 둬야 하고, 아이가 태어나 돌보다 보면 기본적인 생리 현상조차 해결할 시간이 없기 일쑤다.

워킹 맘이나 전업주부도 자유가 없기는 마찬가지다. 혼자 맘 편히 쉬거나 여유 있게 잠을 자본 적이 별로 없다. 간절히 자유를 원한다. 혼자 있고 싶고 외롭고 싶다. "그냥 아무도 없는 공원에서 원 없이 달려 보고 싶어요"라며 눈물을 흘린다.

반면 50~60대 여성들은 정반대다. 갱년기 여성들은 혼자가 되는 것을 서러워한다. 하지만 알고 보면 그녀들은 20년간 기도했다. "애들 좀 빨리 결혼시키고 홀가분하게 살고 싶어요"라고 말이다. 그런데 막상 그런 시기가 찾아오면 우울함과 공허함에 힘겨워한다. 하지만 지혜롭게 갱년기 증상을 극복한 50대 여성들은 신나게 놀러 다닌다. 이제 가족 눈치 안 보고 자유를 맛볼 기회라는 사실을 깨달았기 때문이다.

혼자가 됐다면 마침내 자유를 누릴 기회가 생겼다고 보면 된다. 사랑하는 사람과 함께하면 즐겁지만 그만큼 제약이 따른다. 내가 받는 것만큼 상대방을 배려하고 존중해야 한다. 그러다 혼자가 되고 나면 드디어 자신을 맘 놓고 돌볼 수 있다. 상대의 동의도 필요 없고 때로는 거슬렸던 충고와 간섭 따위에서도 벗어날 수 있다.

나는 이별한 사람들에게 여행을 하라고 권한다. 혼자 떠나는 여행은 다소 쓸쓸해 보이지만 막상 떠나보면 다들 만족한다. 자신이 떠나고 싶은 시간에, 원하는 교통수단을 타고, 일정 역시 누구 눈치를 볼 필요가 없다. 도착한 여행지가 별로여도 상관없다. 그 자유를 한번 느끼고 나면 "혼자 지내는 것도 썩 괜찮은데요?"라며 자유의 가치를 고백해온다.

사랑하는 사람과 헤어졌다면 이번 사랑에서 내가 무엇을 얻었는지,

무엇을 배웠는지 되돌아보는 시간을 가질 때다. 꼭 거창한 여행이 아니어도 좋다. 당일치기도 좋고 가본 곳을 다시 가봐도 된다. 나는 익숙한 서울만 돌아다녔다. 아침에 지하철을 타면서 '나는 외국인이다. 지금 서울에 막 도착했다'라고 최면을 걸었다. 썩 괜찮았다. 자유가 생겨 가능한 일이었다.

자존감 향상을 위해 오늘 할 일

나쁜 습관과 이별 계획 세우기

이별은 고독력(혼자 사는 삶을 버티는 능력)을 키울 훈련 기회다. 지금 아무리 행복해도 언젠간 마음 아픈 이별을 맞게 마련이다. 그때 받을 심리적 타격을 줄이기 위해선 연습이 필요하다.(그렇다고 멀쩡한 연인이나 가족과 헤어질 필요는 없다.) 여기서는 그동안 몸에 밴 나쁜 습관과 헤어지는 연습을 해보자. 늦잠 자는 습관, 밤에 폭식하는 습관, 술이나 담배에 의존하는 습관과도 이별할 필요가 있다. 나쁜 습관은 중독으로 이어지는데 영어로 중독자를 뜻하는 'addict'는 로마 시대에 노예를 뜻했던 'ict'에서 파생된 단어다. 그만큼 나쁜 습관은 우리를 종속시킨다. 당연히 거기서 벗어날 때 자유가 주어진다.

1. 지금 어떤 습관에서 벗어나고 싶은지 적어보자. 그리고 그것과 이별하면 어떤 점이 좋아질지도 적어보자.

예

- 밤에 폭식하는 습관과 이별하고 싶다. 몸이 건강해질 것 같다.
- 자신을 비난하는 습관에서 벗어나고 싶다. 당당해질 수 있을 것 같다.
- 운전할 때 틈만 보이면 추월하는 습관을 버리고 싶다. 사고 위험에서 벗어날 것 같다.
- 스마트폰을 자주 보는 습관을 버리고 싶다. 피로감이 사라지고 여유가 생길 것 같다.
- 잘 참다가 마지막에 터지는 습관에서 벗어나고 싶다. 자책하고 후회하지 않을 것 같다.
- 한밤중에 헤어진 연인에게 전화하는 습관을 버리고 싶다. 수치심과 부끄러움을 느끼지 않을 것 같다.

2. 나쁜 습관(낮은 자존감)에게 이별을 고하는 편지 쓰기

예

낮은 자존감아. 너와 함께한 시간이 참 길었다.
막상 너와 이별하려니 살짝 아쉽고 두려워.
하지만 이번엔 정말 모질게 마음 먹었어.
생각해보면 그동안 너 때문에 고마운 일도 많았어.
친구들 관심도 받고 착하다는 말도 많이 들었거든.
하지만 이제 내가 좀 변하려고 해.
더이상 조바심내지 않고 남의 눈도 덜 의식하고, 내 인생을 살래.
어린 시절을 함께해준 오랜 친구야,
이제 난 더 넓은 세상으로 간다. 안녕!

6

미움받을까 두려워 자신을 포장하는 사람

유난히 밝고 호의적인 사람을 만날 때가 있다. 그런 사람은 등장할 때부터 남들의 시선을 끌고, 사람들도 관심을 보인다. 처음 만날 때 그는 평생 우정을 함께할 것처럼 행동한다. 내게 반하기라도 한 듯 무척 친밀하게 대하고 성적인 매력을 어필하기도 한다. 나도 금세 그와 친한 사이가 된 것 같다. 그런데 막상 뒤돌아 곰곰이 생각해보면 그에 대해 아는 게 하나도 없는 경우가 많다. 그런 이들은 우리에게 좋은 모습만 보여주려고 한다. 그러다 보면 진짜 친해졌다는 느낌을 주기가 어렵다. 인간관계라는 게 좋은 모습만 보이면 쉽게 친해질 수 있을지는 모르지만, 정말 친한 관계란 나쁜 모습도 용인하는 것이기 때문이다.

사랑받고 싶다 vs. 사랑을 잃을까 두렵다

많은 사람들이 '사랑받기'를 원한다. 혼자서 자유롭게 사는 것도 행복하겠지만, 인간은 어디까지나 사회적인 동물이다. 타인에게 가치를 인정받고 쓸모 있는 사람이 되는 것은 자존감의 첫 번째 요소다. 자기 자신을 '사랑스러운 존재'로 인식하기 위해 가장 쉽게 떠올리는 방식은 사랑을 받는 것이다.

사랑받고 싶은 마음은 문제가 아니다. 문제는 '사랑받음'의 중요성을 지나치게 강조하는 데에서 온다. 사랑받고 싶어하는 게 당연한 욕구이고 누구나 그걸 알다 보니 집착으로 흐르기가 쉽다. 다시 말해, '사랑받고 싶어' 하는 마음이 '사랑을 못 받으면 어쩌지?'라는 불안으로 이어진다고 보면 된다. 『미움 받을 용기』라는 책이 베스트셀러가 된 데는 현대인에게 이런 두려움이 깔려 있기 때문 아닐까.

시험에 합격하려는 열망이 지나치다 보면 불합격에 대한 부담감도 커진다. 경기에서 꼭 이겨야 한다는 압박감이 너무 커지면 정상적인 경기력이 나오지 않는 것과 비슷하다. 자기 아이가 모두에게 사랑받았으면 좋겠다는 바람이 지나치면 "그러다가 친구들한테 왕따 당할라" "네가 그러면 사람들이 뭐라고 하겠니?" 하는 공격으로 이어질 수도 있다. 특히 부모가 체면을 중시하는 경우, '남들에게 사랑받지 못하면 끝장이야'라는 생각이 아이에게 심어진다. 사랑에 대한 집착이, 미움에 대한 두려움으로 자리 잡는 셈이다.

행복해지고 싶다 vs. 불행해지지 않고 싶다

원하는 것을 정해놓고 그곳으로 향하는 사람들은 계속 원하는 것을 떠올린다. 공부를 잘하고 싶은 사람들은 공부 잘할 때의 자기 모습을 늘 떠올리며 그 모습에 따라 행동하려고 한다. 기대보다 성적이 나오지 않을 때도 그렇다. 다소 실망하고 자기 능력에 대한 믿음이 흔들리기도 하지만, 모범생다운 결론을 내린다. 무엇이 문제였는지 파악하고 다음 시험에는 보완하려고 노력한다.

반면, 원치 '않는' 것을 정해놓고 그곳으로 '안' 가려고 노력하는 사람들에게는 문제가 좀 복잡하다. 공부 못하는 걸 피하려는 사람의 경우, '공부 못하는 학생은 인정받지 못하는 존재'라는 믿음이 있다. 이는 공부 잘하는 걸 목표로 한 사람, 즉 '공부를 잘하면 학교에서 인정받는다'라고 믿는 경우와는 다른 결과를 낳는다. 공부 못하는 걸 피하려는 사람은 성적이 조금 떨어지면 자기 모습에 당황한다. 공부 못하는 학생의 모습과 닮아 있기 때문이다. 평소 그렸던 부정적인 이미지에 자신을 갖다 붙인다. '성적 떨어진 사람=인정받지 못하는 존재=나'라는 등식이 성립한다.

목표를 공부 잘하는 사람으로 잡았을 때는 공부 잘하는 사람들의 행동 패턴에 관심이 간다. 공부 잘하는 사람들은 어떻게 행동하고 어떻게 위기를 극복했는지 궁금해한다. 반대로 성적이 나쁜 사람에게 집중했을 때는 공부 못하는 사람의 특징에 대해 많이 알게 된다. 어떤 대우를 받고 어떤 마음을 갖는지 자세히 연구한다. 그리고 어떤 나쁜 결과를 만나는지 알고 공포를 느낀다.

물론 한 번도 성적이 떨어지지 않거나, 늘 기대한 대로 성적이 나온다면 두 경우 간에 차이가 없을지도 모른다. 그런데 인생 대부분은 굴곡이 있고 슬럼프가 찾아온다. 문제는 이때 생긴다. 행복해지고 싶은 목표와 불행해지지 않고 싶은 목표 간의 차이는 걸림돌을 만났을 때 드러난다.

부정형 목표는 두려움을 부른다

사랑받기를 원하는 것이 아니라, 사랑 못 받는 것을 원치 않는 경우 어떻게 될까. 사랑받지 못할까 봐 두려워하면, 뇌는 사랑받지 못하는 상황을 떠올린다. 학교에서 선생님의 관심을 받지 못하는 상황, 또래에게 따돌림 당하는 경험, 대학이나 회사에 들어가서도 험담의 대상이 되고 외로움에 빠지는 상상을 한다. 그래서 사랑받기 위해 노력한다. 늘 밝은 웃음을 짓고, 남들이 관심 갖고 좋아할 만한 외모와 행동을 취하는 데 익숙해진다.

하지만 어쩔 수 없이 시련은 온다. 아무리 사랑스러운 사람이라도 모두가 그를 사랑할 수는 없기 때문이다. 소개팅 상대에게 퇴짜 맞기도 하고, 사귀던 사람과 헤어지기도 한다.

이때 부정형 목표가 세워져 있던 사람들은 나쁜 생각을 떠올린다. 자신이 사랑받을 수 없는 이유를 떠올리면서 부정적인 상황에 집중한다. 자기가 생각하는 자신의 문제점에 집중한다. 누구에게 화났던 일, 비도덕적인 욕구와 욕심을 떠올린다. 그러면 '나에 대해 실망하게 될 거야' '나를 무시하게 될 거야'라는 생각이 고개를 든다. 여기에 항상 문제를 일으키는 '난 특이해'라는 생각마저 다가오면 폭탄에 불을 댕기는 꼴이다. 자기만 특이하게 문제가 있어서 특히 사랑받지 못하는 삶을 산다는 생각으로 이어진다. 그렇게 두려워하면 두려워할수록 가까이에 쌓아두었던 폭탄이 터지기 쉽다.

두려움은 예방주사가 아니다

물론 이런 현상은 이성적이지 않다. 가족이나 친구들이 말한다. "사람들이 왜 너에게 실망할 거라고 생각해. 너를 봐. 얼마나 예쁘고, 능력 있고, 착한데." 이 말에 이성적으로 답할 수 있다면 다행이다. "맞아, 내가 회사에서 스트레스를 많이 받았나 봐. 나 이상한 거 아니지?" 하면서 극복해내곤 한다.

그런데 두려움에 휩싸이면 설득이 불가능하다. 아무리 논리적으로 설명을 해도, 감정에 갇혀 있기 때문에 의사소통이 안 된다. 대화란 논리적인 과정인데 "그냥 불안해. 사람들은 실망할 거야"라는 말에는 논리적인 대응과 설득이 불가능하다. 자신이 사랑받지 못한 사건 때문에 두려움이 폭발해버렸기 때문이다. 직장 상사가 한두 번 나무랐을 뿐이건만 그렇게 서럽고 불안할 수가 없고, 모두 자신을 싫어한다고 되뇌며 울컥 눈물이 솟는다. 억울함과 분노도 동반한 감정이다.

이들은 자신이 지적당한 것이 업무가 아닌 인격이라고 생각한다. 내가 도대체 뭘 잘못했다고 그렇게 미워할까 생각한다. 이미 자기 자신한테 불만이 많았던 사람들은 더 심각하다. '내가 봐도 나는 일을 참 못해. 혼나는 게 당연하지' '난 끝장이야. 내가 얼마나 형편없는지 다 알아버린 거야'라며 자신을 낙인찍는다.

자존감 결여는 인간관계를 망치는 원인이 되지만 그 결과가 되기도 한다. 관계에서 트러블을 경험하고 그걸로 속상해하는 자신을 보면서 스스로 깎아내리면 그렇게 된다. '나는 쿨하지 못해' '프로답지 못해' '한번 혼난 걸로 이렇게 오래 끙한 거 보면 너무 감정적이야'라며 자신을 못마땅해 하는 식이다.

애석하게도 이것은 어린 시절부터 축적된 두려움이 폭발한 경우가 많다. 부모는 아이가 사랑받는 존재가 되었으면 하는 마음에 계속 예방주사를 놓는다고 생각한다. "너 이러면 사람들이 싫어해. 외톨이가 될 거야"라며 핀잔을 준다. 그 순간에는 아이가 두려워해도 그래야 사랑스러워지려고 노력할 거라고 생각한다.

하지만 그것은 예방주사가 아니다. 거절이라는 병균이 침입했을 때, 항체가 되어 싸워야 할 자존감을 소진시키기 때문이다. 오히려 두려움과 불안이 핵심 감정이 되어 폭발해버리고 만다. 자기 머릿속의 오류들을 수정할 기회가 날아가버리는 셈이다.

당당한 사람이 사랑스럽다

모든 이에게 언제나 사랑받는 존재가 되고 싶어도 우리는 그렇게 될 수가 없다. 누구나 훌륭한 인생을 살고 싶지만 문제는 늘 생기게 마련이다. 사랑받고 싶지만 거절을 당할 수밖에 없고, 칭찬받고 싶지만 실망을 줄 수밖에 없다. 우리 마음에 아름다움만 존재할 수는 없다. 누구나 내면에 문제가 있다. 남들이 알면 놀랄 욕망도 있고, 욕심도, 질투와 시기도 숨어 있다. 자신감이 결여돼 있기도 하고, 기대고 싶은 의존 욕구도 있다. 다만 감추고 있을 뿐이다. 그런 수많은 것들을 뭉뚱그려 이드(id)라고 부른다. 모든 사람들에겐 자아가 있고, 그것을 통제하는 선량한 나 즉 초자아가 있다. 아름다움과 사랑스러움이 초자아라면, 그 반대편에는 이드가 숨 쉬고 있다. 사랑하는 사람들이나 사랑받는 사람들 누구에게나 이드가 있다. 그러니 자기한테 이드가 있다고 부끄러워할 필요가 없다.

당신이 사랑받지 못한다고 해도 그것은 당신 잘못이 아니다. 시험을 못 봤다고 해서 나쁜 학생이 아닌 것처럼.

자존감 향상을 위해 오늘 할 일

자기 자신에게 사과하기

오늘 저녁엔 거울 앞에 서서 사과를 해보자. "미안해. 그게 뭐 그리 대단한 거라고 나를 미워했어" "미안해! 안 그래도 마음이 힘들었을 텐데, 그걸 숨기려고 했어. 당당하지 못해서 정말 미안해"라고 소리 내 말하자.

우리는 그동안 자신에게 만족을 못했다. 나를 그대로 받아주지 못했다. 우리의 외모를 사랑하지 못했고, 성격을 불만스러워했고, 처지를 비관했고, 처한 현실을 부끄러워했고, 꿈을 숨겨왔다.

자신에게 참 미안한 일이다. 따라서 일단 사과부터 해야 한다. 그것이 자존감이 낮았던 '과거의 나'와 노력 중인 '현재의 나'의 차이점이다. 이렇게 함으로써 우리는 변화하기 시작할 것이다.

노파심에 덧붙이자면 자신에게 사과할 때 쓸데없는 변명이나 구실은 덧붙이지 말자. 예컨대 “내가 그렇게 나를 다그친 건 나 잘되라고 그런 거야” 라든가 “내가 그렇게 잘난 사람이었으면 애당초 두려워할 것도 없었지!” 같은 말은 사족이니 꺼내지 않는 게 좋다. 그저 자신에게 잘못한 점이나 미안한 일이 있었다면 진심으로 그 부분에 대해 사과해보자.

2장을 마치며

사랑 탓도, 내 탓도 아니다

당신이 만약 자존감에 문제가 있는 사람이라면 십중팔구 사랑을 힘겨워할 것이다. 원치 않는 의심이 생길 것이고, 행복한 시간보다 싸우는 시간이 길 것이고, 상대의 무심함에 자주 화가 나고, 내가 더 사랑한다는 생각에 외로울 수도 있다. 또 그런 자신의 모습이 싫어 심하게 자책을 하거나 자괴감에 빠져 지낼 수도 있다.

그렇다고 자존감이 꽉 차오를 때까지 사랑하기를 미룰 필요는 없다. 우리가 사랑에 환상을 품고 의지하는 이유는 그만큼 사랑의 힘이 강력하기 때문이다. 사랑은 자존감을 갉아먹기도 하지만 그만큼 치유해주기도 한다.

문제가 있는 관계지만 헤어지지 못하고 있다면 다 그만한 이유가 있을 것이다. 아예 헤어지는 것보다는 싸우는 게 낫고, 의심스럽지만 사랑이 남아 있기 때문에 헤어지지 못하는 것이다. 그러니 너무 자책하거나 당장 이별을 결심할 필요는 없다.

당신이 힘든 이유는 자존감 외에도 여러 가지가 있을 수 있다. 체력이 바닥나서 지쳤을 수도 있고 돈이 없어서 괴로운 것일 수도 있다. 힘든 이유가 사랑 때문이라고 섣불리 결론 내지 말기를 바란다. 또 사랑은 원래 나랑 안 맞는다거나 사랑은 괴로운 거라고 쉽게 단정 짓거나 일반화하지 말았으면 한다.

자존감이 낮다고 해서 너무 실망할 필요도 없다. '아, 나에게 자존감 문제가 있었구나. 그래서 그동안 사랑이 힘들었구나' 정도만 깨달으면 된다. 아직 할 얘기가 많이 있다. 본격적인 시작은 이제부터다.

PART 3

자존감이 인간관계를 좌우한다

1

나는 얼마나 인정받고 있을까

자존감의 가장 대중적인 의미는 '자아 존중감'이다. 말 그대로 자신을 얼마나 존중하고 가치 있는 존재로 받아들이는가를 뜻한다. 자존감의 중요성이 날로 커지고 있기 때문인지 최근 나오는 육아 서적을 보면 칭찬을 강조하며, 자녀를 얼마나 사랑하는지 구체적으로 알려주라는 메시지가 많이 나온다. 이처럼 높아진 교육 풍토와 의식 있는 부모들 덕분에 요즘 아이들은 중장년층에 비하면 자존감이 꽤 높을 것 같다.

안타깝게도 지금 성년이 된 대다수는 부모에게 그런 말을 듣고 자라지 못했다. "너는 소중한 사람이야"라는 말을 듣기는커녕 잘못했다고 혼나거나 심지어 발가벗겨져 문밖으로 쫓겨났던 경험이 더 많을 터. 그렇게 직접 지적하거나 창피함을 유발해 복종하도록 하는 육아법이 일반적이던 시절이었다.

어릴 때부터 자신이 소중하다는 사실을 깨닫고 탄생 자체가 축복이라는 사실을 숙지한 아이라면 자존감이 상대적으로 높을 것이다. 하지만 그렇지 않았다고 해서 이제 와 부모나 세상에 대한 원망에 사로잡힐 필요는 없다. 그 당시는 그게 정상이었고 대다수 아이들이 그런 환경에서 자랐기 때문이다.

우리는 자신의 가치에 대해 잊고 산다. 누구나 인정받고 사랑받아야 할 존재라는 사실은 알고 있지만 막상 "당신은 가치 있는 사람인가요?"라는 질문을 받으면 자신 있게 대답하지 못한다. 또 자신을 존중해야 한다는 사실은 알지만 다른 사람에게 쓸모 있는 존재로 인정받거나 사랑받아야만 가치 있는 존재라고 생각한다. 하지만 자신의 가치란 반드시 누구에게 인정받아야만 찾을 수 있는 것이 아니다.

인정받고 싶다는 마음의 다른 표현

상담을 해보면 부부 생활에서 만족도가 떨어지는 남편들은 대부분 자존감이 저하되어 있다. 부인이 자신을 무시한다고 생각한다. 쓸모 있는 존재, 유용한 존재로 인정받고 싶은데 번번이 그 욕구가 좌절되기 때문이다. 이해가 안 되는 것도 아니다. 어떤 문제가 생길 때마다 남자는 해결책을 제시하려고 덤빈다. 직장 문제나 고부 갈등으로 고민하는 아내에게 촌철살인의 한마디로 해결을 해주고 인정받고 싶어한다. 하지만 아내의 반응은 시큰둥하고 남편은 그때마다 자존감에 상처를 입는다. 남편이 원하는 건 단 하나, '아내가 나를 쓸모 있는 존재로 생각해주는 것'이다. 이것이 남편의 자존감이다. 한편, 부인의 자존감은 공감에 달려 있다. 남편이 자신의 감정을 공유한다고 여기면 부부의 만족도도 높아진다.

부부 치료는 서로가 서로에게 얼마나 소중한 사람인지를 깨닫는 과정이다. 성숙한 부부들은 배우자의 자존감을 지키는 일이 곧 나의 자존감을 지키는 일이라는 걸 알고 있다. 그래서 상대방의 자존감을 지켜주려고 노력한다. 한 배를 탄 운명 공동체이므로 상대가 죽으면 나도 죽는다는 것을 안다.

인정받는 것에 관해 얘기를 하니 학회에서 처음으로 강연을 하던 날이 기억난다. 긴장을 많이 했다. 연단에 섰는데 다리가 후들거렸다. 나를 불러준 것은 고마웠지만 부담이 너무 컸다. 나는 대학 교수도 아니고 경력도 별 볼 일 없었다. 이런 자리에 괜히 와서 무시라도 당하면 어쩌나, 바쁜 사람들 시간 낭비나 하게 하는 건 아닌가 하는 생각이 머리에서 떠나지 않았다.

강연이 시작되자 목소리는 갈라졌고 손발이 떨렸다. 근심 어린 마음으로 준비한 슬라이드를 보며 읽어 내려갔다. 그 와중에도 내가 초보라는 사실을 청중이 눈치 채지 않을까 하는 걱정이 가득했다. 그때 청중 사이에서 '찰칵' 하는 소리가 들렸다. 내가 준비한 자료를 누군가 촬영하는 소리였다. 이윽고 찰칵, 찰칵 소리가 연달아 들려왔다. 청중 쪽으로 몸을 돌리자 많은 사람들이 고개를 끄덕이며 내 설명에 집중하고 있었다. 연세가 지긋한 선생님들도 흐뭇한 표정으로 나를 바라보고 있었다. 그 순간 나는 긴장이 풀렸다. 허리가 펴졌고 그제서야 평소 목소리를 되찾았다. 내가 준비한 자료가, 아니 내가 인정받는 순간이었다.

사실 연단에 오르기 전부터 나는 한 가지 의문에 시달렸다. '사람들이 나를 필요로 할까' 하는 의문이었다. 그도 그럴 것이 학회장엔 나보다 공부를 많이 하고 경험도 풍부한 분들이 많았다. 이런 분들이 내 강의를 듣는다니 부담스러웠고 이들을 만족시키지 못하면 어쩌나 하는 불안에 빠졌다.

그런 압박감은 준비를 더디게 만들었다. 가뜩이나 진료가 끝난 후에 혼자 준비해야 하는데 그 시간마저 집중할 수가 없었다. 자료는 너무 진부해 보였고, 내 번역이 옳은가 하는 의심과 싸워야 했다. 시간이 지나면서는 더 심해졌다. 경력이 없다는 점, 준비가 부족하다는 점, 망쳐버릴지도 모른다는 스트레스 때문에 이 기회를 남에게 넘겨버릴 뻔했다.

나는 청중을 실망시킬까 봐 걱정하고 있었지만 이것은 핑계에 불과하다. 사실은 사람들이 나를 무시하면 어떡하나, 누군가 하품을 하거나 지루해하면 어떡하나, 발표를 망치면 어떡하나 등 온통 내 걱정으로 가득했다.

인정받고 싶다는 욕망

내가 그랬듯 전문직 종사자나 성공한 사람들 중에도 자신의 능력이나 성취를 의심하며 불안해하는 사람들이 많다. 어릴 때부터 공부를 잘했고, 현재 돈도 잘 벌고, 다른 면에서도 모자랄 게 없어 보이는 사람들인데 늘 쫓기며 산다. 왠지 모를 불안과 초조함에 잠을 못 이루거나 심한 경우 술을 마셔야만 잠을 이룬다는 사람들도 있다.

이들은 대개 강박증에 시달린다. 강박증은 한 가지 생각이 지속적으로 떠오르고 지워지지 않는 증상이다. 이들의 강박증은 실은 어릴 때부터 예컨대 이런 생각에 휩싸여 있던 경우가 많다. '1등을 하지 못하면 넌 아무짝에도 쓸모없는 인간이야' '너 이번 시험에서 떨어지면 엄마 아빠한테 혼날 거야' 등등. 성공한 사람들의 뒤에는 헌신적인 부모도 있지만 이처럼 강박증을 심어놓을 정도로 자녀에게 불안을 강요하는 경우도 있다. 물론, 부모는 그런 영향을 끼치지 않았는데 자녀 혼자 그런 생각에 빠지는 경우도 많다.

'내가 과연 인정받을 수 있을까' 하는 고민은 에너지를 일으킨다. 이 방법은 꽤나 중독성이 있어서 나는 지금 이 순간도 이 방법을 쓴다. '독자들에게 꼭 필요한 책을 내는 쓸모 있는 의사가 되어야 해'라는 생각을 하며 나를 다그치고 있다. 문제는 이 방법만 가지고는 성과를 만들어내는 데 한계가 있다는 점이다. 정해진 한도의 에너지를 넘어가면 이 동기부여는 불안과 부담감으로 작용한다. 실제로 이 책을 쓰면서 나는 좋은 책을 써야 한다는 생각에 묶여 한동안 한 글자도 쓰지 못한 채 시간을 보냈다. 좋은 글을 써야 한다는 부담감에 어깨에 힘이 들어갔고, 독자들에게 훈계를 하는 나를 발견했고, 결국 판매가 되지 않으면 어쩌나 하는 생각까지 겹쳐 글쓰기를 전혀 못하는 지경에 이르렀다.

타인에게 인정받고 싶어 최선을 다하는 방식은 학생 때까지 유용한 것 같다. 많은 고등학생들이 '대학에 못 가면 끝장이야'라는 생각으로 공부하듯이 말이다. 하지만 사회에 나오면 그것이 불가능해진다. 사회에서 자신의 가치를 타인에게 인정받는 데에는 한계가 없기 때문이다. 사회생활에는 시험 기간이 없고 담임선생님도 없다. 1년 내내 평가에 시달려야 하고 인정받아야 할 대상도 한두 사람이 아니다. 게다가 특정인에게 인정받고 싶어하면 정치적이라는 평가까지 듣기 십상이다.

평가가 아닌 과정에 몰입하라

사회생활에는 뚜렷한 가이드라인이 없다. 언제, 어디까지, 어떻게 해야 가치를 인정받는지 알려주는 길잡이가 없다. 뚜렷한 성적표가 있는 것도 아니고 인기투표를 할 수도 없다. 그래서 자신의 가치를 스스로 인정하기도 어렵고 그것을 느끼기는 더 어렵다.

우리는 여러 사회에 동시에 속해 있다. 직장에서 가치를 인정받는 것에 집착하다 보면 가정엔 소홀해질 수밖에 없다. 좋은 부모가 되겠다고 가정에 몰두하면 직장에 문제가 생기기 십상이다. 배우자에게 잘 인정받으려 하다가 부모님과 문제가 생기기도 한다. 우리가 가진 에너지에는 한계가 있기 때문에 애당초 모든 면에서 가치를 인정받기란 불가능하다.

그럼 어떻게 하면 좋을까? 해답은 과정에 있다. 과정에 몰입하면 된다. 평가는 나중의 일이고 과정은 현재의 일이다. 과정에 집중한다는 건 결국 오늘 할 일에만 포커스를 맞추는 일이다. 가령 취업을 하고 싶다면 취업을 하기 위해 '오늘 할 수 있는 일'만 생각해야 한다. 좋은 대학에 가고 싶다면, 평가는 수능 시험 당일이고 과정은 오늘 공부를 하느냐 마느냐다. 오늘 공부할 언어 영역이나 수리 영역에만 집중하는 것 말이다. 평가는 우리가 할 수 있는 영역이 아니고 현재의 영역도 아니다.

과정에 집중하는 사람들은 '지금 이 순간의 나'에게 집중할 수 있다.

하루하루에 최선을 다하기 때문에 결과가 나쁘더라도 상처가 적다. 비록 시험에 통과하지 못했지만 그 과정은 훌륭했다는 만족감이 남기 때문이다.

자존감은 '내가 내 마음에 얼마나 드는가'에 대한 답이다. 그러기 위해선 타인의 평가가 아닌 '자신의 평가'에 집중해야 한다. 다시 내 강연 얘기로 돌아가자면 요즘 나는 강연이나 발표를 할 때 예전과는 사뭇 다르다. 오로지 나 자신에게 초점을 맞추기 때문이다. 책을 쓰는 것도 마찬가지다. 누구에게 인정받기 위해서가 아니라 내가 힘들 때마다 펼쳐보기 위해서, 내 딸들에게 도움이 되기 위해서 쓴다. 그러다 보니 그전에 비해 훨씬 나에게 몰입하게 됐다.

자존감 향상을 위해 오늘 할 일

이 책을 왜 읽는지 적어보기

여기까지 책을 읽은 사람 중에는 이제 슬슬 책을 덮고 싶은 사람도 있을 것이다. '이런 책 좀 읽는다고 뭐가 달라지겠어' 하는 생각도 들지 모른다. 자연스러운 일이라고 생각한다. 이때는 차라리 내가 이 책을 어떻게 사용하고 싶은지 생각해보는 게 낫다.

자존감을 높이고 싶은 마음에 이 책을 샀다는 건 자명한 사실이다. 기왕 샀고 여기까지 읽었다면 우리가 어떻게 변화할 것인지에 대해 구체적으로 생각할 필요가 있다. 현실적이면서도 나에게 직접적인 이득이 되는 목표를 정해두면 성공할 확률도 그만큼 커진다. 예컨대 고등학생에게 "너는 왜 공부를 하니?"라고 물었을 때 "훌륭한 사람이 되기 위해서"라거나 "엄마가 좋아할 테니까"라고 대답하는 학생은 공부를 잘하는 학생이 아닐 확률이 높다. 차라리 "서울대학교에 가면 고액 과외도 할 수 있고 취직도 잘되니까요"라고 대답하는 아이들의 학습 동기가 더 높다.

그처럼 이 책을 읽고 이루고 싶은 변화에 대해 적어보자. 구체적이고 현실적일수록 좋다. 마음이 편안해지고 싶다면 마음이 편안해져서 무엇을 얻고 싶은지까지 생각해보자. 나를 사랑하고 싶다면, 그걸 통해서 무엇을 하고 싶은지 적어보자. 나를 사랑하는 힘을 키운 후 연애를 잘하고 싶은지, 이별을 잘 받아들일 수 있기를 바라는지, 타인을 원망하지 않기 위해서인지 구체적으로 적어보자. 몇 개가 되든 상관없다.

1. 이 책을 왜 읽는지 적어보기

2. 이 책을 읽고 어떤 변화가 생기길 바라는지 적어보기

3. 그 변화를 통해서 얻고 싶은 것이 무엇인지 적어보기

2

자존감을 깎아내리는 직업이 있다

나는 내 직업에 만족한다. 어려서부터 하고 싶었던 일이고 남들도 부러워하는 직업이다. 물론 한국의 의료 현실을 생각하면 답답하기 짝이 없고, 단지 의사라는 이유로 나쁜 사람 취급을 받으면 자존심이 많이 상한다. 하지만 이 일 말고 무슨 일을 하면 만족할 수 있을까? 선뜻 다른 답이 떠오르지 않는다. 이 일보다 딱히 윤리적인 일도 못 찾겠고 더 안정적인 직업도 못 찾겠으며 나와 더 잘 어울리는 일도 못 찾겠다. 아마 그래서 중간에 포기하지 않았던 것 같다.

물론 나도 평범한 사람이라 직업에 회의를 느낄 때도 많다. 일하는 동료는 좋은데 병원이 부도가 나버렸을 때도 있었고 돈은 잘 버는데 다른 면에서 갈증이 생길 때도 있었다.

하지만 그때 내가 견딜 수 있었던 건 직장과 직업이 엄연히 다르다는 사실을 알고 있었기 때문이었던 것 같다. 직장과 직업은 다르다. 직장은 맘에 들지 않아도 직업은 좋아할 수 있다. 또 직업과 꿈도 다르다. 나는 직업이 의사지만 작가가 되는 꿈을 버린 적은 없다.

무슨 말인가 하면 자기가 하는 일의 가치가 의심스러울 땐 직업, 직장, 꿈을 분리해서 생각하라는 것이다. 그러지 않으면 자칫 이 세 가지 모두에 만족하지 못한다는 착각에 빠질 수 있다.

3포 세대의 자존감

찢어지게 가난하고 궁상맞던 시절이 좋았다고 말하는 어른들이 있다. 먹을 것도 부족하고 난방도 되지 않던 시절이 좋았다니, 처음엔 나도 거짓말이라고 믿었다. 그런데 내가 막상 중년의 나이가 되어보니 비슷한 생각을 하게 된다. 특히 취업과 진로 때문에 고민하는 젊은이들을 볼 때 그렇다. 문명의 발달로 생활이 편리해진 것은 분명하지만 삶의 질적 측면에서 우리는 옛날보다 더 힘들고 혼란스러워졌다.

옛날엔 목표가 단순했다. 많이 갖고 편하면 얼추 행복했다. 배불리 먹고, 농사 지을 땅을 많이 갖고, 아이를 많이 낳고, 적당히 돈을 벌면 족했다. 지위가 올라가고 오래 일하면 더 바랄 것이 없었다. 또 이 모든 것이 지금처럼 어렵지도 않았다.

하지만 요즘 젊은이들은 방향까지 고려해서 뛰어야 한다. 이른바 명문 대학을 나오고 성적이 좋다고 해서 행복이 보장되지 않는다. 대학에 입학해도 학자금 융자 걱정, 취업 걱정을 해야 한다. 운 좋게 대기업에 들어가도 언제 잘릴지 몰라 불안에 떨어야 한다. 어른들은 열심히

만 하면 된다고 말했는데 막상 아무리 달려도 행복한 세상이 펼쳐지지 않는다.

이러니 당연히 자신이 뛰고 있는 방향에 대해 의구심을 갖게 된다. '이 길이 과연 내가 생각했던 그 길인가?' '여기서 이 일을 하는 게 어떤 의미가 있을까?' 자꾸 질문하게 된다.

과거엔 중년을 넘어야 비로소 품었던 의문을 요즘은 청년 시절부터 갖게 된다. 누구나 그렇게 산다거나, 지금 충분히 잘하고 있다는 위로, 가족이 있지 않느냐는 말로 위안을 얻는 데에도 한계가 있다.

우리는 혼란스러운 시대에 살고 있다. 월급을 수십 년 모아도 집을 살 수 없는 세상, 열심히 준비해도 원하는 직장에 취업하기 힘든 세상, 매뉴얼대로 일해도 부사장 한마디에 비행기를 돌리는 세상에 살고 있다. 나는 누구인가, 지금 여긴 어딘가, 과연 이 일을 꼭 해야 하는가 하는 의문이 떠나지 않는다.

요즘엔 대학 졸업반의 청년부터 중장년에 이르기까지 진로 고민에 빠져 있다. "이 직업 좋아요. 이거 해보세요" 하고 자신 있게 권하는 사람을 찾아볼 수 없다. 사회적으로 꽤 인정받고 안정됐다는 의사 지망생들도 다르지 않다. 가끔 만나는 학생들은 노골적으로 묻는다. "정신과 의사가 적성에 잘 맞나요?" "수입은 얼마나 돼요?" "선택에 후회는 없으세요?"라고. 대놓고 하는 질문이 부담스럽기도 하지만 그렇게 물어야만 하는 현실도 어느 정도 이해는 된다. 경제적으로 안정된 직종이라고 해서 힘든 의대 생활을 견뎠는데 파산 신청 1위가 의사라고 하니 혼란이 올 만도 하다. 법조계도 크게 다르지 않은 것 같다. 수년 준비 끝에 겨우 고시를 통과해도 막상 취직이 되지 않는 변호사들이 수

두룩하다니 말이다.

과거엔 열아홉이 되면 대략적인 직업이 정해졌다. 의대생은 의사가 되고, 법대생은 법조계로, 공대생은 대기업에 무난히 취직해 고유한 인생을 살 수 있었다. 장래희망이 곧 직업이고, 그 직업을 가진 이상 인생은 무난하게 흘러갔다.

하지만 지금은 그 경계가 무너졌다. 전문직과 비전문직이 구분이 안 된다. 피부과 의사와 외과 의사가 같은 일을 하기도 하고 약사가 하는 일을 한의사가 하기도 한다. 같은 직장의 정규직과 계약직의 업무도 크게 다르지 않다. 내가 하는 일을 누구나 할 수 있고, 때론 나 아니어도 할 수 있는 현실, 만족해야 할지 말아야 할지도 헷갈리고, 대체 누구와 비교를 해야 할지, 어디쯤에서 만족을 해야 할지도 헷갈린다.

자존감을 훼손하는 직업

우리는 직업과 직장에 만족해야 안전하다는 느낌을 받는다. 자신이 원했던 대로 가고 있고 경제적인 안정감도 함께라면 더할 나위 없다. 하지만 요즘은 자존감이 떨어질 수밖에 없는 환경이 널려 있다. 자신의 선택에 회의가 들고 능력 부족이나 자괴감에 시달리게 하는 환경이 수두룩하다. 개인 탓이 아니라 사회적 환경이나 제도가 만들어낸 것이 많은데 애먼 자기 탓과 죄책감에 빠져드는 사람도 많다. 이 중에서도 유독 자존감이 떨어지는 직업군이 있다.

계약직/비정규직: 계약이라는 단어가 들어가서 좋은 의미로 쓰이는 경우는 거의 없다. 계약결혼, 계약커플, 계약직 모두가 씁쓸한 여운을 남긴다. 직원은 직원인데 언제 계약이 해지될지 모르는 사람들. 정규직이 아닌 이들이 느끼는 불안감과 스트레스는 상상을 뛰어넘는다. 외부 상황도 상황이지만 계약직 스스로 느끼는 감정도 매우 치명적이다. 예컨대 어떤 일이 주어졌을 때 그 일이 원래 내게 주어진 일인지, 계약직이라서 떠맡은 일인지 하는 의구심에 시달려야 한다. 정규직 교사는 겨울방학이 휴식이지만 비정규직 교사들은 구직 활동을 시작해야 하는 시기다. 제아무리 강한 사람도 자괴감이 들 수밖에 없는 환경이다.

워킹 맘: 밖에서 일하는 엄마들이라면 누구나 상처가 있다. 아이를 두고 출근하는 첫날 많은 엄마들이 눈물을 흘린다. 사회 활동하는 엄마가 더 멋지다고 다짐해보지만 아이를 잊고 마음 편히 일에만 매달리는 엄마는 흔하지 않다. 또 막상 일에 집중하면 죄책감에 시달리기도 한다. 아무렇지도 않으면 '난 좋은 엄마가 아닌가?' 하는 생각도 든다. 게다가 대다수 워킹 맘들은 퇴근 후 집안일도 하고 있다. 심신이 지쳐가는데 자신의 직업과 처지에 가치를 느끼기란 쉽지 않다.

전업주부: 자존감이 저하되어 있기는 주부들도 마찬가지다. 사회에서 말로는 육아와 가사를 하는 전업주부의 역할이 웬만한 직장 남성의 역할만큼 중요하다고들 하지만 막상 주부를 대하는 시선은 편견투성이다. 직장에 다니다가 주부가 된 경우는 더 심하다. 주부로선 '내가 이렇게 살려고 대학 졸업하고 그렇게 열심히 일했나?'라는 생각이 수시로 든다. 게다가 회사에서 인정받고 맡은 일을 처리하던 때와 비교해보면

집에 있는 자신의 상황에 애착이 생기지 않는다. 직장은 힘든 만큼 월급이라는 보상이라도 있지, 주부에겐 그 알량한 돈마저 뛰어넘을 보상이 없다.

감정노동자: 이들 대다수는 깔끔한 옷을 차려입고 늘 미소를 띠어야 한다. 승무원, 은행원, 안내원, 판매직, 상담원 등은 보이는 모습 이면에 엄청난 고뇌를 안고 산다. 하루 종일 웃느라 얼굴에 경련이 날 지경이지만 퇴근 후까지 그렇게 웃고 있는 이들은 본 적이 없다.

동료의 사직을 바라보는 직장인: 취업 준비생들이 가장 원하는 것은 직장이지만 직장인들이 가장 원하는 것은 사직이다. 남의 눈치 보지 않고 상관의 잔소리 듣지 않고 살아가는 것은 어느새 직장인들의 꿈이 되었다. 그래서 동료가 사직서를 내면 마음 한쪽에서 부러움과 자괴감이 고개를 든다.

수험생, 대학생, 취업 준비생: 이들이 힘든 시기를 견딜 수 있는 건 희망 때문이다. 언젠간 이 생활이 해피엔딩으로 끝나리라는 기대로 하루하루를 보낸다. 그런데 번번이 원하는 성적을 받지 못하거나 시험에서 떨어지는 사람들은 좌절감이 극에 달해 있다. 맘 고쳐먹고 도전하는 것도 한두 번이지, 성공 경험이 지체될수록 희망은 절망으로 대체된다.

전문직: 많은 사람들이 부러워하지만 이들의 스트레스도 만만치 않다. 의사, 변호사, 회계사 들은 대다수가 격무에 시달리고 정년도 없다. 다

양한 직업을 가져보지 못한 사람이 많아서 무엇이 좋은지, 무엇을 요구해야 하는지도 모른 채 사는 사람도 많다. 일할 수 있을 때 일하고 돈이라도 많이 버는 것이 행복이려니 하고 살아가는 전문직 종사자가 꽤 많다.

직장 만족도, 직업 만족도, 자기 만족도를 구분하라

많은 직업들이 직장에서의 상황 때문에 자존감에 영향을 받는다. 앞서 소개한 직종에 있는 사람들은 상황이 더 심각하다.

이때 절대 잊어서는 안 되는 것이, 직장은 낭만적인 곳이 아니라는 사실이다. 직장은 힘든 곳이다. 그래서 월급을 준다. 그것도 날짜를 정해놓고 규칙적으로 준다. 안 그러면 남아 있을 사람이 없기 때문이다. 직장이 그렇게 달콤한 곳이고 가치 있는 곳이라면 우리에게 돈을 줄 리 없다. 미안하니까, 나가지 말라고 돈을 쥐여준다. 물론 행복을 안겨줄 때도 있다. 힘들 때마다 힘이 되어주는 동료도 직장에 있다. 하지만 그런 일은 일시적이라 궁극적인 행복과는 거리가 멀다.

조금 심하게 말해 직장은 우릴 이용하고 힘들게 하고 화도 나게 한다. 그래서 직장은 우리에게 미안해한다. 잘못했다며 한 달에 한 번씩 합의금을 준다. 월급은 '이만큼 줄 테니 부디 참아주세요' '당신의 시간을 이만큼 내가 썼으니 이걸로 대신하세요'라는 뜻의 위로금이다.

내담자 중에는 직장 생활에 환상을 가진 사람들이 많다. 짐작건대 힘든 취업 경쟁에서 살아남기 위한 자기 최면도 작용한 것 같다. 이들이 갖는 환상은 직장은 꿈을 이뤄주는 곳, 멋진 커리어우먼, 자아를 실현할 수 있는 곳, 아름다운 인간 드라마가 있는 곳이다.

단언하는데 그런 일은 벌어지지 않는다. 얼마 전 인기를 얻었던 〈미생〉처럼 직장 생활을 비교적 잘 다룬 드라마도 비현실적이긴 마찬가지다. 불의에 맞서고 인간적이기까지 한 과장은 현실에서는 사장까지 가기 어렵다. 꿈, 성장, 자아실현, 가족 같은 분위기는 죄다 사장들이 꾸며낸 환상이다. 직장은 일을 끊임없이 시키고 그 대가를 쥐꼬리만큼 쥐여주고 생색이나 내는 곳일 뿐이다. 그러니 부디 직장에서 자존감을 시험하지 말 일이다.

나는 대한민국의 직장인들이 직장과 직업, 꿈을 좀 더 명확하게 구분했으면 한다. 나처럼 직업에는 만족하지만 근무하는 직장에는 불만이 있을 수 있다. 반대로 직업은 별로지만 지금 일하는 직장은 좋을 수도 있다. 그러나 직장과 인생은 분리해야 한다. 우리는 직장에 출근하기 위해서 사는 게 아니기 때문이다. 직장이 우리 삶의 전체가 아니다. 직장이 마음에 들지 않는다고 현재 자신의 인생까지 불만족스럽게 만들어서는 안 된다. 회사에서 조금 잘 나간다고 타인의 자존심을 함부로 짓밟아서는 안 되는 것과 같다.

우리는 직장에 출근하기 위해서가 아니라 퇴근 이후의 삶을 위해 살아간다. 퇴근 이후의 삶도 엄연한 인생이고 주말도 중요하다. 근무시간에 받은 스트레스를 집에까지 안고 오거나 못 다 한 회사 업무를 갖고 올 필요도 없다. 직장에 대해 오래 고민한다고 일이 해결되지도 않는다.

직장은 직장이다. 우리는 직장에 너무 많은 의미를 부여한다. 가끔은 직장에서 떨어져 머리를 완전히 비워야 할 때도 있다.

자존감 향상을 위해 오늘 할 일

퇴근 후 회사 생각 금지

직장은 우리의 에너지를 빼가는 곳이다. 월급은 우리의 신체가 직장 안에 있는 시간을 돈으로 환산한 것이다. 근무 시간이 길면 길수록, 업무 강도가 세면 셀수록, 월급이 많으면 많을수록 우리는 많은 에너지를 뺏긴다. 방법은 하나다. 직장 문을 나서는 순간 직장에 관한 생각의 스위치를 꺼야 한다.

일단 퇴근한 후라면 다음 날 출근 전까지 직장과 관련된 모든 생각에서 벗어나자. 불가피하게 퇴근 후에 업무와 관련한 전화가 오거나 상사의 얼굴을 봐야 한다면 딱 그 순간만 할애하자. 전화를 끊으면, 상사와 헤어지면 바로 그 순간 고개를 돌리고 생각 스위치를 끄자.

물론 쉽지 않다. '직장인의 입장을 모르고 하는 소리'라고 타박을 할 수도 있다. 하지만 연습을 해야 한다. 퇴근 후 전화를 하거나 업무 지시를 하지 않는 게 사실은 정상이다. 받아주니까 당연하게 여기는 것이다. 그것이 문제가 되어 회사를 그만둘지 말지 고민해야 한다면 그 고민조차 근무시간에 해야 한다. 그 고민까지가 월급에 포함된다.

3

나는 얼마나 쓸모 있는 존재인가

거액 복권에 당첨되거나 카지노 등에서 큰돈을 딴 사람들 중에 우울증에 걸린 사람이 많다는 연구 결과가 있다. 돈이 많이 생겼다는 사실은 물론 기분 좋은 일이지만 그 행복감이 지속적인 자존감으로 이어지지는 않는다. 오히려 예기치 않은 큰돈이 생긴 사람 중에 자존감이 떨어져 있는 사람들이 많다. 왜 그럴까? 자신의 존재감을 평가하는 기준 중에 '나는 사회적으로 얼마나 쓸모 있는 사람인가'가 포함되기 때문이다.

자존감을 얻기 위해서는 자신이 사회에 필요한 존재라는 믿음이 있어야 한다. 가정이라는 작은 사회, 국가라는 사회, 나아가 세계라는 사회에서 말이다. 성장기에 부모님의 칭찬에 목말라 하거나 국가의 중대사인 투표에 참가하고 나면 뿌듯한 것이 바로 이런 이유에서다.

내가 없어도 잘 돌아가는 세상

나의 대학 생활은 단체 생활이었다. 아침부터 강의실에 모여 앉아 수업을 듣고 나면 조별 실습과 실험이 기다리고 있었다. 늘 동기와 선후배, 교수님에게 둘러싸여 혼자 있을 시간이 없었다. 그래서 방학이 되면 혼자 여행을 가곤 했다. 무작정 터미널에서 막차를 타고 가능한 한 먼 곳을 향했다. 한숨 자고 일어나면 울산이나 포항, 진주 같은 지방에서 아침을 맞았다.

그렇게 한 도시를 떠돌다가 정해진 목적지도 없이 또 다른 도시로 이동하는 여행이었다. 맛집이나 특별한 장소를 찾는 것도 아니었다. 그저 좀 혼자 있고 싶었다. 지방에 사는 친구를 잠깐 만나고, 친척집에 들러 용돈을 받는 것 외엔 대부분의 시간을 혼자 보냈다.

낯선 도시를 돌아다니는 일은 자유로웠다. 마주치는 모든 사람들은 생전 처음 보는 이들이었다. 미워할 필요도 없고 관심을 가질 필요도 없었다. 하루를 보내면 지친 마음에 다시 여유가 찾아오곤 했다. 그렇게 혼자 지내다 보면 며칠 뒤 좋아하는 사람들이 생각났다. 보고 싶은 사람, 얘기 나누고 싶은 사람, 만나고 싶은 얼굴들이 하나둘씩 떠올랐다. 조금 더 시간이 지나면 나와 부대끼던 사람들도 생각났다. 나를 부러워하던 사람들, 비난하던 사람들, 이용하던 사람들도 생각났다. 모든 사람이 그립지는 않았지만 외로움이 깊어질수록 그들에 대한 반감도 조금씩 줄어들었다. 신기한 체험이었다.

사람들에게서 멀찍이 떨어져 있고 싶던 마음과 혼자라는 외로움이 엇비슷해질 정도가 되면 나는 어느새 서울로 향하고 있었다. 가끔은 여행지에 도착하자마자 서울로 올라오고 싶을 때도 있었다.

그렇게 혼자 다니던 여행을 끝낸 건 외로움이나 사람들에 대한 그리움 때문이 아니었다. 조바심. 내가 없어져도 세상이 나를 찾지 않는다는 생각에 조금씩 조바심이 났다. 나 하나 없다고 세상이 발칵 뒤집히는 일 따위는 일어나지 않았다. 여행이 길어지면 길어질수록 나는 자유로워졌지만 그만큼 불안했다. 가끔은 나를 아랑곳하지 않고 평화롭게 돌아가는 세상에 마음이 서럽기까지 했다.

대학을 졸업하고, 인턴을 거쳐 전문의가 되고, 학자로서, 치료자로서 살아가면서 조금씩 마음이 편해졌다. 나는 그것이 다른 이유 때문이 아니라 나를 찾는 사람들이 늘어난 데서 오는 안도감이라고 생각한다.

끊임없이 환자가 찾아오고, 예정된 학회 발표와 강연이 줄을 서 있는 요즘에 만약 예전처럼 훌쩍 혼자 여행을 떠났다가는 아마 하루 만에 실종 신고가 들어갈 것이다. 사실 그건 참 흐뭇한 일이다.

성공은 사회적 가치를 획득하는 행위

사회에서 얼마나 그 사람을 필요로 하는가를 살펴보면 그 사람의 성공 정도를 가늠할 수 있다. 물론 복권 당첨자도 어떤 면에서 성공한 사람이다. 하지만 그의 성공은 정확히 돈 하나에 한정된다. 그의 인격이나 가치와 전혀 상관이 없다. 회사의 사장이 중요한 이유도 마찬가지다. 직원 중 누군가 아프면 다른 이가 대신할 수 있다. 하지만 직급이 높거나 중요한 사람이 자리를 비우면 대체할 사람이 줄어든다. 없으면 큰 일 나는 사람, 도저히 대체할 사람이 없는 사람, 우리는 그를 성공한 사람이라고 부른다.

자존감에 문제가 생기면 '나는 이 사회에 필요한 존재인가?'라는 질문이 고개를 든다. 입사 시험에 연속으로 떨어지면 나를 필요로 하는 곳이 없다는 생각에 자존감이 흔들릴 수밖에 없다. 직장에서 비난을 듣거나 부모에게 "못난 놈" "쓸모없는 놈"이란 말을 듣는 사람이 자존감이 샘솟을 리도 없다.

우리의 사회적 관계와 역할은 감정에까지 연결된다. 누구나 타인의 관심을 받고 싶고, 필요한 존재로 인식되고 싶어한다. 그게 전제가 되어야 사회생활이 가능해진다.

'사회가 나를 필요로 한다'는 느낌은 사회적 본능을 충족시킨다. 나에게 문제가 생겨도 사회가 거두어줄 것이라는 안도감을 주기 때문이다. 반면 사회에서 거부당하거나 무관심이 지속되면 불안이 커질 수밖에 없다. 타인의 나쁜 평가에도 '그것은 단지 그들의 평가일 뿐'이라며 덤덤할 수 있다면 모르겠지만 보통의 경우 타인의 낮은 시선은 그대로 자신에게 투사되어 스스로를 낮게 평가하는 결과를 낳는다.

사회의 가장 작은 단위인 가족을 보자. 가족에게 내가 필요 없는 존재라는 생각이 들면 자존감은 가차 없이 흔들린다. '나 때문에 부모님이 원치 않는 결혼 생활을 이어가는 건 아닐까?' '나 같은 자식은 있으나마나한 존재야'라는 생각이 드는 상황에서 자존감을 지키기란 매우 어렵다. 필요도 없고, 타인의 인생을 망친 자기 존재에 만족할 인간은 세상 어디에도 없다.

외도하는 사람의 심리

결혼 생활도 마찬가지다. 가족이나 배우자에게 필요 없는 존재라는 생각이 들면 자존감이 흔들린다. 직장생활을 오래 하면 회사에서 살아남는 법이나 인간관계에서 오는 갈등을 푸는 요령에는 웬만큼 숙련이 된다. 하지만 내 경험상 그런 사람일수록 배우자나 가족에게 존재감이 약한 경우가 많다. 오랜 관찰 끝에 알게 된 사실 하나는 '회사원으로서 꽤 괜찮은 나'가 배우자에게는 전혀 인정을 받지 못한다는 것이다. 이럴 때 자신의 가치를 높게 평가해주고 응원해주는 이성이 회사에 있다면 어떨까? "과장님은 그렇게 불리한 상황에서도 어쩜 그런 결과를 이끌어내세요? 정말 대단하세요"라거나 "평소 늘 존경하고 있습니다. 많이 가르쳐주세요"라고 말하며 나를 인정해주는 사람이 있다면, 누구라도 기분이 좋고 마음도 편안해질 것이다. 사회적 존재로서 가치를 인정받으니 자존감이 덩달아 공명을 일으키게 된다.

오피스 와이프나 오피스 허즈번드를 둔 사람들은 하나같이 말한다. 배우자는 인정해주지 않는 자신의 존재를 그들이 알아준다고. 배우자가 '일 중독자'라는 독설을 쏟아낼 때 그들은 반대편에서 위태로운 자아를 일으켜 세워준다.

실제로 외도에 빠진 사람들을 만나 보면 상당수가 자존감이 떨어져 있다. 그들이 죄다 넘치는 바람기를 주체할 수 없어서, 성욕이 남아나서 일탈을 하는 게 아니란 뜻이다. 누군가에게 인정받고 싶은 본능이 그들도 모르는 사이 일탈의 주인공으로 만드는 면이 있다. 가족이 인정해주지 못한 자신의 가치를 밖에서 찾는 것이다.

그렇다고 내가 외박이나 일탈을 찬성하는 것은 아니다. 어떤 이유에서건, 심지어 그것이 자신의 가치를 되찾기 위한 격렬한 몸부림이었다고 쳐도 외도는 합리화될 수 없다. 그것은 마치 돈을 벌고 싶다고 카지노에 가는 것과 같다. 도박장에 있는 그 많은 돈은 내 것이 아니다. 마찬가지로 외도를 통해 자존감을 회복하고자 하는 것 자체가 서글픈 일이다.

내 정체성은 하나가 아니다

자신의 사회적 가치를 잘 인식하고 있는 사람들은 자기 정체성을 어느 한 가지에서만 찾지 않는다. 우리는 모두 누군가의 자식이지만 부모만을 위해 살지 않는다. 회사원이지만 직장을 위해 태어난 것도 아니다. 누군가의 자식이자 배우자고 부모이며 직장인이고, 지역사회의 일원이자 동호회 회원이며, 친구이자 아파트 주민이고 대한민국 국민이기도 하다.

이 많은 역할 정체성 중에 어떤 것에서는 자존감이 낮고 어떤 것에서는 자존감이 높을 수 있다. 자녀에게는 무뚝뚝한 아빠지만 아내에게는 더할 나위 없는 남편일 수도 있고, 회사에서는 평범한 대리이지만 동호회에서는 최고의 리더일 수도 있다. 어차피 모든 역할에서 모두를 만족시킬 수는 없다는 얘기다.

그러니 어떤 한 가지 정체성에서 조금 떨어진다고 해서 자신을 무가치한 사람으로 몰아붙여서는 안 된다. 직장인인 내가 인정받지 못했다고 해서 나 전체를 매도해서는 안 된다. 며느리로서 내가 인정받지 못했다고 해서 직장인으로서의 나까지 평가절하해서는 안 된다. 어느 한두 개에서 소홀하다 해도 연인으로서, 친구로서, 부모로서, 자원봉사자로서, 종교인으로서, 시민으로서의 존재는 남아 있다. 한 곳에서 존재감을 확인받지 못했다고 해서 인생 전체의 문제로 확대할 필요가 없다는 얘기다.

자존감 향상을 위해 오늘 할 일

나의 다양한 정체성과 역할 생각하기

우리 대다수는 태어나자마자 가족의 일원이 된다. 성장과 함께 영역도 확대된다. 학교의 일원, 직장의 일원이 된다. 지금 자신이 속한 범위를 살펴보고, 그 안에서 가치 있는 사람이 되려면 어떻게 해야 하는지 생각해보자.

예

- 가족 – 대화, 문안 인사
- 아파트 입주민 – 눈 치우기
- 회사원 – 지각 안 하기, 실적 올리기
- 종교 단체의 일원 – 신앙 생활하기, 단체 가입하기, 봉사활동 하기
- 시민 – 선거 참여, 집회 참여, 정치인 후원하기
- 동창회 – 모임 조직하기, 참석하여 우정 다지기
- 예비군 대원 – 훈련 참가하기

4

결정 장애에 빠진 사람들

결정을 잘해야 자존감이 올라간다. 그런데 자존감이 낮은 사람들은 사소한 것도 잘 결정하지 못한다. 자신을 믿지 못하기 때문이다. 그래서인지 살면서 어떤 고민이 생기면 우리는 누군가를 찾아간다. 믿을 만한 사람을 떠올리고 그중에서도 내 마음을 가장 잘 알아줄 것 같은 사람에게 고민을 털어놓는다. 고민이 해결되든 말든 그건 나중 문제다. 일단 털어놓기라도 하면 기분이 나아지고 고민도 해결되는 것 같으니까.

그런데 언제 어디서든 손을 내밀면 받아줄 사람이 있다. 바로 나 자신이다. 그러니 나를 믿을 수만 있다면 인생은 참으로 편해진다. 고민이 생길 때마다 다른 이를 찾아나서는 수고를 할 필요도 없고, 약점을 잡히지 않을까 고민할 필요도 없다. 자신에게 묻고, 해결책을 찾아내고

"괜찮다. 잘했다"라는 소리까지 들을 수 있다면 어떤 고민 상담자보다 낫지 않은가.

결정을 잘하기 위한 조건 세 가지

어른이 되는 과정은 크고 작은 선택과 결정의 연속이다. 아이는 부모가 결정해주는 시기를 지나면 곧 학교, 전공, 직업, 연애, 결혼, 독립 등 수많은 결정들을 해야 하고, 그러면서 인생을 배우게 된다.

그럴 때마다 아이는 누구를 찾아가게 될까? 비슷한 상황에서 다른 사람들이 어떤 선택을 했는지 궁금할 테고, 후회하지 않는 결정을 하기 위해 머리를 쥐어짤 것이다. 많은 사람들이 고민 해결을 위해 다른 사람을 찾는 이유는 어쩌면 간단하다. 남들이 하는 대로 하면 중간은 갈 것 같아 안심이 되기 때문이다. 그러나 타인이 해결해줄 수 있는 문제가 있고 자기만 답할 수 있는 문제가 따로 있다. 현명한 상담자라면 결국 마지막엔 '스스로 결정할 일'이라는 조언을 해줄 것이다.

살면서 마주치는 수많은 선택 상황 앞에서 혼자 결정할 수 있다면 그게 현명함 아닐까 한다. 그렇다면 결정을 잘한다는 의미는 뭘까?

세 가지 포인트가 있다. 첫 번째는 적절한 타이밍이다. 아무리 옳은 결정이라도 시간이 너무 오래 걸리면 의미가 퇴색하거나 사라진다. 결정 장애를 앓는 사람들이 가장 자주 간과하는 점이다. 옳은 결정, 후회 없는 결정을 하겠다며 차일피일 미룬다. 결정을 잘하는 사람들은 결정을 언제까지 해야 할지 잘 안다.

두 번째 포인트는 자신이 결정하는 범위다. 아무리 현명하게 결정한다 해도 그건 자신의 범위 안에 있다. 우리는 남의 결정을 대신 해줄 수 없고 미래를 결정할 능력도 없다. 예를 들어 내게 이런 메일을 보내는 학생들이 있다. "어느 학교 의대가 좋아요? 삼촌이 그러는데 의대는 서울대보다 연세대가 좋다는데요? 정말 그런가요?" 이 학생은 연세대 의대에 갈 것인가, 서울대 의대에 갈 것인가 밤새도록 고민한다. 하지만 지금 이 학생은 그걸 결정할 때가 아니다. 오늘 공부를 할지, 어디까지 공부할지 결정할 수 있을 뿐이다. 결정에 대한 고민은 현재 자신의 범위에서만 고민해야 한다.

세 번째는 세상에 '옳은 결정'이란 없다는 사실을 깨닫는 것이다. 어떤 결정을 했다 해도 그게 후회할 결정인지 만족할 결정인지, 결정 당시에 확신할 수 있는 사람은 아무도 없다. 당시 최선의 결정이었다 해도 훗날 후회스러운 결과로 이어지기도 하고, 대충 결정한 일이 엄청난 행운이 되어 돌아오기도 한다. 그 결과는 오직 신만이 알 수 있을 텐데, 우리는 신의 뜻을 모른다. 인생사 새옹지마라는 말은 그래서 생겼을 게다.

결정을 잘하는 사람들은 바로 이 점을 알고 있다. 어떤 문제를 아무리 고민해봐야 정답은 없으며 사람에 따라 다르다는 것을. 어떤(what) 결정을 하느냐가 중요한 게 아니라 결정한 후에 어떻게(how) 하느냐가 더 중요하다는 것을 말이다. 그래서 결정을 잘하는 사람들은 결정하기까지 에너지를 많이 낭비하지 않는다.

결정 잘하는 사람들의 가장 큰 능력은 '자신의 결정에 만족하는 힘'이다. 그들은 타인이 무심코 내뱉는 말, 이래라 저래라 훈계하는 말, 질투에 섞인 비아냥 등에 쉽게 흔들리지 않는다. 한마디로 마음에 줏대가 있고 단단한 자기 기준이 있다. 그런 사람들은 객관적으로 봐도 크게 이상한 결정을 하지 않는다. 주식 투자로 가진 돈을 몽땅 날려버리고는 '내 투자는 옳았어'라며 허세를 부리지 않는다. 누가 봐도 상식적이고 함부로 뭐라 할 수 없는 결정을 한다. 처음부터 정답이 정해져 있던 것처럼 결정을 내리고 자신의 결정에 만족한다.

뇌과학으로 본 옳은 결정

올바른 결정을 하는 과정은 감성과 이성이 어우러지는 과정이기도 하다. 보통 어떤 결정을 할 때 자신이 알고 있는 상식과 판단력을 총동원한다. 하지만 여기서 끝나지 않는다. 자신이 결정하는 것을 지켜보면서 감정적으로 동의하는 과정을 거친다. 결정을 잘하는 사람은 이때 무조건 자신의 결정이 맞다고 우기지도 않고, 왠지 틀린 것 같다고 불안해하지도 않는다.

과학의 입장에서 보면 이는 이성의 영역을 관장하는 전두엽과 감정의 영역을 관장하는 변연계(중뇌)가 적절히 작용할 때 가능하다. 이중 하나가 잘못되면 문제가 생긴다. 전두엽만 활성화된 결정을 하면 실리를 취하는 결정을 할 가능성이 높다. 하지만 여기엔 감정이 배제되어 있다. 아무리 이성적인 결정이라 하더라도 감정이 만족하지 못한 결징은 현명하다고 인정하기 어렵다. 따라서 제대로 된 결정을 하려면 변연계도 함께 활동해야 한다. 그래야 타인의 감정에도 저해가 되지 않는다. 또 아무리 자기 입장에서 옳은 결정을 했다 해도 타인의 감정을 상하게 한다면 그것도 바른 결정이라고 볼 수 없다. 사회적 협의나 일반적인 관습을 무시하고 독단적으로 내린 결정을 지지하기는 힘들다.

무턱대고 긍정적인 태도만 강조하는 것도 위험한 결정을 초래하는 이유 중 하나다. 가령 중독에 빠진 사람은 결정도 빠르게 하고 후회도 잘 하지 않는다. 주식에 빠진 사람은 '이 돈을 주식에 다 투자해도 돼! 잘되겠지!'라고 생각해버린다. 쇼핑에 중독된 사람도 마찬가지다. '이건 꼭 사야 해!' 하면서 자신에게 최면을 걸고 거짓 만족을 느낀다. 제 아무리 감정을 꾸며내 만족한 결정을 한다고 해도 그것은 좋은 결정이 아니다. 이성과 감성이 잘 어우러졌을 때 비로소 옳은 결정이라고 말할 수 있다.

결정할 기회를 박탈당한 사람들

하지만 우리 사회는 이성적인 판단을 지나치게 강조하는 경향이 있다. 나는 이것이 지나치게 경쟁이 치열하고 교육열이 높은 데서 오는 문제라고 본다.

학교에 들어가기 전부터 아이들은 맞는 답만 찾느라 분주하다. 충분히 생각하고 자신의 의견이 정립되기도 전에 괄호 안에 들어갈 정답을 찾는 데 골몰하는 것이다. 학교에서도 아이들의 생각이나 감정은 뒷전이고 수학, 과학 문제의 정답 찾기에 혈안이 되어 있다. 아이들은 이 과정을 통해 자신도 모르는 사이 이성적인 답 고르기에 익숙해진다. 다시 말해 감정을 외면하거나 타인의 상태에 무관심해야 경쟁에서 이기고 성공할 수 있다고 믿으며 자라난다.

충분히 생각하지도 못했는데 어른들이 답을 미리 정해주고 외우라고 하니 아이는 결정할 기회도, 결정 능력을 키울 기회도 함께 잃어버리고 만다. 이런 교육의 폐해를 우리는 심심찮게 목격한다. 어릴 때부터 누구나 알아주는 수재였고 그 어렵다는 고시를 합격한 사람 가운데 이른바 '고시오패스'라 불리는 사람들이 바로 그들이다. 멀쩡한 줄 알았던 고위 공무원이 성범죄자의 소인을 갖고 있는 경우도 마찬가지다. 어릴 때부터 이성만을 너무 중시하는 현실에서 비롯한 문제다.

변연계는 인간이 절대 무시해서는 안 되는 날개 중 하나다. 전두엽이 발달해 공부를 잘하는 것도 중요하지만 감정을 돌아보고 공감하는 능력도 있어야 한다. 그래야 자신의 행동을 결정하는 능력도 생긴다. 게다가 변연계는 전두엽보다 일찍 자리를 잡는다. 지적 기능을 담당하는 전두엽 피질은 20~30대까지 발달하지만 변연계는 훨씬 더 어렸을 때 굳는다.

그래서 어릴 때부터 스스로 결정을 내리는 습관을 들여야 한다. 아이가 후회를 할까 봐 혹은 나중에 부모를 원망할까 봐 어른이 대신 결정을 내려주는 실수를 범해선 안 된다. 어릴 때부터 변연계와 전두엽을 조화롭게 사용해서 결정할 수 있도록 훈련해야 한다. 하지만 어릴 때 결정한 경험이 없었다고 평생 결정 능력이 저하된 채로 사는 것은 아니다. 뒤늦게라도 결정 능력을 키우는 방법들도 있으니, 너무 좌절할 필요는 없다.

결정력을 키우는 방법들

지금까지 말했듯 결정력이 좋다는 것은 이성과 감성이 조화롭게 발달

했음을 뜻한다. 다시 말해 전두엽과 변연계가 각각 잘 활성화되고, 그 둘의 교류가 원활해야 한다. 지금부터 결정력을 키우는 데 도움이 되는 방법들을 소개한다.

예술 하기: 전두엽과 변연계가 조화롭게 활성화되는 과정은 주로 예술 활동에서 나타난다. 예술은 많은 경우 감정을 표현하는 일이다. 그렇다고 슬픔이나 기쁜 감정을 아무렇게나 표현한다고 예술이 될 수 없다. 전두엽을 활용해 표현하기에 가장 좋은 방식을 찾아내야 한다. 미술가라면 어떤 그림을, 어떤 물감을 써서 그려야 할지 '계산'을 해야 하고 작가라면 무엇을 어떻게 쓸지 '판단'하는 과정을 거쳐야 한다. 이 과정에서 자연스럽게 결정력이 좋아진다. 부모들이 아이들이 어릴 때부터 예술 방면의 공부를 시키는 것도 이런 이유에서다.

결정 저울 만들기: 어떤 것을 할지 말지 결정할 때 결정 저울을 만들어보는 방법이다. 결정 저울이란 어떤 행동을 했을 때의 장단점, 그리고 하지 않았을 때의 장단점을 비교해 무게를 재는 도구다. 인간은 어떤 결정을 하기 전에 감정에 치우치는 경향이 있다. 이때 그것을 객관적으로 풀어 표현해보면 진짜 중요한 것이 드러난다. 결정 저울을 이용하면 추상적인 감정을 객관적으로 볼 수 있다.

다음 예와 같이, 글로 풀어서 결정 저울에 올려놓고 보면 내가 어떤 판단을 해야 하는지 좀 더 선명하게 드러난다.

예

	술을 먹으면	술을 끊으면
좋은 점	스트레스가 풀린다 기분이 좋아진다	간 수치가 떨어진다 아내의 잔소리가 줄어든다
나쁜 점	다음 날 피곤하다 살이 찌고 건강이 나빠진다	사는 게 재미가 없어진다 인간관계 등 사회활동에 지장이 많다

하고 싶은 것과 해야 할 것을 나누기: 요즘 '뭘 해야 할지 모르겠다'고 말하는 젊은이들이 많아졌다. 반면 '꿈은 크게 꾸라'류의 자기계발 책의 영향 때문인지 하고 싶은 일이 너무 많아서 탈이라는 부류도 많다. 하고 싶은 게 많다는 건 좋은 말이지만 정작 꼭 해야 할 것은 하지 않은 채 꿈만 꾼다면 문제다. 뭘 해야 할지 머릿속으로만 고민하다 보면 막연하여 아무것도 할 수 없다. 그럴 때는 구체적으로 하고 싶은 것과 반드시 해야 할 것을 나눠보면 도움이 된다.

하고 싶은 것: **일본어 공부, 연애, 인정받는 직원 되기**
해야 할 것: **내일 아침 발표 준비**

이렇게 하면 지금 해야 할 일이 명확하게 드러난다.

둘 다 하기: 해야 할 것과 하고 싶은 것 중 반드시 하나를 고를 필요는 없다. 이 둘의 교집합을 찾으면 된다. 가령 발표를 준비해야 하지만 그것 때문에 꼭 다른 것을 포기해야 하는 건 아니다. 발표를 아주 멋지게 해냄으로써 회사에서 인정받을 수 있는 기회로 만들면 된다. 특히 진

로 문제에서 갈림길에 놓이는 경우, 가령 작가가 되고 싶은 마음과 취업해야 하는 현실 사이에서 고민을 한다면 평일에는 직장에 다니고 주말에는 글을 쓰는 방법이 있다. 또는 직장 일과 관련된 글을 블로그 등에 기록해나가는 것도 방법이다.

자존감 향상을 위해 오늘 할 일

갈등 지점을 적고 그려보자

자존감을 높이려면 작은 결정부터 잘해야 한다. 작은 결정들이 모여 큰 결정을 이루고, 중요한 결정들을 잘해낼수록 자존감도 상승한다.

지금 갈등하는 점을 다음과 같이 표현하자.

예

A 그냥 잘까? B 라면을 먹고 잘까?

A' 그냥 잘까? B' 헤어진 그녀에게 전화할까?

이렇게 자신이 갈등하는 것을 적어놓으면 무엇을 고민해야 할지 명확히 보인다. 그러면 둘 중 한 가지를 고르면 된다. 그런데 금방 답이 나오지 않는다면, A와 B 각각의 좋은 점을 옆에 적어둔다.

예

A 그냥 자면 – 내일 상쾌하게 일어날 수 있다.
B 라면을 먹고 자면 – 지금 당장 포만감이 들고 기분이 좋아진다.

예

A• 그냥 자면	– 내일 아침에 후회하지 않을 것 같다.
B• 헤어진 그녀에게 전화하면	– 운이 좋으면 목소리 듣는 정도?

이렇게 하면 무엇을 고를지가 분명해진다. 나 같으면 그냥 자는 쪽을 택한다. 독자들도 나와 같은 선택을 하기를 빌며.

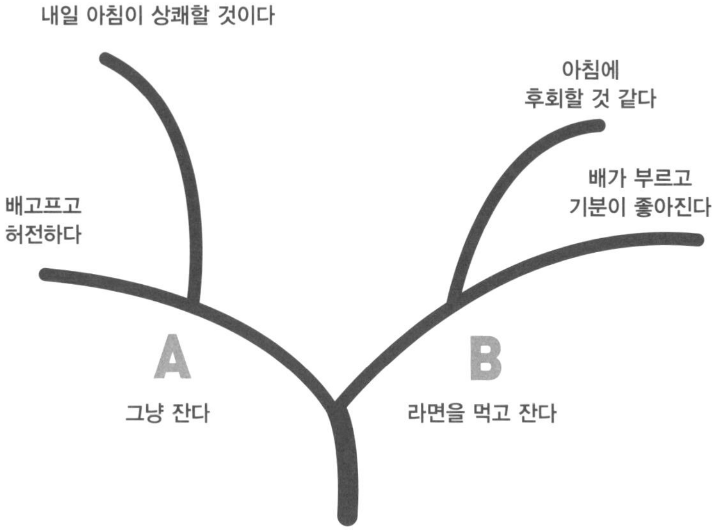

이렇게 갈림길을 그려보면 선택지가 더 명확해진다

5

심리학 책을 아무리 읽어도 자존감이 그대로인 이유

2년 전 할머니가 돌아가셨다는 연락을 받고 든 생각은 '이걸로 나의 유년시절도 끝이구나'였다. 나를 "우리 손주"라고 불러주던 이가 세상에서 사라졌다는 뜻이기도 했다. 내게 할머니, 할아버지는 특별한 존재다. 성장하면서 수시로 자존감이 떨어지고 낙담할 일이 많았지만 그 순간들을 버텨낸 것은 할머니, 할아버지가 있어서였다. 가끔씩 내 능력으로 자수성가한 것 같은 착각이 들다가도 곧 네 분의 얼굴이 떠오를 때면 나는 참으로 행운아였다는 사실을 인정할 수밖에 없다.

그 고마움과 미안함 때문일까. 행복하지 않은 유년시절을 보낸 사람들, 어른들에게 구박만 받거나 어렸을 때가 전혀 기억나지 않는 사람들을 보면 유난히 마음이 쓰인다.

어린 시절의 기억이 상처로 남다

〈위기의 주부들〉이라는 미국 드라마에 '브리'라는 여성이 나온다. 의사와 결혼해 한적한 마을에 사는, 부족한 것 없어 보이는 주부다. 사는 집도 아름답고 완벽하게 정돈되어 있으며 저녁마다 커다란 식탁에 만찬이 차려진다. 집안 모든 도구는 호텔의 그것보다 정갈하다.

그런데 정작 그녀의 가족들은 행복하지 않다. 남편과 자녀는 애정결핍에 시달린다. 그렇다고 그녀에게 딱히 문제가 있어 보이진 않는다. 성인병이 염려되는 남편을 위해 매번 채식 식사를 차리고, 자녀들에게 지극히 상식적인 도덕적 규범과 가치관을 강조한다.

하지만 남편은 이런 아내를 로봇 같다고 여기고 아내와 있으면서도 외로움과 무기력증에 시달린다. 중학생 딸은 부모에게 받지 못한 사랑을 교사와의 성관계를 통해 얻으려고 한다. 얼핏 완벽해 보이는 이 가족 사이에는 폭발할 듯한 긴장과 스트레스가 있다.

이 드라마를 본 지 무척 오래되었지만 '브리' 가족만은 머릿속에 선명하게 남아 있다. 브리의 자녀와 비슷한 성장기를 보낸 사람들을 많이 만나기 때문이다. 엄마는 강박적이고 아빠는 무기력하고 그 둘은 자주 싸우며, 오랜 기간 냉랭함에 싸여 상처가 되고 수습이 되지 않는 경우 말이다.

불행했던 어린 시절이 몸과 마음에 각인되어 있다면 현재의 자신을 부정적으로 자각하고 있을 가능성이 높다. 우리는 무엇에든 이유와 결과를 찾으려 드는 습성이 있다. 자신을 '이혼한 부모의 자식' '아빠의 폭력을 보고 자란 아들' '눈만 뜨면 싸움질하는 부모 밑에서 자란 사람'이라고 낙인을 찍은 이상, 그런 스스로를 존중하기란 쉽지 않다.

심리학에 의존하는 심리

성장기가 불우했던 사람들은 많은 경우 걱정거리를 안고 산다. 무의식적으로 과거의 경험이 현재의 삶에 영향을 미친다는 것을 알기 때문이다. 특히 그 불행이 가정에서 비롯했거나 현재까지 이어지고 있다면 말할 것도 없다.

이들의 걱정은 부모의 모습을 그대로 투영한다. 자주 싸운 부모 밑에서 자란 사람은 자신도 결혼 생활을 제대로 하지 못할 것 같다는 불안감을 갖고 있고, 폭력 부모 밑에서 자란 사람은 자신도 모르는 사이에 폭력의 가해자나 피해자가 되면 어쩌나 하는 불안에 시달리며, 도박이나 술 중독에 빠진 부모를 둔 자녀는 자신도 중독자가 되거나 배우자가 중독자가 되지 않을까 하는 불안에 시달린다. 나아가 이런 감정 상태로 제대로 된 사랑이나 결혼을 할 수 있을지 끊임없이 의구심을 품는다.

적극적으로 이 문제를 해결해보고 싶어하는 이들은 여러 심리학 책을 탐독한다. 불행하고 아픈 사람들이 어떻게 살아가는지 알고 싶고 그 해법을 찾고 싶어한다. 책에는 온갖 종류의 정보와 해답이 들어 있어 많은 이들이 도움을 받는다. 왜 이러는지 알 수 없던 감정이 그제서야 비로소 갈피를 잡고 학문의 힘을 통해 원인을 파악하기 때문이다. 심리학 책에서 도움을 받았다고 말하는 사람들을 보면 대부분 다음과 같은 과정을 거치는 것 같다.

보편화(universalization): '나만 이런 게 아니었구나'라는 생각의 힘은 대단하다. 나만 특별한 환경에서 자랐고 나만 불행한 줄 알았는데 책에는 나보다 더 심한 사람도 수두룩하다. 그래서 마음이 가벼워지고 위안을 얻는다.

죄책감 탈피: 심리학 책에는 이렇게 될 수밖에 없는 수많은 요인이 등장한다. 내가 겪는 문제가 나의 노력이 부족해서 또는 못난 사람이기 때문에 빚어진 결과가 아니라는 주장이 많다. 그 주장들은 설득력까지 갖추고 있다. 사람들은 곧 '아, 내가 잘못해서 생긴 일이 아니구나'라는 깨달음을 얻고 오랫동안 시달려온 죄책감을 내려놓는다. 내 의지가 부족해서가 아니고, 내가 어리광을 피우는 게 아니라 그 정도 경험을 가진 사람이라면 당연히 이 정도는 괴롭다는 확신을 갖게 된다.

지식화: 감정으로 느끼던 것을 이성적으로 이해하고 해석하게 되면 마음이 편안해진다. 뭔지 모르게 힘들고 괴로웠던 것이 오래된 트라우마였고, 나를 지배하는 핵심 감정이었으며, 나를 힘들게 한 부모는 '투사'라는 방어기제를 사용했다는 것을 알게 되면 괴롭던 모든 상황이 이해가 된다. 그러면 뿌연 안개 속 같았던 마음이 어느새 정리된다. 친구에게 몇 날 며칠 털어놓아도 끝이 없던 신세 한탄이 몇 줄의 글로 간결하게 정리가 되니 마음도 그만큼 가벼워진다.

자존감 회복은 몸짱 되기와 비슷하다

심리학 책 몇 권 읽어서 모든 문제를 해결할 수 있다면 얼마나 좋겠는가. 문제는 심리학 책들의 사용설명서가 제각각 다르다는 데 있다. 닥치는 대로 책을 읽고, 그들의 매뉴얼대로 따라하고, 유명 강연을 들어봐도 나아지기는커녕 더 큰 좌절감에 빠지는 경우도 많다. 심한 경우 '아무리 노력해도 안 되는 걸 보니 나는 더 근본적인 문제가 있는 것 같아' 하며 자포자기하기도 한다.

하지만 문제를 찾고 해결하기 위해 책을 읽는다는 것만으로도 박수를 받을 만하다. 자신의 심리를 파고들고 해결책이 될 만한 행동을 해봤다면 분명 마음은 회복의 길을 걷고 있을 것이다. 그런데 마음이 회복되는 과정은 시간이 걸린다. 때론 원점으로 되돌아가는 과정을 밟기도 한다. 쉽게 말해 다이어트를 시작했다고 해서 하루아침에 살이 빠지지 않는 것과 같다. 조금 빠졌다가 요요현상이 오기도 하고, 자칫 잘못하면 살은 빠지지 않고 다른 부위를 다치기도 한다. 그래서 나는 자존감을 회복하는 과정을 몸짱이 되는 것과 비슷하다고 생각한다.

그런 의미에서 심리학 책만 읽은 사람은 몸짱 트레이닝 교본만 읽은 것과 같다. 트레이닝 교본은 몸이 망가진 이유를 알려주고, 근육 만드는 방법도 알려준다. 하지만 실천이 없는 이론은 지식에 불과하다. 몸짱이 되려면 직접 땀을 흘리고 근육운동을 하는 수밖에 없다. 자존감도 그렇다. 심리학 책만 읽어서는 "내가 헬스 책 엄청 읽었는데 살이 안 빠져!"라고 말하는 것과 같다.

심리학을 독학한 사람들을 만나보면 유난히 부모에 대한 원망이 큰 사람이 많다는 데 놀란다. 그들은 놀랍도록 유사하게 자신이 가진 문제의 원인을 부모에게서 찾는다. 자기 문제점을 합리화하고 가정 환경 문제로 국한하는 게 가장 쉬운 해결책이기 때문이다. 이들은 너무도 쉽게 과거가 자신을 이렇게 만들었고, 그 과거에서 가장 중요한 부분이 부모라고 믿는다. 그러곤 미래까지 변함없을 거라고 쉽게 단정 짓는다. 참으로 안타깝다.

기억이 감정을 부른다

당연한 말이지만 불행했던 기억에 사로잡혀 있으면 부정적인 감정이 든다. 그런데 부정적인 감정에 빠지면 자연스럽게 과거의 기억 중 부정적인 사건만 떠오른다. 분명 중간에 좋았던 일도 있었건만 그것들은 전혀 떠오르지 않는다.

오랜 기간 싸우고 있는 부부를 만나면 이 현상이 극명하게 드러난다. "이 사람은 늘 나를 속여요" "아내가 매일 저런 식이니 내가 밖으로 나돌밖에요" 결혼 만족도가 낮은 부부는 '항상' '언제나' '매일' 같은 단어를 자주 사용한다. 이유가 있다. 이 단어들을 사용하면 과거를 낙인찍기 편해서다. "당신과 살면서 단 하루도 행복한 적이 없어!"라고 결론 내면서 좋았던 기억은 굳게 닫아버린다. 과학의 입장에서 보면 이것은 아주 자연스러운 반응이다. 우리 뇌의 기억을 관장하는 영역인 해마와 감정을 관장하는 편도핵이 서로 붙어 있기 때문이다. 그래서 슬플 때는 슬픈 사건 위주로 기억이 나고, 억울할 때는 과거의 기억 중 억울한 일만 떠올리게 된다.

여기에 중요한 힌트가 있다. 어떤 경험 때문에 괴로움에 사로잡혀 있는 사람이라면 자신이 감정적인 문제를 겪고 있지 않은지 살펴봐야 한다. 나쁜 기억 때문에 우울한 게 아니라, 우울하기 때문에 나쁜 기억만 붙잡고 있을 수 있다는 얘기다. 그런 사람은 당연히 자존감도 떨어진다.

불행했던 과거와 거리 두기 혹은 떠나보내기

아픈 과거를 안고 살기란 쉽지 않다. 뜨거운 불덩이 하나를 품안에 넣고 살아가는 것과 같다. 자존감이 건강할 때 그 불덩이는 안전한 히터 역할을 한다. 하지만 자존감이 떨어질 때 이 불덩이는 나를 활활 태워버리는 위험한 무기로 돌변한다.

이 불덩이의 크기와 강도는 사람마다 다르다. 하지만 어느 정도의 거리를 뒀느냐에 따라 자존감이 지켜지기도 하고 홀라당 타버리기도 한다. 자존감이 강한 사람 중에도 과거가 불행한 사람은 많다. 이들도 과거를 회상할 때마다 괴로워하고 자기연민에 빠진다. 하지만 비교적 쉽게 빠져나온다. 과거의 불덩이로부터 멀찍이 떨어질 줄 안다. 괴로웠던 기억은 과거일 뿐이라는 사실을 오랜 연습 끝에 깨닫게 된 이들이다.

반면 자존감이 낮은 사람들은 지나치게 가까운 곳에 불행을 놓아둔다. 가슴 한가운데나 어깨에 불운한 과거를 짊어지고 다닌다. 가만 내버려두면 자연스럽게 잊힐 일인데 무슨 일만 생기면 자꾸 꺼내본다. 그럴 때마다 번번이 데고 상처 입는다. 그것으로도 성에 차지 않는 이들은 사람을 만날 때마다 과거를 꺼내 보여준다. 이성에게 호감이 생기면 때를 놓칠세라 부모가 상처 준 얘기를 꺼내고 동료에게 따돌림당했던 기억을 털어놓는다. '이런 나를 이해해줘' 혹은 '이렇게 꼬이고 불쌍한 나를 감당할 수 있겠어?'라는 심리의 일종이다. 자기 어깨에 붙은 불을 사무실이나 애인의 집에 옮겨 붙이는 셈이다.

모든 아픔은 과거형이다. 이 사실을 잊어서는 안 된다. 인간의 힘으로 절대 할 수 없는 일이 시간을 돌이키는 일이다. 어차피 시간은 흘러가게 되어 있다. 아팠던 과거와 현재 사이에는 시간이라는 선물이 들어찬다. 이 선물은 세상 모든 이에게 공평하게 주어진다. 이 선물을 애써 거부할 까닭이 있을까? 기꺼이 받아 챙겨야 하지 않을까?

가정하고 행동하라

물론 우리 대다수는 이런 사실을 알면서도 기억의 지배에서 벗어나기 쉽지 않다. 잊고 싶고, 떠나보내고 싶어 온갖 짓을 다 해도 버젓이 눈앞에 펼쳐지는 기억을 무슨 수로 막겠는가. 이런 현상을 재경험(re-experience)이라고 부른다. 상처가 과거에 머무르지 않고 자꾸 현재에 폭탄을 터트리는 현상을 말한다. 이런 때는 과거를 떠나보내기 위해 좀 더 적극적인 방법을 써야 한다.

가정하기: 만일 내가 불행한 과거의 영향을 받지 않았다면 지금 어떻게 살고 있을까 생각하고 메모한다. 예를 들어 부모님이 사이가 안 좋았지만 만약 그것이 지금 나에게 어떤 영향도 끼치지 못한다면 나는 어

떻게 살고 있을지 생각한다. 어릴 때부터 비난을 쉴 새 없이 듣고 자랐지만 그것이 지금 나에게 영향을 끼치지 못한다면 나는 어떻게 살고 있을까 하고 질문한다. 그러면 답이 나온다. '그랬다면 애인에게 차이지도 않고 이렇게 자괴감에 빠져 있진 않을 거야' '못난 엄마라고 자기 연민에 빠지진 않겠지'와 같은 대답이 들려올 것이다.

목표 정하기: 그동안 너무 과거에 집중했던 사람들은 내가 바뀌지 못할 이유에 대해 생각하느라 현재나 미래를 생각하지 못한다. 이제는 목표를 정해야 한다. 시제는 미래여야 하고 긍정형이어야 하며 감정보다는 행동과 관련된 수칙이 좋다. 가령 연인과 헤어진 사람이라면 '미련 남기지 말기'(부정형)가 아니라 '하루 만에 털어내기'를 목표로 해야 한다. '시어머니의 참견에도 신경질 내지 않기'(감정형, 부정형)가 아니라 '시어머니가 스트레스를 준 날 30분간 운동하기'(행동형, 긍정형)로 바꿔야 한다. 목표는 미래형, 긍정형, 행동 위주가 되어야 한다.

가정이 불가능할 때: 앞서 제시한 가정 자체가 안 되는 사람도 있다. 너무 오랫동안 과거나 그와 관련된 감정에 묶여 있는 사람, 불행을 빌미로 얻는 동정이나 연민에 미련을 버리지 못하는 사람들이 있다. 이런 사람들은 더 기다리면서 가정하는 능력을 키워야 한다. 앞으로 배우게 될 자존감을 키우는 여러 방법 중 미래를 가정해서 목표를 세우는 방법에 주목하면 된다.

나는 절대로 변하지 못할 거란 생각에서 벗어날 수 없다면: 누군가 "나는 절대로 과거에서 벗어날 수 없어. 절대 변하지 못할 거야"라고 말한다면 오히려 좋은 징조다. 자신의 상태를 솔직히 인정하는 데서 문제의 해결점이 시작된다. 벗어날 수 없는 것이 아니라 그동안은 불행한 경험과 감정에 사로잡혀 문제 해결에 관심 갖기 어려웠던 것뿐이다. 앞으로 감정을 조절하고 나쁜 습관 몇 가지를 멀리하는 연습을 하다 보면 절대로 안 될 거란 생각에서 벗어날 수 있다.

자존감 향상을 위해 오늘 할 일

가정하고 목표 정하기

만약 내가 과거 경험에 영향을 받지 않는다면 현재 어떻게 살고 있을지 상상해보자. 그리고 그 모습을 위한 목표를 미래형, 긍정형, 행동형으로 적어보자.

예

만약 우리 부모님이 화목했다면 지금 나는 어떻게 살고 있을까?

⋯→ 나도 결혼을 하면 잘 살 수 있을 거라고 믿고 결혼에 대한 거부감이 없이 잘 살고 있을 것이다.

예

고등학교 때 아버지 사업이 망하지 않았다면 지금 어떻게 살고 있을까?

⋯→ 아버지에 대한 원망과 증오로 20대를 낭비하지 않았을 텐데……. 집안 사정에 매이지 않고 내가 하고 싶었던 일을 하며 살 것이다.

6

나는 특이하다고 생각하는 사람

누구나 관계 맺기의 달인이 되고 싶다. 하지만 그게 그리 쉽지가 않다. 인간관계 맺기는 고속도로에서 운전하는 일과 비슷하다. 아무리 운전을 잘하고 조심해도 주변 차를 잘못 만나면 사고로 이어질 수 있다. 나도 잘해야 하지만 나만 잘한다고 될 일이 아니다.

자존감이 낮은 사람들은 더욱 어렵다. 이들은 인간관계에 문제가 생기면 우선 자신에게 문제가 있어서 생긴 일이라고 단정한다. 이런 생각은 죄책감으로 이어져 좋은 관계 맺기를 방해한다. 자신감이 부족하기 때문에 매사 타인에게 의존하려 하거나 무시당할까 싶어 까칠해져 있으니 관계에 좋은 영향을 끼칠 리가 없다. 특히 자신의 가치를 폄하하는 상태라면 대책을 세우기도 어렵다. 무엇이 관계에 문제를 일으켰는지 냉정하게 되짚어봐야 하는데 죄책감과 자책에 휩싸여 판단이 불가능하기 때문이다.

다른 건 나쁜 게 아니다

정신치료 요법 중 '보편화'라는 기법이 있다. 내담자가 겪는 갈등이나 고통이 본인만의 문제가 아님을 일깨우는 방법이다. 다른 많은 사람들도 겪고 있는 문제라는 사실만 알려줘도 안정을 찾는다. 이를 반대로 생각해보면 자신이 처한 상황이 혼자만의 문제라고 여겨질 때 그만큼 힘이 든다는 뜻이 된다. 시련만으로도 고통스러운데 혼자라고 느끼면 외롭고 괴로운 감정까지 추가되기 때문이다.

그래서 힘든 일을 겪은 사람들이 비슷한 사람들을 모아 모임을 만들고 경험을 공유하는 걸 볼 수 있다. '나랑 같은 사람들도 있구나' '나를 이해해줄 사람도 있구나' 하는 생각은 위안이 된다. 그리고 시련에서 벗어날 에너지가 생긴다.

예술가 또는 예술적 감성을 지닌 사람들이 자신에게 큰 문제가 있다며 찾아오는 경우가 있다. 이들은 자신이 지닌 감각과 감성을 불필요한 것으로 생각한다. "그저 남들처럼 평범했으면 좋겠어요. 로봇처럼 화도 안 내고 눈물도 안 흘렸으면 좋겠어요"라며 자신을 못마땅해한다. 과거 얘기를 들어보면 '감정이 드러나는 것은 아주 창피한 일이다. 그런 나는 마음이 약하고 의지가 부족하다'라는 평가를 내리고 있다. 주로 어릴 때부터 부모에게 예민하다고 혼나거나 남자인 경우 사내답지 못하다며 야단맞은 상처가 있다.

이들은 두 가지 편견에 사로잡혀서 온다. 첫 번째는 '나는 남들과 다르다', 두 번째는 '남들과 다른 것은 나쁜 것이다'이다. 그래서 삼단논법에 의해 '나는 남들보다 나쁘다'라는 결론에 도달한다.

남들과 다른 것은 절대로 나쁜 것이 아니다. 남들보다 예민한 것도 괜찮고, 감성적인 것도 좋은 특징이다. 남들이 느끼는 감정도 빠르게 파악할 수 있고 시대 흐름을 읽어내는 능력도 뚜렷하기 때문이다.

다만 어린 시절에는 부모님께 잔소리는 좀 들을 수밖에 없다. 자식이 남들보다 자주 울어서 속상한 부모의 마음도 이해가 된다. 너무 잘 웃으면 신중하지 못할까 걱정, 너무 잘 울면 의기소침한 사람이 될까 걱정하는 게 부모 마음이니까.

이런 자신의 특성을 나쁘다고 생각할 때 가장 큰 문제는 이들이 공감받기를 포기한다는 것이다. 말을 해봤자 이해를 받지 못할 게 뻔하고 외려 비난받을 거라고 믿기 때문에 속마음을 시원하게 털어놓지 못한다.

남과 뭔가 다르다는 생각이 들면 타인과 섞이지 못하고 주변을 맴돌게 된다. 어울리기 힘들 것 같아 마음을 터놓기도 쉽지 않다. 반면 지나치게 자랑할 게 많아도 친밀해지는 데 방해가 된다.

특별히 불행하다는 신념

나쁜 경험을 안고 있는 사람들은 말할 것도 없다. 수치심으로 인해 자신의 경험을 숨기고, 자신의 인생을 특이하다고 단정 짓는 사람들이 많다. 여기서 나쁜 경험이란 부모님의 사이가 좋지 않았다거나 어릴 때 심한 비교를 당한 경우, 장기간 비난에 시달린 경우, 학대를 당했거나 가족과 떨어져 자란 경우 등을 말한다. 그런 경험을 한 사람들은 자신의 인생을 숨기고 타인의 인생에 환상을 품곤 한다.

여기에 가족의 중요성을 강조하고 환상을 부풀리는 우리 문화가 문제를 증폭시킨다. 특히 지고지순한 모성애는 과대 포장되고 미화되어 많은 사람들에게 상처를 준다. 모든 것을 받아주는 엄마, 자식을 위해 희생하고 믿어주는 엄마를 미디어에서 반복적으로 보여주는 탓에, 자기 말고 다른 사람들은 대부분 저런 가정에서 사랑받으며 자랐을 거라고 믿기 십상이다. 부모가 자식을 격려하고 믿어주며, 자상하고 헌신적인 엄마의 보호 아래 가족이 저녁마다 밥상에 둘러앉아 식사하는 풍경을 일반적이라고 여기는 것이다.

자신이 남들과 다른 환경에서 자랐다는 생각은 주로 성인이 되면서, 즉 대학에 입학하면서 부정적으로 확대된다. 고등학교라는 한정된 환경에서 벗어나 다양한 사람들을 접하면서 확대되고 두드러지는 것 같다. 대학 신입생 중에 의외로 적응 장애를 겪는 경우가 많은데, 심리 기저에는 이런 양상이 잠재돼 있다고 본다. 남들은 다 좋은 부모 밑에서 자란 것 같고 집도 부유해 보이는 데다 성격도 좋고, 붙임성까지 있어 나와는 다르게 자랐을 거라는 단정 말이다.

이런 경우 친한 친구와 고민을 나누면서 대부분 해결점을 찾는다. "너만 그런 게 아냐. 나도 너랑 비슷하게 자랐어. 아마 거의 다 그럴걸"이라는 친구의 말을 들으면 위로가 되면서 마음이 풀린다. 공통의 경험과 정서가 있음을 확인하면서 소통은 원활하게 이루어진다.

하지만 개중에는 더 고립되거나 이상한 쪽으로 인간관계가 꼬여가는 사람도 생긴다. 자기 인생이 특이하다는 생각이 더욱 공고해지고 공감을 주고받을 기회조차 잃은 경우다.

자신의 인생이 특별하게 불행했다고 생각하는 사람을 설득하기는 쉽지 않다. 불행의 크기는 상대적이지 않다. 누군가에겐 가벼운 감기쯤으로 보이는 불행을 안고 평생 괴로워하는 사람이 있고, 그보다 훨씬 더한 고통을 안고도 멀쩡히 살아가는 사람도 있다. 그 고통이나 불행이 남과 견주어 얼마나 초라하고 큰지는 아무리 설득해도 효과가 없다. 한번 믿은 신념은 그만큼 공고하다. 만약 누군가 자신의 불행이 특별하다고 믿는다면, 그렇게 생각할 만한 이유가 있다고 보면 된다. 그리고 그렇게 믿고 있는 사람들의 마음은 그것을 바라보는 사람보다 훨씬 괴롭다는 사실을 기억하자.

망각을 더디게 하는 말 '왜 나만?'

'왜 나만 이런 일을 겪을까?'라는 생각이 머릿속에서 자리를 잡으면 문제는 복잡해진다. '나는 불행하다'라는 부정적 인지에 비논리적인 감정이 겹쳐진다. '왜'라는 단어는 비난을 추가한다. 내 인생과 운명을 비난하게 되는 것이다.

인간의 기억 구조는 상당히 불안정해서 웬만한 기억은 잊히게 되어 있다. 하지만 '왜 나만?'이라는 생각은 기억을 감정과 연결한다. 그래서 잊는 것이 더뎌진다. 그냥 두면 저절로 수면 아래로 가라앉을 텐데 잊을 만하면 자꾸 스스로 끌어올리는 모양새다.

따라서 자신이 겪은 특이하고도 나쁜 경험을 잊고 싶다면 감정으로 연결되지 않고 저절로 가라앉도록 가만두어야 한다. '왜 나만?' 혹은

'난 왜 이렇게 됐을까?' 같은 질문은 멈추자. 그런 질문을 할 때마다 자동으로 나쁜 기억이 떠오르고 나쁜 감정이 딸려 올라온다. 그것이 반복되고 정도가 심해지면 자신을 고립시키고 사람들과의 관계가 어색해질 수도 있다.

자존감 향상을 위해 오늘 할 일

나의 특이한 점을 적고 의견 듣기

변화의 첫 단계는 인식이다. 내가 나를 얼마나 특이하다고 여기는지 '아는' 것은 매우 중요하다. 오늘은 내가 나를 어떤 점에서 남들과 다르다고 보는지 적어보자. 자라온 환경, 부모, 경험 등으로 괴로웠던 것이 있다면 빠짐없이 적자. 그런 다음, 믿을 만한 친구나 조력자가 있다면 "나는 나의 이런 점이 특이하다고 생각해. 네 생각은 어때?" 하고 의견을 나누어보자.

나의 특이한 점:

친구의 의견:

7

눈치 보는 사람의 심리

'왜 나만?'이라는 생각을 파고들다 보면 원망이 들게 마련이다. 부모를 원망하고, 이렇게 살고 있는 나를 원망하고, 사회를 원망하고, 불특정 다수를 원망하고, 급기야 신에 대한 분노로까지 이어진다. 자기가 틀렸다는 생각으로 이어질 경우 자기 비난이 되고, 못났다고 생각하면 창피함이 밀려든다. 남들은 다 하는 일을 나만 못한다고 생각하면 무가치감이 올라온다.

그중 대인관계와 관련해 '나는 남들만큼 쿨하지 못하다'고 생각하는 사람을 자주 본다. 남들은 각자 자기 주관과 여유를 갖고 살아가는데 왠지 나만 소심하고 찌질한 것 같다고 느낀다. 아마도 세상이 점점 개인화·개별화하면서 생겨난 감정 아닐까 싶다. 다른 사람들은 남과 적당한 거리도 유지하고 관계도 곧잘 정리하는 것처럼 보이면서 점점 내게서 멀어져가는 것 같다. 하지만 내 마음엔 항상 사람들, 남들이 꼭 붙어서 떨어지질 않는다. 그래서 이런 생각이 든다. '나만 남들을 생각해.'

친절인가 눈치 보기인가

한 친절한 남자 대학생이 있었다. 학교에서 어려운 일이 생긴 친구가 있으면 적극 도왔고, 힘든 과제는 도맡아서 해결했다. 대학을 졸업하고 그는 훌륭한 직원이 되었다. 회사 일도 척척 잘했고, 깔끔한 매너에 부드러운 말투로 동기들에게도 친절했고, 배려도 많았다.

특히 그의 헌신적 업무 수행 능력은 타의 추종을 불허했다. 업무가 펑크 나면 주말에도 달려 나왔고, 야근을 밥 먹듯 하면서도 불평 한마디 없었다. 그렇다고 누구에게 화를 내는 것도 아니고, 징징거리는 소리도 하지 않았다. 그는 완벽한 직장인이었다.

하지만 그런 그를 모두가 좋아한 건 아니다. 이런 그의 성격에 넌덜머리를 내는 사람이 있었다. 다름 아닌 그의 여자친구였다. 누구나 인정하는 그를 두고 유독 여자친구만은 "너는 친절한 게 아니야. 그냥 남의 눈치를 보는 거야!"라고 독설을 퍼부었다.

두 사람이 함께 나를 찾아왔다. 여자친구는 확신에 차 있었다. 남자친구의 친절은 순수한 의도가 아니라 그저 눈치를 보는 것이라며 그의 행동을 폄하했다. 매일 남들의 부탁을 들어주느라 자신과의 약속은 미루고 깨는 남자친구를 원망했다.

하지만 남자친구의 입장은 달랐다. 여자친구가 질투가 많거나 자신을 이해하지 못하는 성격이라고 했다. 아무리 설득해도 좀처럼 풀어지지 않고 반복하는 싸움에 이젠 지칠 대로 지쳤다며, 헤어져야 하는 게 아닌지 심각하게 고민을 하고 있다고 고백했다. 그러면서도 이런 식으로 연인과 헤어진 게 한두 번이 아니라며 답답해했다.

지나친 친절이 폐하되는 이유

친절은 미덕이다. 친절한 사람을 싫어할 사람은 많지 않다. 문제는 자신을 돌보면서 친절한지, 남의 눈치를 보느라 일부러 친절한 건지 알아야 한다는 점이다.

처음엔 여자친구의 주장을 한사코 거부하던 남자는 시간이 지나면서 자신의 문제를 조금씩 직시하기 시작했다. 어쩌면 여자친구의 말대로 자신에게 문제가 있는 게 아닌가 의심하기 시작한 것이다. "늘 타인에게 초점이 맞춰져 있다"는 여자친구의 주장이 생각하면 할수록 일리가 있었기 때문이다.

알고 보니 이 남자는 어릴 때부터 부모님으로부터 항상 타인에게 친절하고, 도와주라는 말과 함께 "남들이 뭐라고 하겠니?"라는 말을 듣고 자란 사람이었다. 남자는 어른들이 시키는 대로 행동했을 뿐인데 정작 소중하게 여겼던 연인은 매번 그것을 견디지 못하고 떠나고 말았다.

이 친절한 남자는 남에게는 친절했지만, 자기 자신을 돌보는 일에는 서툴렀다. 자기 시간, 자기 행복, 좋아하는 것이 무엇인지 몰랐고 궁금해하지도 않았다. 이런 경우 자신뿐 아니라 가까운 사람들도 소홀히 하는 습관이 생긴다.

이성 친구나 후배들에게 친절하다가도 막상 연인이 되고 나면 소원해지는 것도 그래서다. '연인=나'라고 생각하기 때문에 관심을 주지 못한다. 드라마에 나오는 가부장적인 할아버지의 모습을 떠올려보자. 이웃 주민이나 친척들에게는 더없이 친절하고 자상하다. 그러나 자기 자식에게는 끝없이 엄격하다. 타인에겐 관대하고 자신을 단련하려는 생각이 어긋나서 생겨난 일이다. 가까운 사람들이 무슨 죄인가.

현대 사회에서 이 남자처럼 자기 마음을 돌보지 않으면서 남 신경만 쓰는 사람은 남에게도 오히려 부담을 준다. 은연중에 우리의 기억 속에는 몹시 친절한 사람들의 어떤 이미지가 새겨져 있다. 그런데 그 기억들이 결코 좋은 것만은 아닐 것이다. 가식적으로 느껴 오히려 불편하든가, 친절하다가 갑자기 뒤통수를 치든가, '내가 이만큼 해줬으니 당신도 이만큼 줘'라는 태도를 보였던 사람이 떠오르지 않나. 그래서 우리는 지나치리만큼 남을 배려하고 친절한 사람들을 보면 '자기도 저만큼 받길 바라지 않을까' 혹은 '뭔가 다른 의도가 있나'라고 생각하곤 한다.

학교에서 모범생들이 무시를 당하고 회사에서 일을 많이 하거나 착하기만 한 사람이 험담의 주인공이 되는 게 이런 이유에서다. 아무리 좋은 의도를 갖고 타인을 배려했다 해도 모든 사람들이 곱게 해석하는 건 아니다. 특히 직장은 암묵적으로 경쟁 관계에 있는 곳이기 때문에 열심히 하면 할수록 '당신이 그렇게 열심히 해버리면 우리는 뭐가 돼?' 하는 인식이 생기기 쉽다.

물론 친절한 사람을 대놓고 탓하지는 않는다. 그러면 자기만 나쁜 사람이 되기 때문이다. 하지만 어떻게 해서든 사람들은 그의 행동과 의도를 폄하하고 싶어한다. 일종의 자기 방어 본능 같은 것이다.

이것이 착한 사람들이 대인관계가 힘든 이유다. 고생은 고생대로 하고 좋은 결과를 얻지 못한다. 겉으로는 고맙다고 말하지만 팀에서는 점점 소외되기 쉽고 분위기도 나빠진다. 게다가 그 원인이 자신이라니 억울할 수밖에 없다.

문제는 이런 식의 문제가 회사뿐 아니라 가정에서도 생긴다는 점이다. 남의 눈치를 중시하는 친절한 남자는 가장이 되면 일중독에 빠지곤 한다. 가정을 지키기 위해선 돈을 벌어야 하고, 돈을 벌기 위해선 야근을 자처하고, 회식은 물론 주말에도 골프 모임에 나간다.

아빠만 그런 게 아니다. 헌신적인 엄마들은 어떻게 하면 자식에게 좋은 음식을 먹일지, 좋은 학원을 보낼지만 고민한다. '나중에 우리 애들이 나를 원망하면 안 되지' 하는 생각과 함께. 한편으로는 남편이 나를 어떻게 생각할까, 아이가 나를 어떻게 생각할까에만 집중하니 자신을 돌볼 시간이나 여유는 없다.

가족 전체를 '나'로 인식하면 문제는 더욱 복잡해진다. 타인들이 어떻게 생각할까 하는 염려는 그대로인데, 가족 모두를 나의 범주로 묶어버리면 이웃의 평판이나 아는 사람의 감정에 더 많은 비중을 두게 된다. 이러면 결국 아이들에게 "남들이 뭐라고 하겠니?"라는 말을 자주 한다. 자신의 마음을 돌보지 않고 남의 마음을 먼저 생각하는 습관이 말로 표현되는 것이다. 이런 표현은 고스란히 대물림된다. 이런 말을 듣고 자란 아이는 자신보다 타인의 평가에 민감해지고, 자신의 감정이나 욕구를 중심에 두지 못한다. 겉으로는 더할 나위 없이 친절하지만 마음과 정신건강은 매우 불편한 상태가 반복되는 셈이다.

언제부턴가 드라마 남자 주인공은 다 까칠하다. 착하기는커녕 상대가 어떤 기분일지는 관심이 없고, 자기가 좋아하는 한 가지에 몰두하는 캐릭터들이 많이 등장한다. 그런데 대중은 이들에게 열광한다. 왜일까? 매력적이기 때문이다. 자신의 기호를 소중히 여기고 자기 감정을 사랑하는 사람, 자기 가치를 높게 평가하고 당당한 사람은 매력적이다. 주변 사람과는 거리를 두고 자신에게 충실한 사람을, 사람들은 동경한다.

남을 배려하는 것이 미덕인 시대도 있었다. 하지만 그것은 농경 사회에서 통하던 방식이다. 농사를 짓기 위해서 협동이 무엇보다 중요했던 시대, 남을 위하는 것이 곧 나를 위하는 시대에는 배려가 중요했다. 하지만 사회가 개별화되고 분리되면서 미덕의 개념도 변했다. 어설프게 남을 위했다가는 오지랖 넓다는 평을 듣기 쉽다. 나름대로 배려했는데 돌아오는 건 '눈치 본다'는 평가나 "왜 남들만 챙겨?" 하는 원망이다. 사회가 변하면 가치관도 변한다.

이기적인 이타 행동이 필요하다

사실 나만 생각하면서 살아야 하는지 남을 위해서 살아야 하는지에 대한 얘기는 조심스럽다. 하지만 나는 사람들에게 "자기 자신을 먼저 생각하세요"라고 자주 말한다. 어떤 땐 "이기적으로 판단하고, 그렇게 행동하세요"라고 직접적으로 조언할 때도 있다. 그것이 순리를 따르는 것이라고 생각하기 때문이다.

나는 인간의 본성은 이기적이라고 생각하는 사람이다. 그것을 인정하고 받아들이는 게 자연스럽고 성숙한 자세라고 생각한다. 물론 세상에는 남을 위해 봉사하는 삶을 사는 사람들도 많다. 이들이 남을 돕는 이유는 무엇일까? 기쁘기 때문일 것이다. 남을 돕는 데에서 기쁨을 느끼기 때문에 지속적으로 그런 행동을 하는 것이다. 이들의 행동을 폄하하려는 게 아니다. 오히려 나는 봉사하는 사람들을 존경한다. 왜냐하면 그들은 남을 위해 사는 것이 아니라 자신의 마음 깊은 곳에 있는 '남을 돕는 즐거움'을 아는 성숙한 사람들이기 때문이다. 진정한 내면의 기쁨을 누리는 사람들이다.

자식을 향한 부모의 사랑도 마찬가지다. 부모는 자식의 행복을 바란다. 자식이 웃으면 그걸로 행복하다. 그래서 부모는 자식이 자꾸 행복해지도록 행동한다. 그래야 자기도 행복하기 때문이다.

중요한 것은, 남의 행복만을 위해서 하는 행동은 상대에게도 부담을 주고 결국은 배신감과 서운함을 느낄 수 있다는 점이다. 봉사를 하더라도 자신을 위한 봉사여야 하고, 자녀를 사랑할 때도 '나의 행복'을 추구하는 수준에서 이뤄져야 후회나 뒤끝이 없다.

인간이 원래 이기적이라는 사실을 받아들이길 바란다. 그래야 조건 없이 사랑할 수 있고, 진심으로 타인을 위할 수도 있기 때문이다.

자존감 향상을 위해 오늘 할 일

내가 원하는 것 적어보기

남의 눈치를 오랫동안 봐온 사람은 자신에 대해 잊는다. 내가 어떤 사람인지, 어떤 것을 좋아하고 싫어하는지 잘 모른다. 그래서 자신의 욕구와 행동이 서로 일치하는지 불일치하는지도 판단하지 못한다.

지금부터 자신이 원하는 것이 무엇인지 구체적으로 적어보길 바란다. 그것이 타인에게 바라는 것일 수도 있고, 나에게 원하는 것일 수도 있다. 막상 쓰다 보면 내가 원하는 것이 아닌 타인의 욕구를 쓸 수도 있다. 하지만 걱정할 필요 없다. 자신이 써놓은 '내가 원하는 것 목록'을 보면서 자신에게 관심을 가지면 된다. 만약 써놓은 목록에 타인이 자신에게 바라는 것들이 적혀 있다면, '아, 내가 남 눈치를 많이 보긴 보는구나' 하고 인정하면 된다.

내가 원하는 것을 정할 때는 세 가지 기준을 만족시키는 문장으로 적어야 한다.

첫째, 부정형 문장이 아닌 긍정형으로

둘째, 타인이 주어가 아니라 '나'가 주어인 주체형으로

셋째, 과거 시점이 아닌, 미래 시점으로 적어야 한다.

예

- **이제부터 불안해하지 않겠다.(부정형)**
  ⋯→ 이제부터 마음을 편안히 가지고 싶다.(긍정형)
- **남들이 나를 사랑해줬으면 좋겠다.(타인이 주어)**
  ⋯→ 나는 스스로에게 당당한 사람이 되고 싶다.(내가 주어)
- **나는 성격이 소심하고 게을렀다.(과거형)**
  ⋯→ 앞으로는 대범하고 부지런한 사람이 되고 싶다.(미래형)

8

지나치게 의존하는 사람들

'의존'이라는 단어는 자존감만큼이나 다양한 의미로 소비된다. 또 사람에 따라 다르게 해석하기도 한다. 하지만 '의존적'이라는 말을 대개 부정적으로 쓰고 받아들인다는 건 공통적이다. 우리 사회에서는 특히나 '의존하지 않는 사람' 또는 '자립심이 강한 사람'을 건강한 사람이자 바람직한 인간상으로 보는 경향이 강한 것 같다.

솔직히 나는 의존하는 게 그리 나빠 보이지 않고, 자립심이 강하다는 게 그렇게 좋은 건지도 잘 모르겠다. 갈수록 살기 어려워지는 세상에서 여기저기에 의존해가면서 사는 것이 정말 문제일까?

물론 지나치게 의존적이면 문제가 될 수 있다. 여기서는 적절한 의존이란 어떤 것인지, 또 의존하는 대상에 따라 결과가 얼마나 달라질 수 있는지 얘기하려 한다. 건강한 의존과 그렇지 않은 의존을 구분하고 실천에 옮기는 데 도움이 되길 바라면서.

우리는 모두 의존적이었다

아기들은 모두 의존적이다. 엄마에게 기대지 않고는 살아갈 수가 없다. 신생아는 기어가기는커녕 목을 가누지도 못해서 젖을 입에 물려줘야만 살아갈 수 있다. 아기는 엄마를 갈망하고, 엄마와 떨어지면 불안을 느낀다.

아기가 부모를 필요로 하는 이유는 단지 먹여주고 씻어주고 배설물을 치워주기 때문만은 아니다. 아기는 스스로 잠들기가 어렵다. 부모가 토닥거리고 자장가를 불러줘야 잠에 든다. 시간이 조금 지나면 아기에게도 희로애락의 감정이 생기는데, 이마저도 혼자 다루지를 못한다. 보채고 우는 아기는 어른이 달래주어야 한다.

어른이 되어서도 이 의존성의 흔적이 남아 있다. 청소년기 이후 남녀가 끊임없이 서로를 갈구하는 것이 그 예다. 혼자 있기보다는 둘이 있으려고 하고, 속내를 털어놓기를 바란다. 사랑과 애착은 신생아 시절부터 지녀온 의존성을 대표적으로 보여준다. 어른도 의존을 한다. 엄마에게 의존하던 습관이 그대로 남아 있는 미숙한 경우도 있다. 그러나 대부분은 친구나 연인 또는 배우자에게 의존하거나 존경하는 사람에게 의지한다. 신앙을 지닌 사람들은 신에게 의지한다. 한편 어떤 이들은 약물이나 알코올 같은 물질에 의존해 문제가 되기도 한다.

어찌 보면 인생은 무엇에 어떻게 의지하느냐에 따라 성패가 나뉘는 것 같다. 세상에는 미성숙하거나 무조건적으로 의존하는 사람이 있는가 하면, 세련되고 고차원적인 방식으로 의존하는 사람도 있다.

세련되지 못한 의존들

의존성은 하나의 본능이다. 아주 어린 시절에는 누구에게나 있었고, 그것은 생존과 직결되는 필수 요소였다. 하지만 성인이 되어감에 따라 의존성을 다루는 방식도 성숙하고 세련되어야 한다.

세련되지 못한 의존은 크게 세 경우로 나뉜다. 너무 많이 의존하는 것, 의존할 방향을 잘못 잡는 것, 자신이 얼마나 의존하고 있는지 인정하지 않는 것이다.

지나치게 의존하는 사람들은 끊임없이 사람을 갈구한다. 이들은 혼자 있는 것을 유난히 견디지 못한다. 또래 집단에서 따돌림을 당할까 봐 전전긍긍한다. 혹은 애인이 없는 상태를 견디지 못한 나머지, 헤어지기가 무섭게 새 애인을 만들거나 다른 애인을 미리 만들어두기도 한다.

반면 적절하게 의존하는 사람들은 의존할 만한 대상에게 의존을 한다. 이 방향이 잘못되면 자신보다 약하거나 보잘것없는 존재에게 의존하기 십상이다. 예를 들어 직급이 높은 사람이 신입사원에게 위안을 얻으려고 하거나 교수가 학생에게 위로해달라고 조르는 경우가 있다. 이러한 부적절한 의존은 문제가 된다.

이런 세련되지 못한 의존의 경우, 대부분 자신이 의존한단 사실을 모르거나 인정을 하지 않는다. 부모들이 흔히 "나는 우리 애만 행복하면 돼요"라고 말하곤 하는데 무의식중에 자신의 의존성을 드러내는 말이다. 이러면 자녀는 자신의 인생에 어른 즉 부모의 삶도 매달려 있음을 인지한다. 결과적으로 아이는 부담을 느끼고, 자신의 행복과 부모의 만족 사이에서 혼란을 겪게 된다.

세련되지 못한 의존성은 배우자나 연인과의 관계도 악화시킨다. 특히 사이가 안 좋을 때 두 사람은 "당신만 변하면 나는 행복할 거야!" "네가 그 모양이니까 내가 미쳐가는 거야!"라고 항변한다. 이 또한 자신의 행복과 안정이 상대에게 달려 있음을 은연중에 표현한다. 자기보다 뛰어나고 존경하는 사람에게 의존하는 것이 아니라 그렇지 않은 사람에게, 더욱이 미워하고 경멸하면서도 의지하니 문제가 된다. 자기보다 못났다면 포기하면 될 텐데 그러지도 못하면서, 맘 놓고 의지할 만큼 든든하지도 않아서 문제다.

이런 경우 마음이 불편해서 누구한테 의지하고 싶은데, 이것이 실패하면서 '남 탓'을 하게 된다. 이를 심리학 용어로 '투사'(projection)라고 부른다. 이들은 '내가 불행한 건 아이가 대학에 떨어진 탓이야' '내가 우울한 건 못난 남편을 만났기 때문이야' 같은 방어기제만 작동하며 시간을 보낸다. 여기서 상대가 문제 있는 사람이냐 아니냐는 중요하지 않다. 문제 있는 사람에게 의존하면서도 그 사실을 알지 못하고 상대방 탓만 하는 삶은 결코 행복할 수 없다.

세련된 의존을 하는 사람들

이른바 '세련되게 의존'하는 사람들은 자신이 기댄다는 사실을 자연스럽게 여긴다. 자존감이 강하다고 해서 모든 일을 자신이 처리하려고 애쓰지 않는다. 오히려 한계를 인정하고, 대놓고 타인에게 도움을 청한다.

성숙한 사람들이 의존하는 특성은 크게 세 가지가 있다. 첫째, 자기보다 강한 존재에게 의존한다. 의존의 방향이 뚜렷하다. 지식을 얻기 위해선 책에 의존하고, 건강을 얻고 싶으면 의사를 찾아간다. 혹은 타인이 지닌 강점을 냉정하게 판단한다.

둘째, 누구에게나 공개할 수 있을 정도로 투명하게 의존한다. 불안감을 감추기 위해 남몰래 알코올에 의존하거나 사랑받고 싶다는 이유로 불륜에 빠지는 일이 없다. 대신 여행이나 레저, 취미나 가족, 신앙 같은 것에 의존한다. 남에게 드러내도 떳떳한 정의로운 의존을 한다.

셋째, 의존한 만큼 보답한다. 예전에 내가 일하던 병원의 원장님은 구내식당 직원들을 만나면 "나를 먹여 살리는 고마운 분!"이라면서 치켜세웠다. 큰 병원을 경영하는 원장이지만 밥 먹을 때만큼은 식당 아주머니들에게 의존했기 때문이다. 그래서 그들의 자존심을 세우고 존중하는 식으로 보답을 했다. 세련된 의존은 일방적인 착취가 아니다. 받은 만큼 돌려주어 빚을 남기지 않는다.

의존성은 나르시시즘을 유발한다

인간관계는 혼자 맺을 수 없다. 둘 이상 있어야 관계가 성립한다. 관계는 서로에게 영향을 끼친다. 두 사람이 있다고 해도 서로에게 영향을 주지 않는다면 그것은 관계라고 보기 어렵다.

한 사람에게 어떤 특징이 있다면 그것은 인간관계를 맺은 상대에게 영향을 끼친다. 그 특징은 감정일 수도 있고 행동일 수도 있다. 속에 품은 생각이 무의식중에 전달되기도 한다. 부모가 화가 나 있으면 자녀는 위축된다. 사장이 웃고 있으면 직원들은 마음을 놓는다.

눈앞에 있는 사람이 나에게 의지하면 어떤 일이 벌어질까? 우선 도와주고 싶은 마음이 든다. 이 현상을 적극적으로 활용하는 사람들은 최대한 낮은 자세로 도움을 요청한다. “우리는 도움이 절실히 필요합니다. 당신은 우리를 도울 수 있습니다.” 이러한 메시지를 들었을 때 어떤 사람들은 자기 형편이 어려워도 그 사실을 잠시 잊는다. 그래서 밥값을 아껴서라도 성금을 보내거나 정기 후원을 신청한다.

반대로, 부담감에 얼른 그 자리를 떠나는 사람들도 있다. ‘나도 지금 힘들어. 누굴 도울 형편이 아니야’라는 생각이 들면 거절과 회피라는 행동으로 이어진다.

이를 정신의학자들은 의존성이 상대방의 나르시시즘을 깨운다고 설명한다. 무턱대고 도와야겠다는 생각이 높아지는 경우 본인의 능력과 가치가 순간적으로 높아 보인다. 혹은 반대로 자신의 남아 있는 자원이라도 보호해야 한다는 자기 방어적 욕구가 올라간다. 이 두 가지가 혼재하는 나르시시즘 성향이 유발된다는 이론이다.

문제는 보상이다

한 사람이 의존적이 되면 상대방은 나르시시스트가 된다. 자신의 가치를 높게 평가하여 의존적인 사람을 도와주면서 둘의 공생 관계는 시작된다. 이렇게 도움을 청하는 의존자와 나르시시즘의 따뜻한 상태가 만난다. 어쩌면 이 세상의 모든 사랑은 이렇게 시작되는지도 모르겠다.

아이를 처음 껴안은 엄마는 무한한 책임감을 느끼는 동시에 완벽한 엄마가 되겠다는 욕심도 생긴다. 이 아이에게만은 완벽한 행복을 주고 싶다는 생각을 갖게 되면서 애착 관계가 형성된다.

회사에서도 이 심리를 절묘하게 이용한다. 신입사원 연수란 결국 나르시시즘을 일깨우는 절차다. 회사는 사원에게, 회사가 얼마나 절실히 그를 필요로 하는지 구구절절한 메시지를 보낸다. 노련한 사장은 사원을 윽박지르거나 다그치지 않는다. 오히려 낮은 자세로 "잘 부탁하네"라고 청한다. 이럴 때 직원은 자신의 모든 역량을 끌어내 회사를, 사장을 도와야겠다고 마음먹게 마련이다.

의존과 나르시시즘의 관계가 적절히 유지되기 위해선 적정한 보상이 이루어져야 한다. 직원이 노동을 제공하면 사장님은 그가 만족할 수 있는 보수를 적절하게 공급해야 한다. 그래야 직원도 오너에게 의지할 수 있다. 서로 의존성과 자기애를 번갈아가면서 느끼고 만족해야 관계가 오래간다. 책임감에 불타는 엄마라 해도 아이를 키우다 보면 지칠 수밖에 없다. 그러나 아이가 하루가 다르게 성장하는 모습은 엄마에게 기쁨이라는 보상을 준다. 또 주변에서 "네가 참 아이를 잘 키웠다. 너 덕분에 아이가 이렇게 건강하고 예쁘다"라며 보상을 충분히 해주면 엄마와 아이의 관계는 건강하게 이루어진다.

반면, 모든 의존과 자기만족의 경계가 흔들리면 문제가 생긴다. 한쪽이 지나치게 의존적인 경우다. 아무리 잘해줘도 긍정적인 보상이 나오지 않으면 지칠 수밖에 없다. 게다가 이제까지 자극되었던 나르시시즘은 이제 차갑게 작용한다. '내가 그렇게까지 해줬는데 만족을 못해?' 하는 생각에 괘씸함까지 더해진다.

그래서 지나치게 의존적인 사람들은 결국 거부를 당한다. 나르시시즘에 젖은 상대방에게서 아픈 상처를 입기도 한다. 그런데도 의존적인 사람들은 더욱 매달리곤 한다. 의존적이고 자신감 없는 자신이 보기에 상대가 자존감도 강해 보이고 건강해 보이기 때문이다. 하지만 상대의 나르시시즘적인 면은 다름 아닌 자신의 의존성이 키운 것이다. 지친 나르시시스트가 내뱉는 이별의 말에 상처를 받지만 사실 그 뿌리는 자신의 의존성이다.

지나친 의존성에서 벗어나기 위해 깨져야 할 믿음들

의존성에 갇혀 있는 사람들은 크게 세 가지 잘못된 믿음을 갖고 있다. 잘못된 믿음을 갖고 있으면, 인간관계에서 지나치게 의존하며 끌려 다닐 수 있어 위험하다. 결국엔 모진 말로 거절당하고 자기 인생에 연민을 갖게 된다.

그 세 가지 잘못된 믿음이란 이렇다. 우선, 혼자 있는 것은 외롭고 괴로운 일이라는 생각이다. 그래서 애인이 없는 것, 가족이 없는 것, 자신이 속한 조직이나 모임이 없는 것에 과도한 공포를 느낀다. 혼자 있다고 해서 어디가 아픈 것도 아니고 누가 괴롭히는 것도 아니다. 그런데 의존성에 갇힌 사람들은 뭔가 자신에게 문제가 있어서 혼자라고 여긴다.

다음은, 남이 자신을 구해줄 것이라는 환상이다. 그들은 자기가 무언가 결핍되고 모자라는 특이한 존재라고 생각한다. 자기가 처한 상황을 특별하다고 여기는 데에서 비극은 시작된다. 자신과 달리 대부분의 사람들은 부족한 게 없고, 그래서 남들이 나를 도와줄 수 있을 거라는 믿음 말이다. 이들은 "난 평범한 사람들이 부러워요"라는 말을 곧잘 한다. 그런 이유로 자기보다 열악한 조건에 있는 사람에게까지 의존하고, 결과적으로 실망만 얻게 되기도 한다.

세 번째 잘못된 믿음은, 의존이 상당히 나쁜 일이라는 생각이다. 이 믿음을 가진 이들은 의존적이라는 평가를 들으면 지나친 자괴감에 빠진다. 누구에게나 의존성은 있으며, 단지 누구에게 어떻게 얼마만큼 의존하느냐가 문제일 뿐인데도 의존 자체를 나쁘다고 치부해버려 병원에 가서 의사에게 진찰받는 것도, 사람을 사귀는 것도, 종교 활동을 하는 것도 꺼리게 된다. 게다가 자신이 의존적이라는 사실을 인정하지 못하고 계속 나르시시스트에게 이끌리거나, 평범한 사람도 나르시시스트로 만들면서 상처 받기를 자초한다.

만일 이 글을 읽고 '내가 의존적인가 보다' '내가 미성숙한 의존을 하나 보다' 하는 생각이 든다면 딱 그 정도로 두면 된다. 나쁘지 않다. 자기 자신을 들여다보고 인식했다는 자체가 아주 중요한 과정이다. 이 과정을 수행했기에 앞으로 서서히 세련되고 성숙한 의존으로 변해갈 것이다.

반대로, 자신이 의존적이지 않다거나 세련된 의존을 하고 있다는 생각이 들었다면 그것도 괜찮다. 그렇게 자기 자신에게 만족하는 것도 아주 중요한 과정이다. 자존감이 조금씩 높아진다는 방증일지도 모르니 말이다.

자존감 향상을 위해 오늘 할 일

앞으로 무엇에 의지할지 생각하기

의존 본능은 누구에게나 있고 그걸 채우려는 건 정상이라고 우선 인정하자.

그럼, 무엇에 의존할지를 생각해보자. 그 대상은 우리보다 강해야 하고, 건강해야 하며, 건전해야 한다. 술이나 담배 같은 유해한 물질에 의존했다가는 몸이 망가질 것이고, 도박이나 불륜에 의존했다가는 재산 탕진이나 망신으로 이어질 것이다.

스트레스를 감당하지 못해 담배에 의존하고 있었다면, 이제는 스트레스 해소를 어디에 의존할지를 정해보자. 짜증이 나고 답답할 때마다 명상에 의존을 할지, 연인에게 전화해서 하소연을 할지 결정하자.

사람에게 의지하려거든 검증된 존재가 낫다. 아예 추상적인 존재 혹은 돌아가신 분에게 의존하는 것도 괜찮은 방법이다. 나는 가까운 분이 돌아가시면 마음이 너무 약해지는데, 이때는 이미 돌아가신 분들에게 의지한다. 사후세계는 알 수 없지만, 내가 아무리 의존적이 되더라도 죽은 상대가 나르시시스트가 되어 다시 내게 상처를 줄 리는 만무하기 때문이다.

3장을 마치며

적당한 거리가 나를 지켜준다

직장을 그만두고 싶은 사람들의 80퍼센트가 그 이유로 '인간관계'를 꼽았다는 보도를 보았다. 인간관계는 많은 사람들이 신경 쓰지만 쉽게 해결되지 않는 일이다. 회사에서뿐 아니라 친구 간, 부부간, 부모 자식 간, 고부간 관계 모두 인간관계다.

인간관계가 힘든 사람들에게 가장 강조하고 싶은 것은 거리감이다. 모든 사람들과 친하게 지내려고 하거나 모든 사람의 인정을 받으려는 욕구는 빨리 포기하는 게 낫다. 나랑 맞는 사람들을 주변에 두고, 안 맞는 사람에게는 집중하지 않도록 노력해야 한다.

두 번째로 작용과 반작용을 강조하고 싶다. 내가 밀어냄과 동시에 나도 밀려나가는 것이 이 원칙이다. 내가 누구를 공격하면 그만큼 내 마음도 공격을 당한다. 남을 아프게 할수록 나에게도 데미지가 쌓인다. 나도 모르는 사이에 빙그르르 돌아서 내 등을 공격하는데 그 고통이 시간차를 두고 다른 사람을 통해 전달되기 때문에 눈치 채지 못할 뿐이다.

마지막으로, 좋은 인간관계에는 한계가 있다는 점을 강조하고 싶다. 완벽한 인간관계는 없다. 부모 자식 관계도 멀어질 수밖에 없고 형제들도 1년에 두어 번 보게 되는 것이 현대인의 관계다. 낳고 키워준 가족과도 멀어지는 게 순리다. 하물며 사회생활에서 만난 사람들하고 좋은 관계를 유지하려고 아등바등할 필요가 있을까.

많은 이들이 인간관계에 대한 강박관념으로 자신을 들볶는다. 직장인 대다수는 일만 해도 시간이 모자라고 격무에 시달리는데 인간관계에까지 엄청난 에너지를 쓴다. 자기 인간관계를 평가하거나 다그치지 말고 그 시간에 좀 쉬었으면 좋겠다. 퇴근하는 순간 잔업을 잊어야 하듯 사람 생각도 내려놓기를 바란다.

PART 4

자존감을 방해하는 감정들

1

왜 감정은 뜻대로 조절하기 어려울까

지금부터는 우리가 생활에서 느끼는 다양한 감정에 대해 알아보려고 한다. 자존감과 감정은 떼려야 뗄 수 없는 관계다. 살면서 겪게 되는 문제 대부분은 감정과 연결돼 있고, 그 감정을 어떻게 표현하고 조절하느냐에 따라 한 사람의 운명이 달라질 수도 있다. 그러나 그 중요도에 비해 의외로 자신의 감정을 어떻게 표현하고 조절해야 하는지 아는 사람은 드물다.

실제로 상담을 할 때 "그때 어떤 감정을 느꼈나요?"라는 질문을 하면 "○○감을 느꼈어요"라고 대답하는 사람은 거의 없다. 절반 이상이 감정을 아예 부인하거나 아무렇지도 않았다고 회피하거나 아예 화제를 돌리기도 한다. 처음엔 나도 이런 반응에 적잖이 당황했다. 아니, 왜 자신의 감정을 솔직하게 말하지 못하는 걸까?

하지만 머지않아 그런 반응이 오히려 자연스럽다는 사실을 알게 됐다. 감정은 본능이고 말로 표현하는 건 이성의 영역이기 때문이다. 따라서 어떤 감정에서 미처 빠져나오지 못한 사람이 그 감정을 정확하게 표현하기는 어렵다. 본능의 영역에 있는 사람에게 이성의 영역에 있는 답을 요구하니 당연히 설명을 못할밖에. '말문이 막힌다'는 말처럼 진짜 힘들 때는 아무 말도 나오지 않는다. 감정에서 어느 정도 빠져나온 다음에야 그 감정에 대해 얘기할 수 있다.

감정은 내 마음의 패션

감정은 내 마음이 외부로 드러나는 부분이다. 그래서 감정을 조절하는 능력은 패션 감각과 비슷하다고 할 수 있다. 좋은 소재의 옷을 센스 있게 입으면 남들 앞에서 당당해지고 누더기를 입고 있으면 주눅이 들고 부끄러워질 수 있다. 하지만 절대적으로 완벽한 패션이란 존재하지 않듯, 감정도 절대적으로 좋고 나쁜 것은 없다. 자신이 나쁜 원단에 속하는 분노, 슬픔, 자기 연민 같은 옷을 입고 있다 하더라도 빈티지로 멋지게 소화할 수 있는 사람이 있고, 행복과 기쁨처럼 화려한 옷을 입고 있다 하더라도 누군가의 강요에 의해서 입었다면 결코 좋은 패션이라 할 수 없다.

어떤 감정이 행동을 지배하느냐에 따라 자존감의 높고 낮음도 결정된다. 그런 의미에서 감정 조절을 어떻게 하느냐에 따라 인생의 길이 크게 갈린다.

감정 조절과 자존감의 관계

요즘은 남들에게 욕을 좀 먹더라도 자신의 감정을 솔직하게 표현하는 것이 미덕이 된 시대다. 그래서인지 미움받을 용기를 내라고 부추기거나 앞으로는 까칠하게 살겠다고 선언하는 것도 전혀 이상하지 않다. 갈수록 '감정을 숨기지 않고 있는 그대로 표현하는 사람이 건강한 사람'이라는 생각이 일반화하는 것 같다.

글쎄, 과연 그럴까. 물론 감정을 표현하는 일은 무척 중요하다. 하지만 있는 그대로, 마음껏 내보이는 게 꼭 건강하거나 좋다고 말할 수는 없다. 감정은 배가 고프거나 졸린 것처럼 본능의 영역이다. 따라서 우리가 알아차리기도 전에 무의식중에 느낀다. 하지만 배가 고프다고 패스트푸드만 먹으면 당뇨나 고혈압이 생기고, 지나치게 많이 자면 몸에 해롭다.

감정 조절도 이와 다르지 않다. 적당한 게 좋다. 문제는 적당히 화를 내고 싶은데 지나치게 화를 내거나 반대로 아예 표현을 못할 때다. 이러면 내 마음이 내 의지대로 조절되지 않으면서 자존감의 구성 요소인 '자기 조절감'이 떨어진다.

감정 폭발 후 우울해지는 이유

감정이 만들어지고 행동으로 옮겨지는 과정을 알면 감정을 조절하는 데 작은 단초로 삼을 수 있다.

감정이 격앙되면 뇌는 위기를 직감한다. 그러면 공격성 신경전달물질인 아드레날린이 샘솟고, 활동성 물질인 도파민은 본능 중추로 모여든다. 동시에 이성의 뇌인 전두엽은 스위치를 내린다. 이때 뇌는 긴급한 상황임을 인식해 이성보다 생존을 우선시하게 되고, 뇌의 가장 깊은 곳인 본능의 뇌(변연계)가 깨어난다.

뇌의 이런 신호는 곧바로 신체에 전달된다. "큰일 났어! 지금 주인이 열 받았어! 전투를 준비해!" 신호를 받은 신체에서는 심장 박동이 빨라지고 호흡도 가빠진다. 이런 신체 변화를 다시 뇌가 감지한다. 뇌는 심장이 빨리 뛰고 숨도 가빠지는 걸로 봐 위기가 온 게 분명하다고 생각하고 다시 몸에 신호를 전달한다. 이렇게 뇌는 몸을 깨우고 몸은 뇌를 다시 깨우는 과정이 반복된다.

여기서 적절하게 브레이크를 걸지 않으면 몸의 긴장도는 점점 강해지고 최고점에 달하면 펑 하고 터져버린다. 자기도 모르게 소리를 지르고 물건을 집어던지는 등의 행동화(acting out)로 분출되는 것이다. 아드레날린이 최고치를 찍고 도파민 활동이 극대화되는 순간이다. 뇌와 몸의 긴장도가 최고점을 찍고 나면 뇌는 급격하게 우울감에 빠져든다. 뇌와 신체가 지나치게 활성화되었기 때문에 휴지기를 갖는 것이다. 인간의 몸은 신비롭다. 그런 극도의 흥분이 계속된다면 인간은 살 수가 없다는 것을 알고 뇌는 재빨리 아드레날린 분비를 중단시킨다. 이때 인간은 심한 무기력과 무능감, 자책감을 느낀다.

부모가 아이에게 고함을 지른 후 나쁜 부모라는 죄책감에 시달리거나 배우자에게 폭언을 한 후 자괴감에 빠져드는 것도 다 이런 이유에서다. 이처럼 인간은 흥분기 뒤에는 우울기가 나타나도록 진화되었다. 감정이 아니라 뇌가 만들어낸 안전장치인 셈이다. 흥분 뒤에 우울이

오는 건 위기를 제어하려는 본능으로 인간 생존에 필수적이다.

감정 조절이 안 되는 세 가지 부류

그렇게 인간의 뇌와 신체는 적당한 조절을 통해 생존한다. 하지만 감정 조절이 유난히 잘 안 되는 사람도 있다. 다음과 같은 세 가지 부류로 나눈다.

첫째, 행동화가 습관이 된 사람들이다. 이들은 뇌가 흥분할 때마다 손과 발, 성대까지 함께 흥분한다. 감정이 흥분하면 뇌의 가장 깊은 곳의 감정 중추가 항진된다. 그러면 신체는 감정 중추에 몰려 있는 활성을 다른 곳으로 돌리려고 노력한다. 감정이 격앙됐을 때 몸을 움직이면 소뇌가 활성화되면서 감정 중추는 안정을 되찾는다. 심호흡을 하거나 혼자 주먹을 휘두르거나 산에 올라가 소리를 지르면 감정이 풀리는 것이 그 예다. 문제는 이 몸 동작이 과격해질 때다. 누군가를 위협하거나 자신 또는 타인을 다치게 하는 행동화가 습관이 되면 무서운 결과를 초래한다.

둘째, 과거의 상처가 아물지 않은 사람들이다. 뇌에서 기억을 관장하는 영역을 해마라고 부르는데, 과거 기록은 해마의 정보창고에 차곡차곡 쌓여 있다. 그런데 이 해마가 감정 중추인 편도핵과 붙어 있어서 기억과 감정은 늘 함께 간다. 따라서 상처가 아물지 않은 사람들은 과거의 감정 또한 아물지 않은 상태다. 그래서 조금만 건드려도 예민하게 반응한다. 극심한 공포와 관련된 상처가 있는 사람일수록 불안은 수시로 올라온다. 자라 보고 놀란 가슴 솥뚜껑 보고 놀라는 게 같은 이

치다. 화가 덜 풀린 사람이 관계 없는 엉뚱한 사람 앞에서 분노를 표출하는 것도 비슷한 경우다.

셋째, 감정을 거부하는 사람들이다. 이들은 웬만해서는 화도 내지 않고, 미움도 없으며, 슬픔도 부정한다. 감정을 느끼지 못하는 게 아니라, 감정을 느끼는 것을 나약한 행동이라고 생각해 거부하는 것이다. 엄마니까 힘들어도 참아야만 한다는 초보 엄마, 내가 선택한 길이니 쉽게 포기하면 안 된다고 생각하는 신입사원, 시험에 합격하려면 공부에만 매진해야 한다고 생각하는 수험생 들이 주로 이런 경우다. 자연스럽게 느껴지는 감정에 죄책감을 갖는다. 감정을 안 느끼려는 행위는 '다이어트를 해야 하니 배고프지 말아야 해'라고 생각하는 것과 같다. 본능이 있는 인간임을 부정하는 것이다.

감정 조절을 잘하는 사람들의 특징

감정 조절을 못하는 사람들은 억압과 폭발만 반복한다. 연인 때문에 화가 나도 "아니야. 나 화난 거 아니야." "그냥 궁금해서 묻는 건데, 왜 늦었어?"라면서 감정을 억압한다. 심장은 미친 듯 뛰고 눈물은 흐르고 몸에서는 감정을 느끼라고 아우성을 치지만 그 신호를 무시한다. 그러다 감정의 압력이 높아지면 상대에 상관없이 폭발한다. 결국 자기도 다치고 남들도 다치게 만든다.

반면 감정을 잘 조절하는 사람들은 자신이 어떤 감정을 얼마나 느끼며 어떤 영향을 끼칠지 인식하고 있다. 또한 그 감정이 지금 눈앞의 문제에 국한된 것이 아니라는 사실도 알고 있다. 예를 들어 부하 직원에게 화가 날 때, 그 화가 과거부터 이어져온 어떤 경험과 오늘의 상황, 자신의 컨디션까지 합쳐서 발생했다는 사실을 인지하고 있는 것이다.

그렇기에 이들은 감정이 격해져 있을 때 함부로 행동하지 않는다. 중요한 결정이나 약속을 하지 않고 감정의 파도가 지나가고 난 후에 행동한다. 남들 보기에는 감정을 억누르고 있는 것처럼 보이지만 사실은 아무것도 하지 않고 있다는 것이 옳을 것이다. 이런 모습을 보고 어떤 이들은 '저 사람은 감정도 없어'라고 말하기도 한다. 하지만 더 엄밀히 말하면 이들은 감정이 격해졌을 때 분명 어떤 행동을 하고 있다. 다만 남들이 눈치 채지 못하는 행동을 할 뿐이다. 소리를 지르는 대신 심호흡을 하거나 자리를 피하거나 옷매무새를 가다듬는 식으로.

누구나 격한 감정을 느낄 때가 있다. 다만 누구는 감정이 식기를 기다리거나 표 나지 않게 조절할 줄 알고, 누구는 모든 사람들이 알게끔 행동한다는 차이가 있을 뿐이다.

자존감 향상을 위해 오늘 할 일

감탄사로 끝나는 '감정 일기' 쓰기

감정을 조절하기 위해선 감정을 직시할 줄 알아야 한다. 감정은 눈앞에 펼쳐진 파도와 같다. 파도에 휩쓸릴 게 아니라 그 파도를 탈 준비를 해야 한다. 오랫동안 파도에 휩쓸려온 사람이라면 파도를 바라보기만 해도 두려울 것이다. 따라서 감정의 파도를 타기 위해선 눈을 뜨는 연습부터 해야 한다.

아침부터 저녁까지 있었던 일들을 하나하나 떠올리고 그때마다 떠올랐던 감정들을 적어보자. 그러면 공통된 감정이 나올 것이다. 만약 세 번 이상 반복된 감정이 있다면 그것과 관련된 사건이나 생각을 적어보자.

나는 그것을 '감정 일기'라고 부른다. 감정 일기를 쓸 때 중요한 것은 마무리다. 무조건 '나는 오늘 이러이러한 감정을 느꼈구나!'로 끝내야 한다. 그러지 않고 '왜 이런 감정을 느꼈을까?'로 끝내면 다시 한 번 감정을 격화시켜 자기 비난이나 우울감에 빠지기 쉽다. 일부러라도 물음표를 지우고 무조건 감탄사로 끝내자.

예

과장님이 야단을 쳤다. 억울하고 분했다.

집에 오자 남편이 집안이 어질러져 있다고 짜증을 냈다. 서운했다.

자려고 누웠는데 갑자기 눈물이 났다. 내 인생이 참 불쌍하다는 생각이 들었다. 서러웠다.

마무리: 왜 이리 마음이 힘들까? (×)
오늘은 참 여러 가지로 억울한 날이구나! (○)

2

감정 조절을 위해 구별해야 할 것들

자존감은 '나를 얼마나 존중하는가' 하는 사고의 척도이지만 현실적으로 자존감 또한 일종의 감정으로 받아들여지곤 한다. 그래서 우리가 느끼는 다양한 감정을 구분하고 다룰 줄 알아야 한다. 그러는 데에 심리학을 알면 도움이 된다. 심리학이 물리학이라면 감정은 전기다. 살아가는 데 반드시 필요하지만 적절히 다루지 않으면 감전될 위험도 있다.

감정에도 이름표가 있다

감정을 조절하는 행위는 자동차 운전과도 같다. 멋진 차를 가졌어도 운전을 못하거나 차가 내 말을 듣지 않으면 무용지물이다. 멈추고 싶은 곳에서 멈추고, 가고 싶은 방향으로 움직이는 운전 기술이 필요하다. 운전의 기본을 익혔다면 상세 기술에 대해서도 알아야 한다. 발밑 오른쪽 페달을 밟으면 가속이 붙는다는 것, 어떤 버튼을 누르면 실내 온도가 올라가고, 어떤 버튼을 누르면 시동이 꺼진다는 것도 알아야 한다.

감정도 이와 닮았다. 내가 느끼는 감정이 무엇이고 그 감정의 특징은 무엇인지, 감정들 간의 공통점은 뭐고 어떤 면에서 차이가 나는지 알아야 한다. 다행히도 인류는 많은 감정들에 각각 이름을 붙였다.

감정의 이름이 중요한 이유는 '이름을 대는 능력'이 이성적 능력이기 때문이다. 2009년 2월 〈신경외과학 저널J. Neurosurgery〉에 실린 논문을 보면 이와 관련된 흥미로운 발표가 있다. 종양이나 사고로 인해 (뇌)수술을 받은 환자 중 다수는 사람이나 물건을 보고 이름을 떠올리는 걸 어려워했다. 이 증상을 연구하고 통계를 내봤더니 왼쪽 전두엽과 앞쪽 측두엽 부분이 손상된 환자들에게 이런 현상이 두드러졌다. 특히 얼굴을 보고 누구인지 이름을 대는 능력은 전두엽 손상 환자의 경우 현저히 떨어졌다.

감정이 격앙되면 뇌의 가장 깊은 곳인 중뇌나 변연계로 전체 기능이 집중된다. 이때 피질인 전두엽은 거의 기능을 하지 못한다. 이럴 때 어떻게든 뇌의 활성이 다른 부위로 골고루 퍼져나가야 감정의 뇌에서 빠져나올 수 있다.

감정카드 놀이는 감정을 진정시키는 좋은 도구다. 종종 내담자들에게 감정카드를 보여주는데, 자신이 어떤 감정을 느끼는지 '이성적'으로 통찰할 기회를 갖게 되어 효과가 좋다.

감정카드의 예

감정을 평온하게 하는 다섯 가지 분류

정신과 전공의 시절, 한 워크숍에서 인지 행동 치료 이론을 접했다. 인지 행동 치료는 세상의 모든 상황과 경험을 몇 가지로 구분하는 것에서 시작한다. 마치 물리학이 주기율표로 시작되는 것과 유사하다. 인지 행동 치료의 관점에서 봤을 때 세상은 사건, 생각, 감정, 행동으로 나뉜다.

평소에도 뭔가 분류하길 좋아하는 나로선 인지 행동 치료가 딱 그래서 반가웠다. 더 놀라운 건 이렇게 분류하는 습관이 생기면서 생활 전반이 확연히 달라지기 시작했다는 점이다. 일례로 나는 한번 감정이 요동치면 밤에 잠을 못 자는 증상이 있다. 모두가 잠든 밤에 혼자 깨어 멀뚱거린 날이 많다. 어느 날, 새벽까지 깨어 있다가 인지 행동 치료가 생각나 적용해보기로 했다.

나는 밤에 잠을 못 자고 있다. 그렇다면 이 '행동'을 유발한 '감정'은 무엇일까? 가만 생각하니 심장이 두근거리고 숨이 찼다. 불안함이었다. 왜 불안한지 생각하자 '과연 내가 좋은 아빠가 될 수 있을까?'라는 '생각'에 빠져 있다는 것을 알게 되었다. 그렇다면 그 생각을 만들어낸 '사건'은? 며칠 전 아내가 임신했다는 사실을 알려왔다. 사건이 생각을 만들고, 생각이 감정을, 감정이 행동을 만들어낸 것이다.

이처럼 인지 행동 치료의 원칙에 따라 사건, 생각, 감정, 행동, 이 네 가지를 정리하면 감정은 어느 정도 평온을 되찾는다. 나는 요즘 여기에 하나를 더해 '신체 반응'까지 분류한다. 내가 느낀 감정은 무엇이고, 그것을 유발한 사건과 생각은 무엇이며, 어떤 신체 반응과 행동이 나왔는지를 파악해본다.

분류하기는 이성적 사고 영역이다. 이렇게 하면 감정에 몰려 있던 뇌 활성이 이성의 영역으로 분산되면서 감정에서 빠져나온다. 그러면 자연스럽게 문제를 파악하고 대책을 세울 수 있다.

- 사건: 아내가 임신했다.
- 생각: 내가 좋은 아빠가 될 수 있을까?
- 감정: 불안함, 초조함

- 신체 반응: 불면, 가슴 두근거림
- 행동: 밤에 혼자 우두커니 앉아 있음

★ 대책: 내일 아침부터 '좋은 아빠가 되는 법'을 검색해보자

이처럼 사건과 생각, 행동을 감정과 구분하는 행위는 마음을 안정시킨다. 내가 무엇 때문에 힘든지 이유를 알 수 있기 때문이다. 뒤엉켜 있어 답답하던 것이 풀려 눈앞에 드러나면 마음이 편안해진다. 그리고 구체적인 대책을 세우기도 좋다.

하지만 이 방법이 통하지 않을 때도 있다. 상처를 심하게 입었거나 상처가 오래돼 병적 상황이 길게 지속되어 이 다섯 가지 분류를 할 여력조차 없을 때다. 수행 능력이 전반적으로 떨어져 구분하는 능력도 감퇴되어버린 경우다.

그럴 경우 모든 게 엉켜버린다. 감정 중추와 기억 중추가 뒤죽박죽되어버리는 것이다. 슬픔이 차오르면 슬펐던 기억만 나고, 화가 나면 화가 났던 기억만 떠오른다. 부정적 기억만 남아 있으니 더 부정적인 감정만 차오르는 악순환이 이어진다. 또한 스트레스가 심해지면 과거·현재·미래도 뒤섞인다. 심지어 나의 상태와 남의 상태도 엉켜버린다. 과거에 받은 상처인데 '앞으로도 이런 일이 생길 것 같다'는 앞날의 걱정으로 확대되고 '난 형편없어'라는 생각은 '남들도 나를 우습게 볼 거야'로 확대된다.

그야말로 내 마음속 감정과 기억 사이에 발생한 악순환인데, 이것이 반복되면 대상이 확대된다. 그래서 감정 조절이 잘 되지 않을 때는 시점과 관점을 분류해야 한다. 과거에 느낀 감정은 어땠고, 현재는 어떻

게 느끼는지, 그리고 앞으로는 어떻게 될 것 같고, 자신이 원하는 것은 무엇인지 분류하도록 노력해야 한다. 거기에 하나 더해, 이 모든 게 내가 느끼는 감정일 뿐이라는 것도 확인해야 한다.

감정 조절이 힘든 특별한 상황

사실 이렇게 분류하고 구분하는 능력을 처음부터 갖춘 사람은 흔치 않다. 오히려 감정을 느끼기도 전에 이런 분류부터 하는 사람이 있다면 아마 강박증이라는 진단을 받을지도 모른다. 하지만 일단 감정에 흠뻑 취한 후에 이 같은 과정을 밟으면 십중팔구 그 감정에서 빠져나올 수 있는 것은 명백한 사실이다.

그런데 아무리 노력해도 감정 조절이 힘든 상황도 많다. 사회적 혹은 생물학적으로 뇌 기능이 혼란스러워질 때다. 이를테면 오랫동안 잠을 자지 못했거나 사랑에 빠진 경우, 그러니까 신체적, 감정적으로 정상이라고 말하기 어려운 상태다. 많은 사람들이 그런 때일수록 감정 조절을 잘해야 한다고 잘못 알고 있는 경우가 많다. 이럴 경우 자칫 자신에 대한 환멸로 이어지기 쉽다. 다음과 같은 상태일 때 그렇다.

가족과 관련된 일: 가족의 일은 나의 일이라는 착각에서 시작된다. 가족의 감정을 내 감정으로 착각해서 몰입하는 것이다. 혹은 나만 느끼는 감정인데 가족도 느낄 거라고 착각하기도 한다. 가족이 아프면 남 아픈 것보다 더 괴롭고, 부모가 욕을 먹으면 더 화가 나는 것이 좋은 예다. 가족과 관련된 감정의 덩어리가 커지면 조절이 어려워진다.

술을 마신 경우: 술을 마시면 뇌 기능은 본능을 관장하는 변연계로 집중된다. 이는 곧 이성과 수행 능력의 영역인 전두엽 활성이 약화된다는 뜻이다. 그러면 지난 기억을 현실의 감정으로 착각하기도 하고, 타인의 행동에 남과 나를 구분하지 못해 시비가 붙기도 한다.

배가 고프거나 수면 부족인 경우: 이때 신체는 위기 상황으로 인식한다. 식이와 수면은 뇌의 가장 깊은 곳인 시상(thalamus)에서 관장한다. 그런데 장시간 잠을 못 자거나 혈당 공급이 안 된 경우 시상에 비상이 걸린다. 감정과 이성은 사라지고 생존 본능만 남는다. 그 결과 지나치게 공격성을 띠거나 폭식 반응이 나타난다.

사랑에 빠진 경우: 이때도 이성이 마비된다. 술에 취했거나 가족이 얽힌 상황과 비슷하다고 보면 된다. 특히 사랑에 빠져 있을 때는 부정적 감정을 느껴서는 안 된다는 생각에 과도하게 억압 기제를 사용하기도 한다. 아이를 키우는 엄마들 중에 아이를 사랑하면서도 감정 조절이 되지 않는다고 호소하는 사람이 적지 않은데, 실은 사랑하기 때문에 조절이 더 어려운 것이다.

자신과 비슷한 상황을 접했을 때: 동정이나 연민은 접착성이 상당히 강하다. 그래서 쉽게 떼어지지 않고 행동으로까지 옮아가기 쉽다. 가까운 친구나 동료가 자신과 비슷한 상황에 처했을 때 그냥 넘어가지 못하는 것이 이런 감정의 특성 때문이다.

이와 같은 상황에 처했을 때는 스스로 감정 조절이 힘든 상황이라는 것을 인정하는 게 좋다. 감정을 100퍼센트 조절할 수 있다고 믿지 말고, 절반만 조절해도 성공이라고 받아들여야 한다. 이런 상황에서조차 지나치게 감정 조절에 집착하다 보면 자기 환멸에 빠지거나 자책감에 빠져 오히려 감정을 조절할 에너지를 잃게 되기 때문이다.

자존감 향상을 위해 오늘 할 일

생각, 행동, 감정 구분 연습하기

오늘 느꼈던 감정 또는 사건 중 하나를 떠올리면서 아래의 제시대로 구분해보자.

| 오늘 사소한 실수로 직장 상사에게 지적을 받았다 |

- 이 사건을 떠올리면 어떤 감정이 느껴지는지 적어본다.

  예 억울함, 창피함

- 이 사건을 떠올리면 나는 어떤 사람이라고 생각되는지 적어본다.

  예 나는 쓸모없는 사람이다. 이러다 잘릴지도 모른다.

- 이 사건을 떠올리면 머리끝부터 발끝까지 어떤 신체 반응이 느껴지는지 적어본다.

  예 심장이 두근거리고 얼굴이 달아오른다.

- 이 사건으로 인해 어떤 행동을 하게 됐는지, 앞으로는 어떻게 행동하고 싶은지 적어본다.

  예 그래서 오늘 폭식을 했다. 앞으로는 이런 일이 있어도 친구랑 커피 한잔 하면서 수다로 풀고 싶다.

3

다루기 힘든 감정 다루기

창피함, 공허함, 양가감정

한창 잘나가던 개그맨이 갑작스럽게 은퇴를 발표한 적이 있다. 어느 날 분장을 하고 있는데 갑자기 창피하다는 생각이 들더란다. '우리 애들이 보면 어떡하지' 하는 생각과 함께 '언제까지 이런 코미디를 할 수 있을까' 하는 생각이 밀려왔다. 그는 무대에 올랐지만 경직된 표정으로 연기를 할 수밖에 없었다. 창피한 개그맨이 된 그는 더 이상 대중을 웃길 수 없었다. 아무리 인기가 많고 돈을 많이 번들 매일 창피함을 느껴야 한다는 건 견딜 수 없는 일이다. 결국 그는 은퇴했고 사업을 하고 있다고 한다.

창피함은 마음의 벌통 같다. 창피함을 건드리면 봉인되어 있던 분노, 열등감, 상처가 함께 터져 나온다. 조심조심 안전하게 다뤄주면 달콤한 꿀을 얻을 수 있지만 거칠게 건드렸다면 일단 피하는 게 상책이다.

오랜 시간 무대에 섰던 연기자들도 일단 창피함을 만나면 감정 조절이 잘 안 된다. 부끄럽고 수치스러운 기분이 들면 누구나 곤란에 빠질 수밖에 없다. 드물게 그 상황을 피해 가는 사람도 있지만 창피함 앞에 움츠러들지 않는 사람은 거의 없다.

창피함을 자주 느끼는 사람들의 착각

창피함은 '사람들이 나를 얼마나 이상한 사람으로 볼까?' 하고 타인의 시선을 의식하는 데서 시작된다. 이 감정은 집단생활의 소산이라고 나는 생각한다. 많은 젊은이들이 "남들 시선이 뭐가 중요해?"라고 대차게 말하지만 인터넷 댓글이나 SNS에 영향 받기는 마찬가지다.

우리가 창피함을 자주 느끼는 것은 몇 가지 인지적 착오 때문이다. 우선, 모두가 나를 보고 있을 거라는 착각이다. 단체사진을 연상해보면 이해하기 쉽다. 소풍을 가서 단체사진을 찍으면 어김없이 나만 눈을 감고 있거나 못마땅한 표정이어서 속상할 때가 많다. 하지만 내가 내 모습만 신경을 쓰듯 남들도 자기 모습에만 신경을 쓴다. 사실 대다수는 내가 무슨 옷을 입었는지, 화장이 떴는지, 눈을 감았는지에 관심이 없다.

두 번째는 자신의 모습을 지나치게 폄하하는 착각이다. 꼭 완벽주의자가 아니라도 사람들은 대부분 자신의 행동에 엄격한 편이다. 자신이 한 행동에 타당한 이유가 있어야 한다고 생각한다. 하지만 정작 타인들은 내가 한 행동이나 변화에 그다지 신경 쓰지 않는다. 그냥 '그럴 수도 있지' 하는 게 일반적이다. 내가 나를 평가하듯이 그렇게 엄격한 잣대를 들이대지 않는다.

마지막으로, 남들이 이 순간을 오랫동안 기억할 것이라는 착각이다. 누군가 나를 두고 입방아를 찧었다고 가정해보자. 회사 동료들이 모여 내 험담을 했다거나 친구들이 내 욕을 했다는 사실을 알면 큰 충격을 받는다. 모욕감과 배신감에 사로잡혀 힘들어한다. 하지만 그건 착각이다. 그들에게 다른 사람 얘기는 단순한 가십거리, 한번 씹고 넘어가는 가벼운 주제일 뿐이다. 험담을 좋아하는 사람들은 또 다른 대상을 찾아 금세 관심을 돌린다. 사람들은 애당초 타인에게 큰 관심이 없다.

공허함, 감정의 진공 상태

창피함은 밀도가 높은 감정이다. 타인의 평가, 시선, 강도, 기간 등의 생각들이 뒤엉킨, 꽤 복잡한 감정이다. 창피함의 반대편에 자리한 감정으로 공허함이 있다. 아무것도 없는 느낌, 신나는 것도 없고 부끄러운 것도 없이 비어 있는 감정을 텅 빈 마음 혹은 공허함이라고 부른다.

공허함은 그 자체로 부정적 감정은 아니다. 오히려 마음을 비우려고 노력하는 사람이나 무념무상에 도달하고 싶어하는 사람들도 많다. 활동을 하지 않는 것을 휴식이라고 하듯 감정적으로 지친 사람들은 "아무 생각 없이 있고 싶다"라는 말을 한다. 이처럼 공허함은 생각이 비워졌을 때 따라오는 감정이다.

그런데 많은 사람들이 공허함을 괴롭다고 받아들인다. 상처가 깊어서 모든 것을 잊고 싶었고 정작 자신이 도달하고 싶어하는 상태가 됐는데 오히려 허무함을 느낀다. 왜일까? 간단하다. 자신이 그토록 원했던 감정이 공허함인 줄 모르기 때문이다. 사람들은 돈을 벌거나 성과를 내는 것에는 목표를 정해놓지만 감정의 목표는 구체화하지 않은 경우가 많다. 무작정 '지금보다 나은 감정이었으면' 하고 생각할 뿐이다. 따라서 무의식에서는 공허함을 원했으면서도 진짜 공허함이 느껴지면 자신이 목표했던 감정에 도달한 것을 깨닫지 못한다.

그렇게 되면 공허한 감정을 거부하거나 부정적으로 받아들이고 부정적인 행동을 하게 된다. 공허함은 마음의 진공 상태다. 그래서 이 빈 공간을 채우려고 서둘러 다른 행동을 해버린다. 가령 공허함이 느껴지면 이를 지우기 위해 아무하고나 연애를 시작하는 사람이 있다. 이러면 잠깐의 공허함은 잊을 수 있지만 곧 또 다른 이별이나 원하지 않는 연애에 갇히는 우를 범하고 만다.

이 과정이 반복되면 머릿속에서는 학습이 일어난다. 공허함과 부정적인 행동이 하나가 되어버린다. 예컨대 공허함을 고통스러운 연애와 동일시하는 것이다. 이처럼 공허함을 서둘러 지우려는 행동은 대부분 후회로 이어지고 공허함이라는 감정까지 나쁜 것으로 인식하게 된다.

사랑하면서도 미워하는 양가감정

때로는 서로 반대되는 감정이 번갈아 찾아오기도 한다. 이를 양가감정(ambivalent)이라고 한다. 사랑하면서도 미워하는 애증의 감정, 먹기 싫으면서도 먹게 되는 감정이 바로 양가감정이다.

양가감정은 연애 고민을 털어놓을 때 쉽게 드러난다. 친구한테 "이 사람과 헤어져야 할까?"라고 조언을 구했을 때 그 친구가 "더 정들기 전에 빨리 헤어져"라고 충고했다고 하자. 그러면 "그래도 어떻게 그래? 내가 언제 또 이만한 남자를 만날 수 있겠어? 못 헤어져"라며 갑자기 태도가 바뀐다. 그래서 "그럼 계속 참으면서 잘 사귀어봐"라고 말하면 힘들다고 징징거린다. 헤어지라고 하면 사랑한다고 하고 사랑하라고 하면 미워죽겠다는 연애사는 셀 수 없을 정도로 많다.

그중에서도 유난히 양가감정에 자주 빠지는 사람이 있는데 이런 사람들은 본인이 힘들 뿐 아니라 주변 사람의 에너지마저 쏙 빼놓는다. 친구는 시간을 내고 술을 사주며 진심으로 충고했는데, 결국은 하라는 대로 하지도 않고 결정은 제멋대로 해버린다. 만에 하나 잘돼도 고마워하지도 않는다. 양가감정 사이에서 갈팡질팡하느라 모든 에너지를 소진해버렸기 때문이다. 이들은 그래서 타인을 돌볼 힘이 없다.

나의 핵심 감정 인식하기

지금까지 많은 사람들이 다루기 힘들어하는 세 가지 감정, 즉 밀도가 높은 감정인 창피함, 밀도가 낮은 감정을 대표하는 공허함, 상반되는 감정을 오가는 양가감정에 대해 살펴봤다. 만약 지금 감정 조절이 잘 되지 않는다면, 이 세 감정 중에서 한 가지 감정이 자꾸 분출되고 있을 가능성이 높다.

개인마다 유난히 자주 분출되는 감정이 있다. 이를 심리학에서는 핵심 감정이라고 부른다. 창피함이 핵심 감정인 사람은 유난히 창피함을 자주 느끼고 주변을 심하게 신경 쓴다. 남들이 그저 쳐다봤을 뿐인데 '비웃었다'고 느끼는 식으로. '무시당했다'는 감정을 핵심 감정으로 가지고 있는 사람은 걸핏하면 자괴감이나 억울함을 느낀다. 자신의 감정을 인식하기도 전에 상대방에게 적개심을 느끼고, 미워하는 마음으로 넘어간다.

자신의 어떤 감정이 핵심 감정인지 알고 있는 게 좋다. 앞서 말했듯 감정을 조절하기 위해서는 그 감정이 무엇인지 인식부터 해야 한다. 억울함, 분노, 부끄러움 등 핵심 감정은 사람마다 다르다. 그리고 하나가 아니라 여러 개일 수도 있다.

해결책 또한 여러 가지 방식으로 나타난다. 그런 감정을 가졌다고 인식하는 것만으로 바로 해결되는 경우도 있고, 다른 방법을 장착해야 해결될 때도 있다. 중요한 건, 한 가지 핵심 감정을 잘 다룰 줄 알면 여러 감정에 응용할 수 있다는 점이다. 다음 장부터는 감정을 온도에 따라 분류하면서 그 특징을 하나씩 짚어보고 자신의 감정을 어떻게 조절해야 하는지 알아보자.

자존감 향상을 위해 오늘 할 일

나의 핵심 감정 생각해보기

어떤 감정이 나의 핵심 감정인지 알면 좋다. 그 감정이 느껴질 때마다 '아, 오늘도 나의 핵심 감정인 ○○○이 터졌나 보네!' 하고 인식할 수 있기 때문이다. 감정을 인식하는 건 생각보다 중요하다. 이를 인식하지 못하면 '왜 나는 이 모양이지?'라는 질문으로 자신을 비난하기 쉽기 때문이다. 그럴 필요 없다. 단지 '나의 핵심 감정이 오늘도 폭발하는구나!' 하고 감탄하면 된다. '왜?'라는 질문은 상처를 주기 쉽지만 감탄은 자신의 감정을 짚고 넘어가게 만든다.

한 가지 우려되는 건, 자존감이 낮은 사람들의 경우 "나의 핵심 감정이 정말 창피함일까요?"라는 식의 질문을 던지며 에너지를 소모한다는 점이다. 다시 말하지만 핵심 감정은 여러 개일 수도 있고 매일 변할 수도 있다. 심지어 핵심 감정이 아직 정해지지 않았을 수도 있다. 어릴 때의 꿈 혹은 장래희망처럼 보면 된다. 소방대원, 연예인, 경찰, 대통령이 되고 싶다는 꿈을 정했다고 해서, 또 커가면서 그 꿈이 변한다고 해서 문제 될 건 없다. 꿈이 없다고 해서 나쁜 것도 아니다.

그러니 핵심 감정을 반드시 찾아내야겠다고 마음먹기보다는 편안하게 생각을 정리해보길 권한다. '나의 핵심 감정은 무엇일까?' 하고 생각하는 것만으로도 우리의 뇌는 조금 더 건강해진다.

4

뜨거운 감정 다루기

자기혐오, 죄책감, 자기연민, 자기애

감정은 날씨와 같다. 살다 보면 일 년 내내 맑은 날은 없다. 흐린 날도 있고 비가 오는 날도 있다. 마찬가지로 감정 변화도 전혀 이상한 일이 아니다. 기상예보관은 날씨를 조정하는 사람이 아니라 날씨를 파악해 맑은 날은 옷을 가볍게 입고 흐린 날은 우산을 챙기라고 알려주는 사람이다. 감정을 잘 조절하는 사람도 이와 같다. 생겨나는 감정을 없애거나 바꾸려 하는 게 아니라 감정을 파악하고 무엇을 해야 할지 알 뿐이다.

하지만 자존감이 낮은 사람들은 생겨나는 감정에 불만스러워한다. 마치 맑으면 햇살이 강해서 싫고, 비가 오면 습해서 싫다는 것처럼 말이다. 변하는 날씨는 인간의 힘으로 어떻게 할 수 없다. 때때로 변하는 날씨에 맞춰 대처할 수 있을 뿐.

자존감을 다루면서 끊임없이 감정 얘기를 하는 이유가 여기에 있다. 감정에 대처하기 위해선 감정을 파악하고 있어야 한다. 지금 눈이 오는지 비가 오는지를 알아야 하고 그것의 특징을 파악해야 한다.

뜨거운 감정의 네 가지 스펙트럼

한국인 대다수는 어릴 때부터 감정을 억제하는 교육 속에서 자란다. "울면 안 돼"라거나 "사내자식이 엄살은" 등의 말을 들으며 슬픔을 감추고 아픔을 억누르도록 내면화했다. 요즘엔 그 반작용으로 '긍정의 힘'까지 강조하다 보니 부정적 감정에는 둔감해져야 할 것 같은 강박마저 생기는 추세다. 이래서야 자연스럽게 느껴지는 감정을 받아들이고 표출하는 방법을 어떻게 알 수 있겠는가.

행복하려면 감정을 느끼는 수용체가 살아 있어야 한다. 건강한 수용체를 통해 모든 감정을 받아들여야 한다. 그런데 긍정적 감정을 느끼면 부정적 감정도 따라온다. 이때 부정적 감정을 두려워하면 뇌는 감정 전반을 둔하게 만들 준비를 한다. 즉 나쁜 감정을 느끼는 게 두려워 감정 수용체 전반에 굳은살을 대는 것이다. 감정 변화가 많으면 너무 민감해서 문제고, 감정을 두려워하면 둔감해져서 문제다.

부정적 감정들에는 뜨거운 감정들이 있다. 천성이 나쁜 건 아니지만 적절히 거리를 두어야 하는 존재들이다. 남을 향해 있을 때와 나를 향할 때의 이름이 조금 다른 것도 특징이다.

	뜨거움이 남을 향할 때	뜨거움이 나를 향할 때
보통 환경	동정심 호감	자기연민 자기애
나쁜 환경	분노 미움	자기혐오 죄책감

분노 vs. 자기혐오

분노는 불 같은 감정이다. 분노를 품고 있는 것은 불덩이를 안고 있는 것과 같다. 닿기만 해도 데기 때문에 사람들은 분노를 밀어내려고 노력한다. 오래 품고 있다가는 마음뿐 아니라 몸에도 탈이 나기 때문이다.

분노는 뜨거운 공기처럼 가벼워 순식간에 내 주변을 감싼다. 그래서 화내는 사람을 만나면 대개 피하려 하거나 그 불을 끄기 위해 노력한다. 때로는 분노한 사람보다 더 크게 화를 내서 상대를 누그러뜨리는 경우도 있다. 들판에 불이 붙었을 때 맞불을 놓는 것과 같은 방법이다. 불 다루기에 능숙해 바람의 방향까지 고려할 수 있다면 상대의 불을 잘 제어할 수 있겠지만 실패했을 때 타격은 두 배가 된다.

분노를 자주 느끼는 사람들 중에는 자신을 향한 분노도 함께 지닌 경우가 많다. 혼자 있으면 자신에게 화내고 가족과 있으면 가족에게 화를 낸다. 안에 자기혐오를 품고 있기 때문에 주변 가까운 곳부터 불을 지피는 식이다.

혹시 당신의 마음속에 분노가 자주 인다면 그 강도와 방향을 잘 살펴봐야 한다. 분노의 대상에 초점을 맞추다 보면 자기혐오가 있다는 사실을 망각하기 때문이다. '과연 내가 화를 안 낼 때는 언제인가' '이 일이 정말 화를 낼 만한 일인가, 아니면 내 안에 화가 많은 건가' 하고 천천히 되짚어보는 것이 화를 다스리는 첫 번째 관문이다.

미움 vs. 죄책감

미움은 분노만큼 뜨겁지는 않지만 위험한 감정에 속한다. 너무 가까이 품고 있거나 오랫동안 안고 있으면 저온 화상을 입는다. 음식으로 따지면 아주 매운 음식이다. 가끔 당길 때 먹는 건 괜찮지만 너무 자주 먹다간 속병이 생긴다.

살다 보면 미운 사람을 만날 수밖에 없다. 내 가족 심지어 자식도 미워서 안 보고 싶을 때가 있는데 하물며 남에게 미움을 느끼는 건 당연하지 않겠는가.

미움을 지나치게 억누르다 보면 자기 감정을 억압하게 되고, 미숙한 방어기제를 낳는다. 바로 모든 사람에게 친절해야 하고 잘해줘야 한다는 강박관념에 사로잡힌 '착한 아이 콤플렉스'나 '애어른' '효자병' 등이 그것이다.

자기를 향한 미움 즉 죄책감을 안고 사는 것도 미숙한 방어기제에 속한다. 타인에게 비난받을까 봐 두려워 미리 자책을 하며 자신을 보호하는 심리다. 가령 자식이 힘든 일을 겪고 있을 때 부모가 "우리가 못나서 네가 그 꼴이다. 내가 얼른 죽어야지" 하고 자책을 한다면 어떻겠는가. 위로가 되기는커녕 오히려 자식의 감정을 자극해 "누가 엄마 탓이라고 했어?" 하는 식으로 분란의 단초가 되기 십상이다. 자신을 공격하는 것도 공격성이라, 그 감정은 전염된다. 이 부모의 자책감은 자식에게 전염될 확률이 높다.

동정심 vs. 자기연민

동정심은 남을 불쌍히 여기는 마음이다. 분노나 미움과 달리, 도와주려는 마음이다. 어릴 때부터 우리는 이 감정을 좋은 거라고 배우고 받아들였다. 하지만 이 감정이 늘 좋은 건 아니다.

받을 준비가 되어 있지 않은 사람에게 동정심을 갖고 대할 경우 갈등을 유발할 수 있다. 어떤 이들은 남에게 당당하고 싶어하고 부러움의 대상이 되길 원한다. 다소 불편하고 모자라는 게 있어도 도움을 받기 싫어한다. 차라리 아무도 모르고 넘어가는 게 자존감을 지키는 거라고 생각한다. 그런 사람에게 동정심을 갖고 대하면 상대에겐 상처가 될 수도 있다.

한편 스스로를 불쌍하게 여기고 동정하는 마음은 자기연민이라 한다. 자기연민도 대부분 안 좋은 의미로 쓰인다. 자신을 불쌍하다고 생각하고, 타인이 늘 상처를 준다고 생각하거나 심해지면 자신을 피해자로 인식한다. 잘못된 양육의 피해자, 입시 제도의 피해자, 조직 생활의 피해자, 불합리한 결혼 생활의 희생양 등으로 인식하는 것이다.

자기연민에 빠져 있는 사람들은 타인에게 동정심을 유발한다는 특징이 있다. 덕분에 남과 쉽게 친해지고 도움을 받기도 한다. 하지만 그만큼 자기연민에서 벗어나기 힘들다. 부모가 자녀에게 동정심을 느껴 독립을 미루게 하거나 그 반대의 경우, 또 부부나 연인 사이에서 '인생이 불쌍해서 함께해주는' 경우가 이에 속한다.

그래서 동정심-자기연민 커플은 관계를 진전시키는 데 한계가 많다. 옆에서 아무리 도와줘도 스스로 자기연민의 감정에서 벗어나지 않으면 결국 상대의 감정이 상하기 때문이다. 역설적이게도 자기연민에 빠진 사람은 상대가 간간이 던져주는 동정심과 그 기억들 때문에 자기연민에서 벗어나길 두려워한다.

호감과 자기애 그리고 관심

호감이 있다는 말은 그 대상에 관심을 갖는 것을 뜻한다. 뇌는 집중하는 것을 좋아하고 추구하게끔 타고났다. 사람들은 무엇이 좋은지, 무엇이 옳은지를 놓고 왈가왈부하며 다투기까지 하지만 실제로 뇌가 원하는 것은 관심과 집중이다.

사랑은 다시 말해 뇌가 집중할 대상을 발견한 것이다. 호감은 사랑보다는 약간 약한 심리 반응인데 호감이 생기면 그 사람이 어디에 사는지, 무슨 생각을 하는지 궁금해진다. 호감 즉 관심을 갖는 데서 사랑은 시작하고, 사랑이 식으면 관심부터 사라진다. 배우자가 바람을 피우면 배신감이 드는 까닭은 나 말고 다른 존재에게 '집중'했다고 생각하기 때문이다.

자기애가 있다는 말은 자신에게 호감이 있다는 뜻이다. 자기를 사랑하는 사람은 자신이 뭘 좋아하는지, 무엇을 원하는지에 관심이 많다. 이것이 지나치면 나르시시즘이 된다. 오로지 '내가 좋아하는 것'에만 집중한다. 자신을 향한 이기적인 사랑이다.

	LOVE	LIKING
마음의 표현	사랑	호감
뇌의 작용	집중하기	관심 갖기
행동의 예	하루 종일 그 사람 생각	어디 사는지, 취미가 뭔지 궁금해함

좋아해도 될 사람만 좋아하고, 관심이 가는 사람에게 관심을 보일 수 있다면 참 편안한 인생이다. 하지만 살다 보면 이것이 자꾸 엉키는 일이 생긴다. 좋아하지 말아야 할 사람에게 애정이 생기는 대표적인 경우가 이른바 불륜(不倫)이다. 글자 그대로 궤도를 벗어난 상태, 즉 순리에 어긋난 상태다. 이때는 좋아하는 감정을 철수하는 게 상책이다.

하지만 감정은 마음대로 되지 않는다. 이때는 관심을 줄이려는 노력이 필요하다. 최대한 먼 곳에 두고, 만나지 말아야 한다. 뇌의 집중력이 멀어지게 해야 감정도 날려버릴 수 있다.

반대로 사랑해야 하는 관계인데 자꾸 미운 마음이 올라오는 것도 곤란한 일이다. 가족, 특히 배우자를 사랑해야 한다는 건 알겠는데 감정이 움직이지 않는 경우다. 또는 자신을 아끼고 싶은데 자꾸 미워지고 화가 날 때도 있다.

이때도 관심이나 집중으로 감정을 다뤄야 한다. 배우자를 사랑하는 마음이 늘 샘솟지 않는다 해도 이런저런 면에 관심을 가져야 한다. "밥은 먹었어? 지금은 뭐해?" 등 내 관심 일부를 배우자에게 내줘야 한다. 한 사람이 집중할 수 있는 총량이 100이라면 이중에 30 정도의 관심이라도 배우자에게 할애해야 관계가 개선될 여지가 생긴다. 이런다고 한

순간에 사랑이 다시 찾아오진 않겠지만 미움이나 분노에 휩싸여 있는 것보다는 훨씬 평화로운 관계를 유지할 수 있다.

자신에게 자꾸 불만이 생기는 경우도 마찬가지다. 단번에 자신과 사랑에 빠지기보다는 전초 단계를 밟는 것이 현명하다. 내가 어떤 생각을 하고 있는지, 무엇을 좋아하고 싫어하는지, 어떤 상황에서 불안해하고 무엇을 할 때 행복하며 무슨 선물을 받고 싶은지 등에 대해 끊임없이 관심을 가져야 한다.

자존감 향상을 위해 오늘 할 일

나에게 관심 갖기

자존감이 떨어져 있는 사람들은 남 얘기만 하는 경우가 많다. 나를 보는 타인의 시선을 의식하고, 그들이 어떻게 생각하는지에 집중하다 보니 정작 관심을 둬야 할 자신을 향한 애정은 떨어진다.

이를 변화시키고 싶다면 우선 자신에게 관심부터 가져야 한다. 자서전 식으로 자신의 인생을 기록해도 좋고 지금 자신의 상태를 하나하나 체크하는 것도 좋다. 그렇게 누구보다 자신을 속속들이 알아야 한다.

예

- 내가 태어난 곳
- 나의 가족들
- 나와 가족들의 관계

- 나의 학창 시절
- 나의 현재 생활
- 떠올리면 기분 좋은 것들, 기분 나쁜 것들
- 좋아하는 사람들과 그 특징
- 나의 좋은 점과 나쁜 점
- 꿈(없으면 예전에 꿨던 꿈)
- 내가 바라는 인간상

5

차가운 감정 다루기

실망, 무시, 냉소, 무관심

사람들에게는 저마다 좋아하는 감정이 있고 견디기 힘들어하는 감정이 있다. 직업이나 상황에 따라서도 더 필요한 감정이 있고 덜 필요한 감정이 있다. 예를 들어 의사에게는 '냉철함'이라는 꼬리표가, 예술가에게는 '열정'이라는 꼬리표가 따라다닌다. 의사가 환자를 치료하면서 지나치게 감정적이거나 열정적이어서는 안 된다. 병을 대할 때 감정에 치우치면 자칫 큰 실수를 저지를 수 있기 때문이다.

세상엔 평균 이상으로(평균의 기준이란 게 애매모호하긴 하지만) 냉소적이거나 차가운 사람들이 있다. 차가운 감정은 따뜻한 감정에 비해 부정적 느낌을 주긴 하지만 반드시 필요한 감정이다. 세상에 옳은 감정, 잘못된 감정이란 없다. 다만 그 감정들이 너무 강하게 올라올 때 방어만 잘하면 된다.

차가운 감정의 종류

툭하면 감정이 싸늘하게 식어버리는 사람들에게는 그럴 만한 이유가 있다. 그리고 그 덕에 얻는 것들도 있다. 하지만 차가움이 지나치면 감기에 걸리거나 동상에 걸린다. 지나치게 차가워지지 않도록 방어하면서 자연스럽게 감정이 흘러가도록 기다릴 줄 알아야 한다.

	차가움이 남을 향할 때	차가움이 나를 향할 때
겉으로 드러남	실망 무시	슬픔, 우울 비관
드러나지 않음	냉소(시니컬) 무관심	무감동 무기력

차가워지려고 노력하던 때가 있었다. 사춘기가 시작될 무렵 문득 '나는 정이 많아서 탈이야. 이제부터 냉정하게 살 거야'라고 다짐했다. 마음이 모질지 못한 게 단점이라고 여겼기 때문이다. 이후 내 결심은 크게 변하지 않았고 20년이 흘렀다. 내가 느끼기에 나는 여전히 자주 흔들리고, 눈물도 많고, 얼굴도 쉽게 붉어진다.

그런데 언제부턴가 내게 차갑다는 말을 하는 사람들이 생겼다. 내가 던진 독한 말에 우는 사람도 있었고, 너무 냉소적이어서 가까이하기 어렵다는 사람도 있었다. 아차 싶어 그때부터 혼자 거울을 보며 웃는 연습도 하고 마음이 순화될까 싶어 시집도 자주 읽었다. 그런데 뜻대로 되지 않았다. 굳은 표정, 냉소적인 말투는 어느새 나의 성격이 되어 있었다.

도대체 왜 그랬을까. 눈물 좀 자주 흘리는 게 뭐가 나쁘고 정 많은 게 무슨 죄라고 그토록 냉정해지려고 노력했는지 후회막심하다. 차가워지는 데에는 성공했지만 그때의 내 판단은 분명 잘못된 것이었다.

물론 살다 보면 차가워져야 할 때도 있다. 차가운 감정이 나쁜 것만도 아니다. 하지만 차가움이 지나치면 문제가 생긴다. 툭하면 감정이 수그러들거나 쉽게 식는 사람들의 핵심 감정은 다음과 같다. 나는 어느 쪽인지 유심히 살펴보자.

실망 vs. 슬픔, 우울

실망했다는 말은 기대가 있었다는 뜻이다. 맛있는 게 준비되어 있을 줄 알았는데 없을 때, 사랑받는 줄 알았는데 아니었을 때, 따뜻한 물인 줄 알고 들어갔는데 차가운 물일 때 실망하게 된다. 다시 말해 실망은 기대가 충족되지 않으면 생기는 감정이다. 유독 실망감에 자주 빠지는 사람들이 있다. 이런 사람들은 얼마나 많이 가졌건, 얼마나 누리는 게 많건 상관없이 모든 일에 실망할 준비가 되어 있다. 실망하는 방법은 간단하다. 남들보다 기대치를 턱없이 높게 잡거나 언젠가는 실망할 거라고 예상하면 된다. 좋은 일이 생겨도 '어쩌다 행운이 온 거야'라는 한마디면 언제든지 실망할 수 있으니까.

한편 실망감을 자주 안겨주는 사람도 있다. 못된 의도로 일부러 그러는 사람들이야 말할 것도 없지만 좋은 의도로 그러는 사람들이 적지 않다. 이들의 심리는 비슷하다. 나중에 실망감을 덜 주려고 먼저 작은 실망덩어리들을 수시로 던진다. 언젠가 콩깍지가 벗겨질 것에 대비해 실망할 면을 먼저 보여주는 애인, 중요한 프로젝트를 잘 끝낸 후배에게 칭찬 대신 우려할 상황을 미리 알려주는 상사 등이 그런 예다. 성취감에 빠져 교만해질까 봐, 또는 결과가 기대치에 못 미칠 것을 염려해 미리 실망이라는 찬물을 끼얹는 사람들이 이쪽 부류다.

실망감이 반복되면 슬픔이 된다. 실망감이 마음 안에 자리를 잡아버리는 것이다. 따라서 슬픔에서 벗어나는 방법은 아주 쉽다. 실망하는 이유와 정반대로 하면 된다. 기대를 낮추거나 미래를 생각하지 않으면 된다.

슬픔을 자주 겪다 보면 우울해진다. 축 처지고, 의욕이 떨어지고, 에너지가 없어진다. 하지만 실제로 자신이 우울하다고 받아들이는 사람은 많지 않다. 이는 내가 정신과 의사이기 때문에 느끼는 착각일 수도 있다. 많은 분들이 내 앞에서 "전 우울하지 않아요!"라고 한다. 아마 우울하다는 얘길 하면 자신을 '우울증'이라는 병으로 낙인찍을까 봐 그러는 것 같다.

무시 vs. 비관

무시한다는 말에는 '낮게 평가한다'(low-esteem)와 '못 본 척하다(neglect of consequence), 방치하다'라는 두 개의 뜻이 있다. '낮게 평가한다'는 상대를 비하하고 업신여길 때 드는 감정이다. 엄밀히 따지면 무시당했다는 표현은 감정보다는 생각에 가깝다. 하지만 워낙 많은 사람들이 무시당했다는 생각이 들면 감정이 폭발한다. 그래서 무시당했다거나 얕잡아보고 싶은 마음도 감정의 범주로 넣어야 맞을 것 같다. 누가 됐건 상대에게 무시당한다는 느낌은 상당히 공격적인 감정을 불러일으킨다. 두 번째의 '못 본 척하다, 방치한다'는 일종의 무관심으로, 차가운 감정에 속한다.

둘 중 무엇이 됐건 무시라는 감정이 자신을 향하는 건 상당히 불행한 일이다. 자존감도 떨어지기 쉽다. 자기를 깔보거나 관심이 없는데 자기를 존중할 수 없는 것은 당연하지 않은가. 이런 상태가 오래가면 부정적인 감정으로 이어진다. 자신과 관련된 모든 걸 비관적으로 받아들이는 것이다. 결국 낮춰보고 값어치 없게 보는 마음은 세상을 부정적으로 바라보는 원인이 된다.

냉소 vs. 무감동

시대 상황 때문인지 유난히 냉소적인 사람이 많아진 요즘이다. 이런 사람들의 특징은 무표정, 또는 '그럴 줄 알았어'라는 차가움이 대표적이다. 냉소는 과연 나쁜 감정일까, 좋은 감정일까?

늦은 나이에 군사훈련을 받을 때 소대장이 했던 말이 생각난다. "중간에 옆 사람한테 열 받는 일이 있을 겁니다. 그땐 그냥 한번 웃고 넘어가세요." 군대라는 단체 생활에 어리둥절했던 나는 경험 많은 소대장의 권유에 따라보기로 했고 훈련 기간 내내 화가 날 때마다 웃었다. 조교들이 다그칠 때도 씩, 식판을 닦을 때도 씩, 샤워 도중 물이 끊겼을 때도 씩, 어금니를 깨물면서 웃었다. 말 그대로 '썩소'였다. 그런데 생각보다 효과가 컸다. 내키지 않는 웃음이 감정을 식혀주는 효과가 있었다.

나는 그때 '씩' 웃었던 것이 냉소라고 생각한다. 차갑지만 대놓고 공격적이지는 않은 냉소적 감정은 겉으로 티가 나지 않기 때문에 공격도 받지 않고, 마음을 다스리기에도 유용한 감정이다. 물론 이것도 너무 오래 품고 있으면 문제가 생긴다. 즐겁지도 슬프지도 않은 무감동 상태가 되기 때문이다. 냉소적인 사람들, 심하게 '쿨'한 사람들이 겪는 일종의 후유증이 무감동이다. 크게 화날 일도 없고 누굴 미워할 일도 없어 스트레스는 덜하지만 그만큼 행복할 일도 없어져버린다. 뇌는 집중을 좋아하는데, 감정이 차가우니 마음을 집중할 것이 사라져 무감동의 허무감으로 빠질 수 있다. 그래서 냉소적인 사람들은 간간이 취미생활이나 연애를 통해 마음의 온도가 얼어붙지 않도록 보온해줄 필요가 있다.

무관심 vs. 무기력

무관심(neglect)은 감정 중에서도 가장 무겁고 식어버린 감정이다. 어떤 느낌이 생기려면 일단 상대를 바라보고 집중해야 하는데 그 최소한의 관심도 사라진 상태이기 때문이다.

한때는 나도 가까운 사람들에게 이런 조언을 자주 들었다. "남 일은 못 본 척해. 신경 쓰지 마." 오지랖도 넓고, 예민했던 때다. 그런데 언제부턴가 무관심을 잘 다룰 수 있게 됐다. 여전히 섬세하고 남들이 못 느끼는 것에 반응을 하지만 한번 무관심해야겠다 맘먹으면 집중력을 철수할 수 있게 되었다. 생각보다 굉장히 좋았다. 내가 싫어하는 것이나 미운 사람이 생겨도 신경을 쓰지 않게 되었으니까. 도대체 나는 어떻게 관심을 끊게 되었을까.

변화의 기본은 늘 'want'다. '나는 그 일에 무관심해지길 원한다'라는 사실을 인식하고 자주 되뇌었다. 내가 원하는 것은 미워하거나 복수하고 싶은 마음이 아니라 집중을 하지 않는 상태라고 뇌에게 꾸준히 알려준 것이다. 뇌는 나의 눈에게 쳐다보지 말라고, 그 사람과 멀리 떨어지라고 지시한다. 곁에 있을 땐 딴 데로 고개를 돌리게 한다. 그래도 관심이 남아 있으면 소설책을 읽는다. 소설에 빠져들다 보면 내가 싫어하는 사람이나 일을 잊게 되니까. 이것이 내가 개발한 무관심 비법이다.

그런데 많은 사람들이 원치 않는 것에 관심을 끄고 싶어 하면서도 무관심 상태를 두려워한다. 관심을 줄이고 머릿속이 차가워지면 냉기가 오래가 무기력(no volition, 의욕 없음) 상태에 빠지지 않을까 하는 공포가 있기 때문이다. 하지만 이는 마치 고열에 시달리는 사람이 '해열제를 먹고 저체온증에 걸리면 어쩌지?' 하고 걱정하는 것과 같다. 우리 뇌에는 온도를 일정하게 유지해주는 자동 제어장치가 있다. 따라서 뜨거운 감정에 사로잡혔을 때 무관심을 투여한다고 해서 쉽게 무기력해지지는 않는다.

자존감 향상을 위해 오늘 할 일

감정 온도를 좌우하는 행동 찾아 해보기

지금까지 감정을 온도에 따라 분류해보았다. 감정을 제대로 조절한다는 건 이 감정들을 적절히 섞을 줄 안다는 의미다. 화가 나 지나치게 뜨거워져 있을 땐 차가운 감정을 부어야 하고, 무기력이나 냉소에 빠져 있을 땐 따뜻한 감정으로 다시 심장을 뛰게 해야 한다.

나의 경우 소설책을 읽을 때도 마음의 온도에 따라 그에 맞는 작품을 골라 읽으며 균형을 맞춘다. 어떤 작가의 작품은 활기와 에너지를 주고, 또 어떤 작가의 작품은 냉정을 되찾아준다. 이도 저도 안 될 때는 좋아하는 미국 시트콤 드라마 〈프렌즈〉를 보는데, 이 시트콤을 보고 기분이 나아지지 않은 적은 한 번도 없다.

이런 식으로 저마다 감정의 온도를 높이거나 낮추는 자신만의 행동이 있다. 친구를 만나거나 텔레비전을 보거나 게임을 하거나 쇼핑을 하는 등, 우리가 무심코 하는 모든 행위들이 감정의 온도와 연관이 있다. 무엇을 할 때 감정의 온도가 높아지고 무엇을 할 때 낮아지는지 알고 나면 감정을 조절하기가 훨씬 쉬워진다.

예

나의 감정을 달아오르게 하는 행동들: 영화 보기, 드라마 보기, 좋아하는 연예인 검색하기, 달리기, 몸 움직이기
나의 감정을 식히는 행동들: 심호흡하기, 잠자기, 필라테스, 지나간 사랑 생각하기, 인생에서 실패한 일 떠올리기

4장을 마치며

감정이라는 에너지를 이용하라

감정이 자신의 모든 것이라고 생각하는 사람들이 많다. 하지만 감정은 내가 아니라 내가 사용할 에너지일 뿐이다. 인생이라는 길에 자전거를 타고 간다고 생각하면 이해가 쉽다. 어떤 감정을 만나는가에 따라 자전거의 속도가 결정된다. 화가 나거나 불안한 날은 빨리 가고 여기에 냉소를 끼얹으면 천천히 간다. 그런데 자전거는 속도만으로 움직이지 않는다. 핸들을 어느 쪽으로 꺾을지가 더 중요하다. 이 판단은 이성이 한다. 속도 조절을 위해 브레이크를 꼭 잡아야겠지만 속도에 얽매일 필요는 없다는 얘기다. 어차피 오르막을 만나면 속도는 줄어들고, 내리막을 만나면 속도를 즐길 줄도 알아야 한다. 감정은 중요하지만 절대적 요소는 아니다. 자신이 느끼는 감정이 무엇인지 깨닫고 적절히 대응할 줄 알면 된다.

PART 5

자존감 회복을 위해 버려야 할 마음 습관

1

미리 좌절하는 습관

국가대표팀 축구 경기를 보고 있었다. 경기 초반 한국 팀이 페널티킥 찬스를 얻었다. 하지만 실패로 돌아갔다. 우리 팀 선수가 크게 잘못 찬 것 같지는 않은데, 상대 골키퍼가 워낙 잘 막았다. 사람들은 슬슬 조바심을 냈다.

맥주 집에서 같이 경기를 보던 친구가 말한다. "졌네, 졌어. 보면 뭘 해? 페널티킥 찬스도 날려버렸는데. 분명히 질 거야!" 아니나 다를까, 선취골도 내줬다. 그가 목소리를 높인다. "페널티킥은 실축하고, 첫 골 먹었고, 주전 수비수까지 부상당했네. 완전히 졌네. 아예 3대 0, 5대 0으로 지게 생겼군." 그러고는 술을 마구 들이켰다.

그러고 보니 이 친구, 전에도 이런 적이 꽤 있었다. 안 좋은 일이 생기면 확대해석하고 혼자 '오버'하기 일쑤였다. 그 덕에 함께 있으면 심심하지는 않은데 딱하기도 했다. 왜 딱하냐고? 이날 축구 경기를 예로 들자면, 후반 막판에 동점골, 이어 역전골이 터져서 모두가 환호할 때 이 친구는 엎드려 자고 있었기 때문이다.

좌절해도 '망'하지 않는 법

살다 보면 흔한 말로 '망했다'는 생각이 들 때가 있다. 시험을 못 쳐도 망했다, 연인과 헤어져도 망했다고 말하곤 한다. 좌절은 사람을 성숙하게 한다지만, 요즘 사람들에겐 '망할' 일이 너무 많은 것 같다.

현대 사회에선 이전 시대보다 마음 무너질 일이 많다. 정보화·산업화 사회는 농경 사회보다 많은 스트레스에 노출되어 있다. 어르신들은 요즘 젊은 사람들이 마음이 약해서 힘들어한다지만, 내 생각엔 그렇지 않다. 문명은 스트레스를 늘리는 쪽으로 발달한다.

그 명백한 증거가 수많은 시험이다. 입시, 취업, 승진, 사업 등 복잡해진 사회는 우리에게 점점 더 많은 인증과 자격시험을 요구한다. 장사를 할 때도 그렇다. 뭘 하려고 하면 세무서, 구청, 보건소, 은행 등에서 승인을 받아야 한다. 눈치 볼 게 한두 가지가 아니고, 합격과 불합격의 갈림길에 자주 노출된다.

나는 시험보다 우리를 더 각박하게 만드는 것은 애정에 대한 갈망이라고 생각한다. 성장 과정에서 부모에게 받는 사랑이 중요하다는 게 이제 우리 사회에서도 보편적 상식이 되었다. 그렇다 보니 유교 분위기가 강한 가정에서 자란 대다수 성인들은 자기가 부모의 사랑을 충분히 못 받았다고 여기는 한편, 자녀들과 많은 시간을 함께하고 많은 걸

주어야 한다는 생각에 부담과 죄책감을 느낀다. 그러니, 자녀를 해외 유학 보내느라 가족이 떨어져 지내는 현실은 어찌 보면 아이러니다.

결국 많은 이들이 자기가 애정결핍증 환자가 아닐까 걱정하고 스스로 애정결핍증이라고 진단을 내린다. 자기가 어려서부터 사랑을 받지 못했기 때문에 인간관계에 큰 문제가 있을 거라 단정하는 경우 문제가 생긴다. 이런 사람들은 누구와 트러블이 생기면, '남들은 다 극복할 수 있는 문제를 나만 예민하게 반응하나 봐'라거나 '내 인간관계는 다 망쳤어'라고 단정 짓는다.

절망하는 습관은 스트레스에 대한 면역력을 떨어뜨린다. 살다 보면 만날 수밖에 없는 이별이나 시험 앞에서 자신감을 잃는다. 집중력이 흐트러지거나 가슴이 두근거리면 '난 사랑을 받지 못해서 안정적이지 못한 거야'라는 식으로 생각한다. 떨어진 자신감은 실패할 거라는 확신으로 이어진다.

결국 우리는 시험에 대한 불안, 혹은 인간관계에 대한 불안 때문에 쉽게 좌절한다. 물론 그 사이 사이로 피하면서 용케 버텨내는 사람들도 있다. 좌절하기 좋은 연료가 널려 있어도, 불만 안 붙으면 넘어갈 수 있으니까.

좌절에 불을 댕기는 파국화 반응

현대 사회에는 좌절의 재료들이 널려 있다. 여기에 '파국화 반응'이라는 불이 붙으면 곧바로 좌절하고 절망한다.

파국화 반응이란 한마디로 '이젠 다 끝났어'라는 반응이다. 조금만 자극을 받아도 죽음이나 부도, 파산 같은 비극적 상황을 떠올리는 증세로, 더 이상 나아질 가능성이 없다는 생각이 채워지며 이성이 마비된다. 예를 들어 면접시험을 앞둔 사람은 대부분 긴장을 느낀다. 보통의 경우 '내가 좀 긴장했구나. 심호흡이라도 해봐야지'라고 생각한다. 잠시 서성이다가 안정을 찾는 사람도 있고, 계속 긴장한 채로 시험을 치르는 사람도 있다.

하지만 파국화 반응을 하면 문제는 심각해진다. '심장이 두근거리기 시작했어. 이제 난 끝장이야'라는 생각이 고개를 든다. 그러면서 '분명 난 입이 얼어서 한 마디도 못할 거야. 면접에서 떨어질 거야'라는 생각으로 발전되고, 심하게는 '애인도 별 볼 일 없는 나를 버리고 떠나겠지. 외톨이가 되고, 부모님마저 돌아가시면 혼자 쓸쓸히 죽어갈 거야'라는 반응으로까지 이어진다.

누구나 느끼는 정도의 긴장과 스트레스가 파국화 반응을 만나면 폭발해 지레 좌절하고 포기해버린다. 시험에서 떨어지지도 않았는데 이미 표정은 '고독한 죽음'에 가 있다. 그걸 바라보는 면접관의 평가가 좋을 리 없다. 시험에서 떨어졌기 때문에 좌절한다고 생각하지만, 실은 좌절을 먼저 했기 때문에 떨어지는 셈이다.

내 파국화의 끝 바라보기

파국화 반응은 알레르기와 비슷하다. 꽃가루나 집먼지나 견과류 등에 아무 반응도 없는 사람이 있는가 하면, 어떤 사람은 콧물이나 두드러기, 심지어 숨이 막히는 증상을 겪는다. 자기가 어떤 물질에 알레르기 반응을 일으키는지 알아야, 해당 물질을 피하거나 약을 먹는 등 조치를 취할 수 있다.

마찬가지로, 자신의 파국화 반응을 다루기 위해서는 자기가 근본적으로 무엇을 두려워하는지 알아야 한다. 그런데 이게 평소에는 잘 알기 어렵다. 치료자들은 이를 알아내기 위해 같은 질문을 여러 번 던진다. 내담자가 어떤 일이 생길까 봐 불안해하면, "그다음엔 어떻게 될 것 같은가요?" 하고 계속 질문한다. 그렇게 질문과 답이 오가다 보면 그 사람의 '근본적 두려움'이 무엇인지 알 수 있다.

어떤 신사분이 찾아와서 죽을 것 같은 공포를 느낀다고 털어놓은 적이 있다. 그는 몇 시간 전 거래처에서 대금 결제가 늦어질 것 같다는 전화를 받았다고 했다. 가끔 있는 일이라 평소에는 그러려니 하고 넘겼다. 그런데 그날따라 파국화 반응에 발동이 걸렸다. 극심한 불안을 보이는 그분에게 물었다.

"그래서 그다음엔 어떻게 될 것 같아요?"

"이자를 내지 못할 것 같아요."

"그다음엔 어떻게 될 것 같아요?"

"다른 거래처도 결제가 늦어지고, 그러면 저는 계속 이자를 내지 못하겠죠."

"그다음에는요?"

"결국 부도가 나서 빚쟁이들이 찾아오겠지요."

"그래서 그다음엔 어떻게 될 것 같아요?"

"가정이 파탄 나겠죠. 뭐 그럴 리는 없겠지만, 가족 모두 저를 원망하고 탓할지 몰라요."

"그다음엔 어떻게 될 것 같아요?"

"음…… 그러면 저는 외톨이가 되지 않을까요?"

"그다음에는요?"

"음…… 혼자 쓸쓸히 죽지 않을까요?"

여기까지 얘기하자 그는 마음이 편해진 듯 보였다. 자신이 불안해하는 것이 지금 당장의 현실과는 별 상관 없다는 것을 깨달았기 때문이다.

대부분의 좌절은 그렇게 온다. 지금 상황이 문제라기보다는 그 일이 진행되고 진행돼서 파국으로 이어질까 봐 미리 걱정하는 게 문제다. 막상 자신이 무엇을 걱정하는지 알게 되면 문제는 대개 해결된다. 막연하고 모호한 불안을 구체적이고 현실적인 불안으로 변환하는 방법이다. 해결 가능한 불안이면 해결책을 세우면 되고, 불가능하다면 포기하면 된다.

4대 두려움: 죽음, 파산, 이별, 매력 상실

사람들이 크게 두려워하는 것은 대략 네 가지로 분류된다. 우선 신체적 문제로 죽을까 봐 겁내는 것이 있다. 주로 공황 장애나 건강 염려증이 있는 사람들은 어떤 상황에서 두근거리거나 숨이 차면 머릿속에서 파국화 반응에 시동이 걸린다. 그저 차가 막혀 머물러 있을 뿐인데, 터널이나 산속에서 혼자 있다가 갑자기 죽어버리면 어쩌나 하는 불안으로 미리 좌절한다.

두 번째는 파산의 두려움이다. 시험에 한 번 떨어졌을 뿐인데도 계속 떨어질 거라고 미리 좌절한다. 회사에서 상사에게 지적을 당했을 뿐인데, 승진에서 탈락하거나 퇴직당하는 모습을 미리 상상한다. 결국은 실업자가 돼서 파산해버릴 거라 예상하고 좌절한다.

세 번째는 이별에 대한 두려움이다. 연인과 헤어지거나 친구와 다툰 후 자기 성격을 의심한다. 이런 식으로 사회생활을 하다가는 외톨이가 되어 평생 혼자 지낼 거라고 미리 단정 짓는다.

마지막으로 자신의 매력에 관한 좌절이 있다. 흰머리 하나 생겼을 뿐인데, 뾰루지나 주름이 하나 생겼을 뿐인데, 좌절이 앞선다. 이젠 더 이상 젊음을 누릴 수 없다는 생각, 아름다움을 잃었다는 생각에 좌절한다.

지금 좌절하고 있다면, 스스로 물어봐야 한다. '내가 진정 두려워하는 것'이 무엇인지 알기 위해서 말이다. 연인과 헤어진 후 좌절하고 있다면, 그래서 어떻게 될 것 같은지 물어봐야 한다. 몸이 아파서 좌절하고 있다면, 아파서 앞으로 어떤 일이 생길지, 그다음엔 어떻게 될 것 같은지 자문해봐야 한다.

자존감 향상을 위해 오늘 할 일

"내가 두려워하는 건 (   )구나"라고 말하기

☑

제일 먼저 거칠 과정은 '받아들이기'다. 우선 '나'는 그동안 미리 좌절하는 습관 때문에 고생했다는 점을 받아들여야 한다. 그리고 무엇을 진정으로 두려워해왔는지 받아들이자.

지금부터 내가 진짜 무엇을 두려워하는지 생각해보자. 재수생이라면 평생을 재수생으로 살아갈까 봐 두려울 수 있다. 앞서 얘기했듯 '그래서 그다음엔 어떻게 될 것 같으냐'고 스스로 물어보라. 다음 해에도 떨어지고, 그다음 해에도 계속 떨어지면 어떡하나, 그래서 부모님이 실망하면 어떡하나, 친구들이 떠나가면 어떡하나……. '그래서, 그다음엔 어떻게 될 것 같아?'라고 반복해서 질문을 던지자.

그러다 보면 궁극적으로 무엇을 두려워하는지 알게 될 것이다. 그걸 소리 내어 말하자. "내가 두려워하는 건 혼자 죽는 거구나" "내가 두려워하는 건 무일푼이 되는 거구나" "내가 두려워하는 건 매력을 잃는 거구나" "내가 두려워하는 건 늙는 거구나" 하는 식으로, 말로 표현하자.

그럼 각자의 파국화에 대책을 세울 수 있다. 매력을 유지하기 위해 무엇을 할지, 돈을 더 버는 게 필요한지, 건강관리를 해야 하는지 등 각자의 좌절 요인에 대해 대책을 고안해낼 수 있다. 대책이 없는 경우라면? 그럴 땐 '어쩔 수 없지 뭐' 하며 단념이라도 할 수 있다.

참고로 앞서 말한 축구 경기에서 미리 좌절하던 친구는 '기대했다가 실망하는 일'을 가장 두려워하던 친구였다. 그래서 섣불리 희망을 가지지 않으려 애쓰는 사람이었다. 좋은 친구지만 연락하지 않은 지 오래됐다. 나는 나중에 실망하더라도 일단은 희망은 품는 게 낫다고 생각하는 사람이기 때문이다.

2

무기력

무기력은 다양한 말로 표현된다. 게으름, 의욕 저하, 아무것도 하고 싶지 않음, 의지 박약, 끈기 부족 등등이 그것이다. 또 무기력감은 자기 비난의 주된 대상이다. 아마 성실과 근면을 강조했던 농경문화 때문이 아닐까 싶다. IT 강국이 된 지금도 여전히 한국인들은 무기력을 금기시한다.

그런데 무기력은 그리 간단히 다룰 문제가 아니다. 이 증상의 원인이 되는 질병이 꽤 많기 때문이다. 우울증이나 중독의 금단 증상으로 발생할 수도 있고, 호르몬 기능이 저하되어 의욕 저하가 나타날 수도 있다. 그러니 2주 이상 무기력이 지속된다면 일단 내과에 가서 검진부터 받아봐야 한다. 무기력은 마냥 견뎌서도 안 되고 함부로 비난해서도 안 된다. 신체 질환일 수도 있다.

여기서는 신체 질환이 아닌 무기력을 얘기하려고 한다. 심리학적으로 무기력을 어떻게 다룰지 알아보자.

의욕은 당근으로, 회복은 고무줄처럼

인간을 움직이게 하는 두 축은 당근과 채찍이다. 우리가 의욕을 갖는 건 당근 때문이다. 채찍을 피하기 위해서 살아가는 것도 한 방법일 테지만, 그건 너무 가혹하지 않은가. 가끔이라도 웃음을 주고 피로를 풀어주는 당근, 즉 긍정적 보상물(positive reward)이 있기에 고단한 일상을 감수한다. 어떤 부모에게는 아이가 꾹꾹 눌러 쓴 "엄마 아빠, 사랑해요"라는 카드가 당근이다. 어떤 직장인에게는 주말마다 떠나는 여행이 당근이다.

긍정적 보상물은 연료 같은 것이다. 지치고 의욕을 잃을 때마다 새로운 힘을 준다. 공부를 열심히 해서 성적이 오르면 희망이 생기고 칭찬 한마디라도 들으면 계속 공부해야겠다는 에너지가 샘솟는다.

그런데 좋은 결과가 나오지 않으면 실망하고 위축된다. 열심히 공부했는데 성적이 오르지 않거나 차가운 잔소리를 들으면 의욕을 잃고 포기하고 싶어진다. 어른들도 마찬가지다. 밤새 제안서를 작성해 들고 갔는데 팀장이 시큰둥한 표정을 지으면 맥이 빠질 수밖에 없다. 시어머니에게 선물을 드렸는데 원하는 반응이 나오지 않으면 기운이 빠진다. '다시는 내가 선물하나 봐라!' 하는 생각이 절로 든다. 오랫동안 반목한 부부들은 관계 회복에 대한 기대가 없다. 부부 상담을 시작할 의욕이 없거니와 설령 시작해도 "이런 거 해서 뭐합니까? 선생님이 하라는 거 우리도 다 해봤습니다. 어차피 우리 사이는 안 변해요." 부부 문제 상담가들이 수도 없이 듣는 말이다.

물론 처음부터 이들이 희망을 잃은 것은 아니다. 사람마다 정도는 다르지만 좌절했다가도 고무줄처럼 원래의 의욕으로 되돌아오는 회복 탄력성(resilience)이 있기 때문이다. 그러나 실망하는 일이 거듭 생기고 쌓이다 보면 어느 순간, 늘어난 고무줄처럼 회복이 안 되고 멈춰 버린다.

무기력이 학습되는 과정

한 번 실패로 곧장 무기력에 빠지는 사람은 많지 않다. '오기'나 '끈기'란 말이 괜히 있겠는가. 그런데 마치 한계를 시험하기라도 하듯 반복해서 실패를 맛보거나, 깊은 상처를 주는 반응에 노출되면 무기력에 빠지기 쉽다.

원하는 결과가 나오지 않아 실패에 익숙해지는 현상을 '학습된 무기력'이라고 부른다. 좋은 성적을 받고 싶은 학생이, 밤샘 공부를 했는데도 시험을 망치고, 인터넷 강의를 들었는데도 망치고, 학원을 다녔어도 망쳤다고 하자. 그러면 '나는 아무리 노력해도 시험을 망치겠구나'라는 인식이 학습된다. 공부를 해도, 안 해도 어차피 망칠 거라는 인식이 그다음 시험을 보기도 전에 실망을 예측하는 것이다.

스포츠 경기를 보다 보면 그렇게 전력이 나쁘지 않은데 연달아 패하는 팀이 있다. 감독들이 가장 두려워하는 것이 연패라고 한다. 연이어 지다 보면 선수단 전체가 무기력을 학습한다. '우리는 지는 팀. 나는

지는 선수. 동료들도 패배자'라고 인식하고 어차피 경기에서 질 테니 열심히 뛸 의욕을 못 느끼고 연습마저 소홀히 하게 된다. 경기는 시작하지도 않았는데 마음에서는 이미 패배를 인식하는 것이다. 그러니 의욕은 사라지고, 패배하는 쪽으로 몸이 움직인다. 그렇게 패배가 쌓여가고 학습된 무기력이 강화되니, 빠져나오기가 쉽지 않다.

무기력에 빠지기 쉬운 세 가지 상황

무기력 요인 1: 부정적 보상이 덮쳐올 때

의욕을 잃고 무기력해지는 사람들이 늘 실패만 경험한 것은 아니다. 주위의 부러움을 받으며 이른바 명문대에 입학한 학생, 치열한 경쟁을 뚫고 대기업에 입사한 젊은이, 회사의 유능한 팀장도 어느 날 갑자기 자신감을 잃는다. 얼마 전까지만 해도 일 중독자처럼 열심히 살던 사람이 마치 평생을 패배만 하고 산 사람처럼 무기력해지기도 한다.

무기력에 빠지는 가장 대표적인 이유는 앞서 말한 보상물 문제에서 기인한다. 보상물은 크게 긍정적 보상과 부정적 보상으로 나뉜다. 승진이나 월급 인상, 주변의 칭찬이나 관심처럼 어떤 일을 하게 만드는 기분 좋은 사건을 긍정적 보상이라고 한다. 이와 반대로 실패, 불합격, 무관심이나 주변의 냉소적 반응이 부정적 보상이다. 긍정적 보상을 아무리 많이 받아도 부정적 보상을 더 크게 느끼면 의욕을 잃는다. 주로 중년 이후에 세상이 덧없이 느껴지고 자신이 이뤄놓은 걸 별 의미 없다고 여기는 경우가 여기에 해당한다.

승승장구하던 사람이 갑자기 의욕을 잃었다면 무언가 커다란 부정적 보상에 봉착했을 가능성이 크다. 탄탄한 직장에 다니며 가족을 부양해왔고 나름대로 행복한 삶이라고 여겼는데 어느 날 몸에 이상이 발견됐다거나 가족 간에 불화가 생겼다거나 하는 경우가 그 예다. '내가 고작 이런 결과를 얻겠다고 그 고생을 했나' 싶어 모든 의욕을 잃고 한순간에 무기력에 빠진다.

무기력 요인 2: 소진증후군

한편, 흔한 말로 '방전'이 되어버려 의욕을 잃는 사람들이 있다. 일명 소진증후군(burnout syndrome)이다. 이런 경우는 긍정적이든 부정적이든 보상물과는 별 상관 없이 무기력에 빠진다. 그래서 남들 눈에는 지칠 이유가 없어 보이기도 한다.

이 경우는 주로 체력 문제다. 정신적으로는 아무리 긍정적 보상물을 얻었다 해도, 아니 오히려 그 보상물에 의지해 무리해서 힘쓰다 보면 3년에서 7년 사이에 반드시 체력이 달린다. '당근'에 취해서 자신이 고갈되는 것을 몰랐을 뿐이다.

이때는 잠시 쉬다 보면 대개 해결이 된다. 여유가 된다면 안식년을 갖는 것이 좋고, 그게 여의치 않으면 휴가라도 내야 한다. 그마저도 힘들면 주말에라도 푹 쉬어야 한다. 몸에 필요하면 영양제라도 맞으면서 쉬고, 잘 자고 잘 먹는 것 위주로 생활을 조절해야 빠져나올 수 있다.

남들보다 자주 혹은 깊게 소진증후군에 빠지는 사람들은 체크할 사항이 두 가지 있다. 하나는 내과적인 건강 상태다. 몸에 문제가 있는 경우, 특히 갑상선 질병이 있으면 지나치게 의욕이 올라가거나 떨어지는 기복을 보인다. 이럴 때는 병원에서 간단한 혈액 검사나 초음파 검사를 받아 살펴야 한다. 다른 하나는 수면 부족이다. 아무리 의욕적인 사람도 3일 이상 잠을 못 자면 소진증후군에 빠질 수밖에 없다.

무기력 요인 3: 불안이 많은 사람

또 하나는 마음의 문제다. 평소 불안이 높은 사람은 에너지가 금방 소진된다. 늘 최악의 경우를 생각하거나 부정적인 생각이 많다 보니, 정신 에너지가 줄줄 샌다. 30대까지는 불안이 많아도 체력으로 버티지만, 중년에 접어들면서 몸이 따라주지 않는다. 되도록 빠른 시간 안에 상담을 받거나 투약을 해서라도 불안 습관을 고쳐야 한다.

무기력을 강화하는 고정관념

사람들은 갑자기 의욕이 떨어지면 그 자리에 멈추어버린 이유를 찾으려 노력한다. 내가 왜 이럴까? 어릴 때 받은 상처가 아물지 않아서? 내가 진정 원하는 일이 아니라서? 내 성격에 문제가 있나? 롤 모델이 없어서 그런가? 여러 생각이 든다.

의욕이 떨어진 사람의 뇌는 바쁘다. 특히 우뇌가 활발히 활동한다. 우뇌는 심오한 문제, 본질적인 문제를 사고한다. 결과보다는 원인을 생각하고, 겉으로 드러난 것보다 그 이면을 생각한다. 그래서 철학자들이나 우주의 기원을 밝히려는 천문학자들은 우뇌가 발달했다.

그런데 이렇게 깊게 생각하는 패턴이 몇 가지 고정관념으로 굳기도 한다. 생각을 깊게 하는 건 괜찮은데, 오히려 무기력을 강화하는 현상으로 이어지면 문제다. 무기력을 강화하는 고정관념은 다음과 같다.

첫째, 의욕을 떨어뜨린 원인을 제거해야만 다시 움직일 수 있다는 생각이다. 의욕 저하 또는 무기력은, 굴러가던 축구공이 담벼락에 부딪혀 멈춘 것에 비유할 수 있다. 담벼락이 막아서 공이 멈춘 건 자명한 사실이다. 하지만 담벼락을 치운다고 해서 공이 꼭 다시 굴러가는 건 아니다.

둘째, 재미를 느껴야만 의욕이 생긴다는 생각이다. 재미는 주로 어떤 일을 배우거나 처음 할 때 느낀다. 그 일에 능숙해지려면 반복해야 하는데, 그러면 재미가 사라진다. 그런데 수년 동안 같은 작업을 한결같이 의욕적으로 하는 사람들도 있다. 이들은 재미로 일하는 게 아니다. 원치 않는 일이라도 의욕적으로 할 수 있고 반복하다 보니 잘하게 됐고, 숙련에서 오는 편안함이 의욕을 부르기도 한다.

세 번째는 의욕이 있어야만 움직일 수 있다는 생각이다. 의욕이 있건 없건 움직이고 실행할 수 있다. 의욕은 행동의 필요조건이 아니다. 또 움직이다 보면 의욕이 생기기도 한다. 자동차에 시동이 잘 안 걸릴 때 일단 밀어서 굴리다 보면 걸리듯이 말이다.

무기력을 가장 경계하고 신경 쓰는 사람들은 운동선수들이다. 그래서인지 체육관이나 스포츠 용품 업체 등에서는 무기력을 막기 위한 문구를 내세운다. 어떤 복싱 체육관에는 'No cry, No complaint, Just work'라는 문구가 걸려 있다. 나이키 광고의 'Just do it'도 있다. 행동하는 데 반드시 의욕이 선행될 필요는 없다.

일단 무작정 움직일 것

프랑스의 정신과 의사 크리스토프 앙드레는 이런 말을 했다. "행동하지 않는 것은 주로 자존감 낮은 사람들의 전형적인 레퍼토리다. '이러이러하면 이렇게 할 텐데'라고 생각만 한다. 그러면서 부정적인 경향을 더 굳히는 경향이 있고, 종종 '잘됐을 리가 없잖아. 내가 안 한 게 다행이야'라면서 회피 성향을 강화한다."

행동하지 않는 것과 부정적 태도, 회피 경향이 서로를 강화하면서 악순환을 이룬다는 얘기다. 원인과 결과가 직선상의 관계가 아닌, 서로에게 영향을 미치는 나쁜 고리인 셈이다.

이 주장은 상당히 신빙성이 있다. 많은 사람들이 자신의 부정적인 태도와 회피 경향이 사라져야 다시 시작할 수 있다고 생각한다. 과거의 어떤 경험으로 이런 태도와 경향이 생겼으므로 그걸 바로잡아야 현재가 바뀐다고 생각한다.

아무것도 하지 않는 것은 괜찮다. 지금 당장 회사에 가기 싫은 건 문제가 아니다. 돈 벌 욕구가 안 생겨도 괜찮다. 문제는 생각만 많이 한다는 거다. 그러면 뇌는 지치고, 아픈 뇌는 부정적인 생각을 만들어낸다.

무기력에서 빠져나오려면 일단 움직여야 한다. 원치 않아도, 재미없어도, 의미 없어도 된다. 밖에 나가 조금이라도 걸어야 하고, 그것도 안 되면 몸부림이라도 쳐야 한다.

결혼을 할까 말까 고민이라면 연애부터 해봐야 하고 연애가 망설여진다면 소개팅부터 해봐야 한다. 그것도 꺼려진다면 친구와 영화라도 봐야 한다. 마라톤을 시작할까 말까 망설여진다면 동네 한 바퀴부터 돌아봐야 한다. 행동의 결과를 예측하기 전에 비슷한 행동부터 해야 한다.

의욕을 얻고 싶다면, 생각하는 걸 멈추라. 물론 처음엔 잘 안 될 것이다. 그럴 땐 무작정 몸을 움직이라. 고개를 옆으로 까딱까딱 움직여 보라. 손도 한번 털어보라. 의욕이 어디선가 갑자기 솟아나기를 기다리지 말고.

자존감 향상을 위해 오늘 할 일

스트레칭

☑

인간은 매일 한 차례 잠을 자는데, 어찌 보면 그때마다 '아무것도 하기 싫은 상태'가 되는 건지도 모른다. 밤에는 의욕이 사라져야 하지만 아침에는 의욕과 활동력이 생겨야 한다.

시작부터 거창할 필요는 없다. 지금 당장 대단한 걸 얻으려는 게 아니잖은가. 무기력해지는 습관에 변화를 주고 싶다면, 자세부터 바꿔보자. 목을 돌려보고, 굽었던 허리도 지금 펴보자. 기분이 한결 나을 것이다. 곧장 의욕이 생길 수도 있지만 그러지 않아도 괜찮다. 아무 생각 없이, 조금씩이라도 자주 움직이자. 지금 책을 덮고 잠깐 산책을 해봐도 좋겠다.

3

열등감

'열폭'이라는 말이 인터넷상에 심심찮게 등장한다. '열등감 폭발'의 줄임말로, 종종 '열라 폭발'의 의미로도 쓰는 것 같다. 주로 반대 의견을 개진하다가 상대가 감정이 격해지면 "열폭하는 것 좀 봐!"라고 비아냥거리는 식이다.

누구나 열등감이 있다

열등감은 폭발력이 강한 감정이다. 상대를 자극하고 싶으면 그 사람이 갖지 못한 것을 들먹여 열등감을 터뜨리면 된다. 어쩌면 우리는 저마다 열등감이라는 폭탄을 가슴속에 하나씩 품고 사는지도 모른다. 부하 직원의 사소한 농담에도 신경이 쓰이는 상사, 누가 봐도 일등 배우자감인데 맞선 자리에 나서지 못하는 사람들……. 이들에겐 의외의 열등감이 숨어 있는 경우가 많다. 사회적으로 성공해 모든 사람이 부러워하는데도 열등감에 시달리는 사람도 있다.

열등감도 하나의 감정이기에 무조건 나쁘다고 보진 않는다. 자신에게 부족한 부분을 인정하고, 보완하려고 노력한다면 좋은 에너지로 작용할 수도 있기 때문이다. 그런데 '나라는 인간 자체가 열등한 존재'라고 인식하는 사람이라면 자존감이 건강할 리 없다. 행복할 수도 없다.

전혀 열등한 면이 아닌데 자기만 그렇게 여길 경우에도 문제가 있다. 일례로, '내가 키가 작아서 사람들이 무시하지 않을까' 하는 불안에 시달리는 학생이 있었다. 남이 보기에 그녀는 귀엽고 매력 넘치는 사람이었다. 자신에 대해 오해하면서 장점을 감추려 들거나 창피해한다면, 그것처럼 억울한 일이 또 있을까.

열등감을 이루는 세 가지 생각

대개 하나의 감정은 하나의 생각과 연결된다. 이용당했다는 생각이 억울함과 연결되고, 속았다는 생각이 배신감과 연결되는 식이다. 그런데 열등감이라는 감정은 세 가지 생각에 연결돼 있다.

첫 번째는 자신에게 부족한 면이 있다는 생각이다. 누구에게나 부족한 면은 있다. 무능한 부분을 스스로 인정하면 겸손해진다. 포기할 부분이 있다는 걸 인정하면 오히려 마음이 편해진다. 그런데 여기에 쓸모없는 두 가지 생각이 더해지면 열등감이 되어 부정적으로 흐르기 쉽다.

두 번째이자 쓸모없는 첫 번째 생각은, 자기에게 부족한 점을 남들은 다 가지고 있다는 생각이다. 이를 보통 자격지심이라고 한다. 나에게 없는 것과, 나에게'만' 없는 것은 다르다. 자격지심에 사로잡히면 다른 사람을 올바로 들여다보지 못한다. 자신의 출발선이 이미 뒤처졌다는 생각에 억울함을 호소하기도 한다.

세 번째는 앞서와 같은 이유로 큰 피해를 본다는 생각이다. 콤플렉스가 있을 때 느끼는 심정과 비슷하다. 예를 들면, 취업이 안 되는 이유를 자기에게서만 찾는 사람들이 있다. 부모가 이혼한 기록 때문에 그렇다거나, 외모 등으로 차별받는다는 피해의식 등이다. 이런 생각에는 타인에 대한 공격성이 포함돼 있다.

열등감은 이처럼 복잡한 감정이다. 세 가지 생각이 섞인 혼합물이다. 무능감, 자격지심, 피해의식이 섞여 있다 보니 덩어리가 크다. 열등감이라는 덩어리는 잔뜩 부푼 풍선과도 같아, 눌리면 오래 못 버티고 터져버린다.

한때는 제일 잘나갔는데

'미운 여섯 살'이라는 말이 있다. 이 시기가 되면 아이들이 부모 말을 잘 듣지 않는다. 어른들이 하는 걸 자기들도 할 수 있다며 고집 부리기도 한다. 이때 아이들은 열등감과 정반대인 '전지전능감'으로 무장한다. 자신이 유능한 존재라는 생각이 지나치게 발달한 기간이라고 보면 된다. 부모를 무척 힘들게 하는 때이긴 하지만 발달 과정상 극히 정상적인 시기다.

보통 5~7세에 찾아오는 이 시기를 전지전능의 시기라고 부른다. 이때 아이는 자신을 어른과 동일시하다 못해 초자연적인 인물로 여기기도 한다. 망토를 두르고 슈퍼맨 흉내를 내기도 하고, "세상에서 내가 제일 노래를 잘해"라며 잘난 척을 하거나, "난 공주야. 너희는 내가 하자는 대로 소꿉놀이를 해야 해"라며 친구들의 의견을 무시하기도 한다. 너도 나도 대장 역할만 하려다가 자주 다투곤 하는 게 이 시기의 아이들 특징이다.

이 시기에 부모들은 불안이 커진다. 아이가 잘난 척하는 게 문제가 되지 않을지, 아이가 나중에 현실과 마주하면 크게 좌절하진 않을지 걱정한다. '네가 생각하는 것과 달리 세상은 그리 녹록하지 않다'고 빨리 일깨워주려고 한다. 예방주사를 놓듯, 좌절이나 시련을 미리 주는 게 낫다는 생각에서다.

그런데 자기전능감을 함부로 꺾으면 아이에게 큰 상처로 남을 수 있다. 자신의 한계를 느끼는 사건과, 이에 맞추어 등장하는 실망감이 격하게 연결되기 때문이다. 이것이 고착되면, 이후 한계를 느낄 때마다 격렬한 감정 반응이 올라온다.

전지전능의 시기는 인간이 회상할 수 있는 가장 어린 시절이다. 그래서 평생 추억으로 남는다. 이때 먹었던 음식 맛을 두고두고 기억하고, 즐거웠던 기억은 그리움으로까지 남는다. 그런 만큼이나 전지전능감이 좌절되면 두고두고 아픔으로 남기도 한다. 부모를 향한 원망, 즉 '고슴도치도 자기 새끼는 예쁘다는데 부모님은 꼭 그렇게 냉정하게 깨우쳐줬어야 했나' 싶은 마음과 상처가 평생 가곤 한다. 그러다 심지어 '난 역시 못났어. 섣불리 자신감을 보였다간 평생 왕따가 될 수도 있어'

라고 자신을 억누르며 못난이 역할을 내내 자처하기도 한다.

열등감은 성공의 자원이 된다?

앞서 말했듯 열등감은 폭발성이 상당히 강한, 일종의 에너지이므로 때로는 성공을 위한 자원으로 이용된다.

예컨대 다이어트 도전 프로그램을 보면 약점을 공격해서 도전자를 자극하는 코치가 있다. 외모를 대놓고 폄하하고, 인격이나 성격을 모두 바꿔야 한다고 몰아붙인다. 코치의 한마디에 도전자는 독하게 마음을 먹는다. 그래서 악에 받쳐 따라가면 근성 있는 사람이 되고, 좌절하고 포기해버리면 나약하다는 비난을 듣는다. 예전에 학교 선생님들도 이런 방법을 선호했다. "넌 부잣집 애도 아니고, 외모가 뛰어난 것도 아니잖아. 공부라도 열심히 해야지!"라는 식으로 학생을 자극했다. 말하자면 홍콩 무술영화에 자주 등장하는 사부의 가르침이랄까. 사부가 자신을 찾아온 제자에게 실력이 없다며 먹을 것도 잘 안 주고 궂은 일만 떠안겨, 결국 제자가 '독이 올라' 수련에 매진하는 이야기 말이다.

가부장적이고 강압적인 방법이 통할 때는 이처럼 악역을 자처하는 스승이 인정을 받았다. 당장은 스승을 원망하고 괴로워하지만, 훗날 성공한 다음에는 다들 그 선생님을 그리워하고 감사를 표한다는 훈훈한 미담이 있었다.

하지만 지금 현실에서 열등감을 부추기는 방식은 상당히 위험하다. 이제는 애정과 격려, 지지가 중요하다. 함부로 열등감을 자극하면, 성공을 위한 연료가 되기는커녕 내부에서 폭발해버릴 수 있다. 아무리 무서운 선생님이 눈앞에 있어도, "난 어차피 그런 놈이니까 내버려둬요" 하는 식이다.

자존감이 낮은 경우 스스로 열등감을 자극하는 사람을 찾아다니기도 한다. 자신은 의지가 약해서 강압적으로 끌어주는 사람이 필요하다는 생각에서다. 정신과 상담실을 찾아와서도 "시키는 대로 할게요. 자꾸 이것저것 묻지 말고 명령을 해주세요"라고 말한다. 자기는 아무것도 모르고 능력도 없으니, 전문가가 시키는 대로 하겠다는 것이다. 다이어트 기관이나 스파르타식 입시학원 등에서 설정한 목표를 달성하는 데에는 이 방법이 유용할 수 있다. 하지만 자존감을 회복하는 데에는 해가 된다. 치료자가 자신을 존중하지 않는다는 생각이 들면 다시금 열등감이 폭발하기 때문이다. 자기가 못났다는 생각이 드는데 행복해지거나 자존감이 회복될 리 없다.

성공한 사람들의 열등감

이른바 '성공'한 사람들 중에서도 열등감을 버리지 못하는 이들이 있다. 아무리 칭찬을 듣고 부러움을 사도 인사치레로 하는 말이라거나 진심 없는 칭찬이라고 생각한다.

이들은 대개 열등감에서 벗어나는 것에 저항을 느낀다. 그 안을 들여다보면 열등감을 겸손과 동일시하고 있다. 열등감을 벗어던지는 건 거만한 거고, 그러면 사람들에게 불쾌감을 준다고 여긴다. 자신의 폭발하는 성격에는 문제가 있다는 걸 인정하면서도, 열등감을 버리면 왕따나 험담의 대상이 될까 봐 두려워한다.

열등감을 연료 삼아 목표를 이룬 경우에도 열등감에서 벗어나기 힘들어한다. 이들은 현재 시점에서는 문제되지 않는 사소한 것 즉, 집안 배경이나 가난했던 어린 시절, 사랑받지 못한 경험에 집착한다. 이들에게 열등감은 삶의 원동력이자 채찍이었다. 고난에서 벗어나기 위해 공부를 했거나 악착같이 돈을 벌었다. 이제는 자신의 삶에 만족하고 여유를 가져도 되건만 열등감이라는 친구를 버리지 못한다. 자신을 낮은 위치에 놓는 습관을 버리지 못한다.

애매모호한 종류의 열등감을 가지고 있는 사람들도, 열등감을 내려놓기를 어려워한다. 이들은 '진정한 사랑의 감정을 느껴보지 못했다' '특별히 잘하는 게 없다' '남들처럼 안정적으로 살지 못한다' '자존감이 낮다' 등의 이유로 자신을 압박한다. 이들이 결핍되었다고 말하는 것들은 알고 보면 다른 사람들도 대부분 못 가진 것들이다. '진정한' '특별히 잘하는' '남들처럼 안정적으로' '자존감'…… 이런 것들은 실체가 없거나 사람마다 가리키는 의미가 다르다. 그래서 채워져도 채워졌는지 알 수 없고, 어떻게 해야 얻을 수 있을지도 알기 어렵다.

따라서 자신에게 문제가 있다고 생각한다면, 그 의미부터 따져봐야 한다. 나에게 무엇이 부족한지, 과연 부족한 게 맞는지 곰곰이 생각해봐야 한다. 그리고 그 열등감으로 뭘 얻는지 따져봐야 한다. 모든 습관에는 이유가 있다. 자신이 이제까지 열등감을 버리지 못했다면, 그게 자기에게 어떤 의미인지부터 살펴야 한다.

열등감 놓아주기

열등감은 뜨겁다. 부족감, 자격지심, 창피함과 피해의식이 섞여 우리를 괴롭힌다. 심장이 두근거리고 얼굴이 화끈거린다. 마음뿐만 아니라 몸까지 달아오르게 하는 감정이다.

20대에서 30대 초반까지는 열등감을 구별해내기 힘들다. 열정으로 보이기도 하고 에너지원이 되기도 한다. 많은 사람들이 열등감을 극복하기 위해 노력하는데, 이 덕에 성공을 거두기도 한다. 그것은 직업에 관련된 성공일 수도 있고, 사랑의 성공일 수도 있다. 치명적인 콤플렉스를 극복하려고 공부하는 사람도 있다. 혹은 자신의 결점을 커버할 만큼 제대로 된 매력을 만들기 위해 노력하기도 한다.

하지만 중년으로 접어들면 열등감을 내려놓아야 할 때가 온다. 한때 열등감의 도움을 받았던 사람들도 예외는 아니다. 자격지심이나 피해의식을 안고 있는 것에 한계가 오게 마련이다. 무엇보다 자명한 이유는 건강 문제다. 우리의 심장과 폐는 더 이상 이 뜨거운 감정을 받아줄 여력이 없다. 자격지심에 빠져서 남들을 신경 쓰는 것은 체력적으로 힘이 든다. 그래서 열등감에 휩싸인 사람들은 보통 30대 이후에 병원을 찾는다. 예전엔 달아올라도 체력으로 감정을 누를 수 있었는데, 이제 그게 잘 안 된다. 심장이 지나치게 뛰거나 잠을 못 잘 지경에 이르러, 상담실을 찾는다.

간혹 열등감으로 인한 괴로움을 술로 달래는 사람들도 있다. 이들은 감정을 식히려고 술을 몸에 쏟아붓는다. 술을 많이 마셨기 때문에 심장과 간은 병들어 있다. 이들 가운데 상담실을 찾아온 사람들을 보면 상담에 집중하기도 힘들뿐더러 '술을 조절하지 못한다'는 열등감이 추가된 걸 알 수 있다.

냉소도 약이 된다

자신이 열등하다는 생각은, 세상을 열등한 것과 우등한 것으로 구분 짓는 데에서 출발한다. 낮은 학력이 열등감의 중심인 사람들은 학력에 따라 우열을 나누는 사람들이다. 가난 때문에 열등감이 있는 사람들은 빈부로 세상을 구분하는 사람들이다. 물론 그렇게 구분하게 된 건 그 사람의 잘못이 아니라 주변 환경과 사회 분위기에서 받은 영향이 클 것이다.

열등감을 근본적으로 버리려면 사람이든 무엇이든 우월함과 열등함, 좋고 나쁨으로 구분하는 습관에서 벗어나야 한다. 노자와 장자의 철학이 이를 강조한다. 이들은 세상을 쓸모나 귀함으로 평가하는 것이 얼마나 무의미한지 알려준다. 장자 이야기 가운데 쓸모없는 나무에 관한 것이 있다. 집짓기에 좋은 나무는 찾는 사람이 많아 오래 크지 못한다. 하지만 쓸모없는 나무는 아무도 베어 갈 생각을 하지 않으니 걱정이 없다. 쓸모 있는 나무는 잘난 체를 하다가 일찍 베어지지만, 그렇지 않은 나무는 오래 살아남아서 동네 수호신이 되고 사람들의 휴식처가 되기도 한다.

나는 노자와 장자야말로 시니컬한 사람이라고 생각한다. 민심이 흉흉하고 양극화가 심해질수록 많은 사람들이 노장사상에서 위안을 얻는다. '돈 많고 출세하면 뭐해?'라며 자족한다. 냉소가 지나치면 독이 될 수 있지만, 열등감을 가라앉히기에는 냉소도 좋은 방법이다. 자신이 자주 폭발하는 편이거나 벗어나고픈 콤플렉스가 있다면 장자의 책을 읽어보기 바란다. 냉소도 깔끔하고 심플한 방어기제가 된다.

자존감 향상을 위해 오늘 할 일

'사는 게 다 그렇지 뭐' 정신으로

열등감에 깊이 사로잡히면 심박출량이 늘어나고 호흡이 가빠진다. 그러면서 혈액에 산소가 지나치게 많이 쌓인다. 흔히 혈액에 산소가 많으면 좋다고 생각하는데 그렇지 않다. 손발이 저리고 굳기도 한다. 이것이 심해지면 과호흡증후군으로 진행되어 혼절하는 경우도 있다.

열등감을 털어내고 냉정을 되찾으면 이와 반대의 신체 상태가 된다. 심박 수와 분당 호흡 수가 떨어진다. 혈액 내에서는 이산화탄소의 분압이 올라가 긴장이 풀어지고 나른한 상태가 된다.

우리가 심박 수를 조절할 수는 없지만 호흡 수는 어느 정도 조절 가능하다. 천천히 심호흡을 하면서 내쉴 때 길게 내뱉으면 안정을 찾는다. 열등감을 떨쳐낸 사람들과 가장 비슷한 신체를 경험한다.

호흡법은 간단하다. 들이마시는 동안 '하나, 둘, 셋'을 세고, 내쉬는 동안 이를 더 길게 세면 된다. 짧게 들이마시고 내쉴 때 길게 내쉬는 것이다. 내쉬면서 하나, 둘, 셋, 넷, 다섯, 여섯, 일곱까지 세어본다. 이를 반복한다.

숨을 내쉴 때 "사는 게 다 그렇지 뭐"라는 말도 함께 내뱉도록 한다.

세상에 냉소를 뱉는 순간 열등감을 식힐 수 있다. 시간이 지나고 보면, 잘난 것도 없고 모자란 것도 없다. 그저 편안히 숨을 쉴 수 있으면 다행이라고 깨닫게 된다. 사는 게 다 그렇다. 시니컬해지자.

4

미루기와 회피하기

많은 이들이 마음이 아픈 것에 대해 선입견이 있다. 몸이 아픈 것과는 다르게 반응한다. 예전에는 몸이 아파도 정신력을 탓했지만 그런 추세는 많이 줄었다. 그런데 아직도 마음이 아프면 의지가 부족하거나 성격이 못돼서 그렇다고들 생각한다. 많은 어른들이 마음 아픈 젊은이들을 다그치거나 탓을 한다. 부모가 오냐 오냐 해서 키웠다거나, 그 정도 갖고 뭐가 힘드냐며 핀잔주곤 한다.

그래서 치료받으려고 병원을 찾고도 자신이 얼마나 아픈지, 무엇 때문에 아프고 얼마나 속상한지에 대해 털어놓는 것을 주저한다. 예컨대 바람은 남편이 피웠는데 오히려 부인이 자기 힘든 속내를 털어놓지 못하고 회피하기도 한다.

아프다고 말 못하는 청춘들

청년들도 별반 다르지 않다. 자기가 얼마나 외롭고 지쳤는지 얘기하지 않고 변명부터 하려고 한다. 정작 의사인 나는 지적하거나 비난할 생각이 없는데 말이다. "제가 원래는 의지도 강하고, 성격도 긍정적이에요." "긍정적으로 지내려고 노력도 엄청 했어요. 신앙도 가져봤고요. 책도 얼마나 많이 읽었는데요." "그런데도 제가 자존감이 낮은 건 왜 그런가요? 근본적으로는 부모님이 문제인데 여기서 그것까진 고칠 수 없죠?" 이렇게 끊임없이 자신을 변명하려 한다.

안타까운 건, 원인에 지나치게 집중한 나머지 문제 '해결'에 필요한 에너지가 소진된다는 점이다. 자신이 어떤 감정을 겪고 있는지, 잠을 못 이룬 지가 얼마나 되었는지 등에는 미처 관심을 갖지 못한다. 뭐가 힘든지 찾아내 해결을 하지 못하고 '원인'의 늪에 빠져버리는 셈이다.

많은 사람들이 변화의 단계에 들어서기를 두려워한다. 마음이 다쳤다고 선뜻 인정하려 하지 않기 때문이다. 인정하면 진 것 같고 비난받을 것 같아서 엉뚱한 질문과 고민을 늘어놓는다.

이렇게 변화를 주저하는 습관이 생긴다. 해결을 미루고 변죽만 울리느라 정작 중요한 회복과 변화의 길에 들어서지 못한다.

회피하는 사람의 세 가지 패턴

'난 비난받는 게 두려워서 해결을 피하겠어'라고 생각하는 사람은 없다. 그런 고민이나 걱정을 하기 전에 이미 다른 행동으로 귀결된다. 마음이 아프고 힘든데 그걸 직시하지 않고 회피하는 사람들은 대표적으로 다음과 같은 몇 가지 테마에 집착을 보인다.

1) 남들은 어떤지 살핀다

상담을 할 때 '당신만 그런 것이 아니다, 남들도 그렇다'고 알려주기만 해도 상담 받는 사람의 마음은 편안해진다. 마음의 위기를 겪는 사람들은 이것이 자신만의 문제가 아니길 바란다. 남들도 이런 마음의 문제를 겪으며, 의지가 약해서거나 성격상의 문제가 아님을 확인 받고 싶어한다.

그러다가 계속 다른 사람만 살피는 습관이 굳어버리는 경우가 있다. 회사에서도 남들이 어떤지 살피고, 집에 와서도 SNS를 통해 남들은 어떻게 사는지 들여다보며 시간을 보낸다. 자기가 힘들어 병원을 찾아왔는데도 자기가 원하는 것, 치료 목적은 뒷전에 둔 채 "남들도 나처럼 힘든가요?"라는 질문을 던지곤 한다. 정작 본인은 어떻게 살아가고 있는지 털어놓지 못하면서 말이다.

2) 원인을 좇는다

설령 자신이 얼마나 힘든지 받아들인다 하더라도, 그것을 해결하는 방식으로 나아가지 못한다. 원인 분석에 집착하기 때문이다.

이들은 자기가 어떤 선택을 잘못해서 마음이 힘들어졌는지, 어릴 때 받은 상처 때문인지, 부모님과의 부적절한 관계 때문인지 알아보려고 한다. 이런 경우, 대개 심리학 책 서너 권은 읽어보고 병원을 찾는다.

문제는, 그런 고통의 원인에 관한 공통된 답변은 '과거'라는 점이다.

과거의 특징은 바뀔 수 없다는 데 있다. 어릴 적 부모님과의 관계, 상처, 과거의 성격과 습관, 물려받은 유전자 등에 대해 설령 문제를 알게 되더라도 그걸 바꿀 수는 없다.

심리적 문제에서, 원인을 파악하려는 시도는 문제 해결의 시작이지 궁극적인 목표는 아니다. 완벽하게 파악하려고 애쓰지 말고, 현재 상태를 파악하고 앞으로 어떻게 할지 대처할 에너지를 남겨놔야 한다. 어차피 확실하고 근본적인 원인이란 없기 때문이다. 물론 미처 몰랐거나 오해했던 진짜 원인을 알면, 지금의 고통이 자기 탓이 아니란 걸 깨닫고 상처를 치유할 밑거름이 되기도 한다. 또한 앞으로는 그런 원인이 되풀이되지 않게 할 수도 있다. 그러나 그 원인 분석에만 머물러 있다면 문제를 해결하는 방향으로 나아가기 힘들다.

3) 불평과 비난의 늪에 빠진다

비난을 통해서는 아무것도 얻을 수 없다. 친구들을 불러놓고 불평을 얘기하면 일시적으로 감정의 카타르시스 정도는 느낄 수 있다. 하지만 감정이 배설되었다고 해서 달라지는 건 없다. 특히 그 대상이 가족인 경우는 더욱 심하다. 가족에게 불평한다는 사실, 미워한다는 사실 자체가 스트레스가 되어 마음을 위축시키기 때문이다.

다른 이에 대한 비난을 멈춘다고 문제가 해결되지도 않는다. 공격을 멈춤과 동시에 자신을 비난하기 십상이기 때문이다. 강박적인 성향으로 자신을 탓하든 남을 탓하든, 그 시간 동안 문제 해결은 멀어진다.

문제 해결을 위한 네 가지 전제

다친 마음을 치료하고 나쁜 습관을 버리고 싶다면 변해야 한다. 자존감을 찾고 싶다면 '분석'이 아니라 '변화'에 에너지를 쏟아야 한다. '변화를 피하고 미루는 습관'을 떨쳐내고 새로운 목표를 잡아야 한다. 이때 갖춰야 할 네 가지 전제를 소개하겠다.

1) 내 마음을 우선하기

변화의 주체는 나고, 변화의 대상도 나다. 우리는 남과 비교하느라, 다투거나 자기 비난을 하느라 너무 많은 시간을 괴롭게 보낸다.

우선 '나'의 마음을 챙겨야 한다. 무엇이 마음을 가장 아프게 하는지 관심을 갖고, 그것을 치유하려면 어떻게 할지 고민하자. 학창 시절의 따돌림, 가족의 비난과 폭력, 직장 상사의 괴롭힘 등은 말할 수 없이 아프고 괴로운 일이다. 그런 자신의 마음이 변화하고 낫도록 총력을 기울여야 한다. 마음이 어떤 상태인지, 어떻게 변하길 바라는지 생각하자.

2) 행동하기

우리는 자존감을 건강하게 만드는 길을 걷고 있다. 이 책의 근본적인 목표는 자존감을 치유하고 회복하는 것이다.

그 과정이 늘 마음에서만 이루어지지는 않는다. 머릿속으로 생각만 해서는 아무것도 달라지지 않는다. 책도 읽어야겠지만, 글도 쓰고 말도 해야 한다. 필요하다면 그림을 그리거나 운동도 해야 한다. 변화는 행동하는 데서 시작된다.

3) 지속하기

다음 장에서는 본격적으로 자존감을 회복하기 위한 행동을 제안할 예정이다. 그에 따르다 보면 어느 순간 재미가 없고, 부정적인 감정이 끼어들 것이다. 이걸 해서 뭐하나, 정말 이런 걸 한다고 자존감이 회복될까, 예전에도 해봤던 건데, 하는 생각 말이다.

그래도 지속하라. 자존감이 살아나는 과정은 다이어트 과정과 비슷하다. 처음에는 급격히 살이 빠지다가 어느 순간 체중 감소 곡선이 완만해진다. 이때 사람들은 당황하고 의욕을 잃는다. 이대로 멈추는 건가 하는 의심이 든다. 하지만 지극히 자연스러운 일이다. 뭐든 처음에는 신기하고 즐거울 수 있지만 점점 흥미가 떨어진다. 요리를 배울 때도, 목공예를 배울 때도 마찬가지다. 이는 초보자가 숙련공의 길로 들어서는 문턱이라고 보면 된다.

자존감을 회복하는 여정에서도 이 장면을 만날 것이다. 그래도 멈추거나 미루지 말고, 행동을 계속하라. 자존감에 익숙해지는 단계로, 실천하다 보면 전보다 마음을 좀 더 잘 다룰 수 있을 것이다.

4) 혼자 말고 함께 하기

그렇다고 재미없는 일을 재미없게 계속 할 필요는 없다. 풀 죽은 채 억지로 하거나 필요 이상으로 괴로워하지 말자. 극복하고 지속하기 위해선 혼자가 아닌 같이 하는 방법을 권한다.

이 또한 몸을 만드는 과정과 비슷하다. 나는 세상에서 가장 힘든 일이 '혼자서 헬스클럽에 꾸준히 나가는 일'이라고 생각한다. 예전엔 다들 혼자 헬스클럽에 가서 혼자 운동했다. 하지만 요즘은 개인 트레이너에게 훈련 받는 일이 많아졌다. 그리고 순환운동이라고 해서, 단체로 팀을 이루어 하는 운동도 많이 한다. 혼자 하는 것보다는 여럿이 하는 것이 동기 유발에 좋기 때문이다.

마음이 건강해지는 훈련도 그렇게 하면 효율적이다. 같이 하는 것이 낫고, 일반인의 도움보다는 전문가의 도움을 받는 편이 좋다. 다른 사람과 같이 하기 힘들다면 메모지나 일기장 혹은 블로그와 함께해도 도움이 될 것이다. 하루하루 노력한 걸 흘려보내기보다는 무엇을 어떻게 했는지 기록해두기를 권한다.

자존감 향상을 위해 오늘 할 일

구체적인 롤 모델 설정하기

앞으로 어떤 문제를 해결해서 어떤 사람이 되고 싶은지 설정해보자. 목표 설정은 불만을 얘기하거나 자신을 비난하는 일과는 다르다.

비유하자면 집 설계도 그리기와 같다. 설계도를 그리는 건, 내가 사는 집이 얼마나 좁고 불편한지 인식하는 일이 아니다. 살고 싶은 집을, 공간과 동선을 고려해 구체적으로 그려나가는 일이다. 마찬가지로 목표를 정할 때는 자신이 되고 싶은 사람이 어떤 사람인지, 그런 사람은 어떤 감정을 주로 느끼고 어떤 행동을 할지 구체적으로 설정해야 한다.

목표 내용을 명확히 설정하려면 다음 세 단계를 거치는 것이 안전하다. 다음 과정을 따르자.

1단계: '나'에 대한 불만 적기

예

- 직장 상사의 비난이 싫다. (×)
  ⋯→ 이것은 나에 대한 불만이 아니라 남에 대한 불만이다.
- 직장 상사가 싫어서 밤에 잠까지 설치는 내가 싫다. (○)

2단계: 그 '대신'에 어떤 사람이 되고 싶은지 적기

예

- 어린 시절과 관련된 기억을 지우고 싶다. (×)
  ⋯→ 이미 일어난 일은 바꿀 수 없을뿐더러 억지로 기억을 지울 수도 없다.
- 이런 회사를 지원한 내가 원망스럽다. (×)
  ⋯→ 과거에 대한 이야기이면서 자신에 대한 불만이다. 이것은 1단계에 적는 게 낫다.
- 상사가 싫은 건 싫은 거고, 퇴근하고 나면 내 생활에 집중하고 싶다. (○)
  ⋯→ 현실에 대한 불만은 있지만, 미래에는 내가 어떻게 되길 바라는지 구체적으로 설정한 목표다.

3단계: 2단계에서 만들어진 목표에 있는 사람들은 1단계와 같은 상황에서 어떻게 행동할 것 같은지 적기

예

- 상사에게 비난을 받아도 무덤덤하게 넘기는 동료처럼 되고 싶다. 그는 매일 퇴근하자마자 취미 생활에 몰두한다. 주말에는 회사 생각은 잊고 휴식을 취한다. (○)

이 정도면 구체적인 목표 설정이 이루어졌다. 목표가 설정되면, 그 다음 단계 '행동하라'를 따르면 된다. 무덤덤한 동료처럼 되고 싶다면 그가 하는 행동을 따라하면 된다.

예

- 평소 내가 좋아하는 사람이 지금 나와 같은 상황에 처해 있다면 어떤 생각과 행동으로 대처해 나갈까?
- 내가 존경하는 분이 지금 내 옆에 있다면 뭐라고 조언할까?

5

예민함

마음은 피부와 닮았다. 생물학적으로는 뇌 조직이 피부와 같은 외배엽이라는 곳에서 발생한다는 공통점이 있다. 특히 상처가 나고 아무는 과정이 비슷하다. 피부 한곳을 뾰족한 물건으로 계속 찌르면 그 부분은 어떻게 될까? 충혈되고 부어오를 것이다. 그 부위에 뭔가 스치기만 해도 아프고 쓰라려온다.

마음도 그렇다. 마음속에서 어떤 일로 스트레스를 받으면 그 부분이 예민하게 반응한다. 예를 들어 아버지가 술만 먹으면 폭력을 휘두르는 모습을 보고 자란 집 자녀들의 경우, '술 먹는 중년 남자'에 진저리 치는 이들이 많다. 이런 식으로 마음에 상처를 입거나 불안할 때 가장 먼저 보이는 반응이 예민함이다. 어떤 이유로 생긴 예민함이건, 예민함이 지속될수록 인간관계는 나빠지기 쉽다.

시작은 연결 짓는 습관

살다 보면 누구나 안 좋은 일을 겪을 수밖에 없다. 상처 받고 배신을 당하고 원하는 것을 잃을 수도 있고, 기대했던 것들이 실망으로 돌아오기도 한다.

이때 자존감 강한 사람들은 크게 흔들리지 않는다. 인생에서 발생한 나쁜 사건이 자존감까지 약해지도록 하지 않는다. 힘든 일이 생긴 건 안타깝지만, 그걸로 삶이 휘어지진 않는단 얘기다. 말하자면 나쁜 일과 자신 사이에 단단한 벽이 있어서, 바이러스를 항체가 방어하듯 자신과 연결 짓지 않는다.

반면 자존감이 낮은 사람들은 많은 걸 자신과 연결한다. 살면서 마주하게 된 나쁜 일들을 자기 일로 관련짓는 논리 회로가 있다. 여기서 파생되는 대표적인 감정이 죄책감이다. 주변 사람들의 나쁜 일이 자기 때문에 생겼다고 스스로 비난한다. 아픈 아이의 부모는 대개 우울증을 겪는데, 그만큼 자책을 많이 하기 때문이다. 부부 사이가 좋지 않은 집의 자녀들도 여러 심리 문제들을 겪는다. 거기에는 부모의 다툼을 막지 못했다는 자괴감, 자신이 사랑스러웠다면 부모가 싸울 일도 없었을 거라는 비현실적인 자책감이 작용한다.

문제의 시작은 연결에서 온다. 자책은 타인의 문제를 나에게서 원인을 찾을 때 생긴다. 나의 문제를 남에게 연결할 때 분노가 된다. 자기 문제로 지나치게 연결하는 습관은 예민함의 씨앗이 되며 자존감에도 치명적이다.

나 들으라고 하는 말 아냐?

자신과 별 관계 없는 일을 자기 문제로 연결 짓는 사고 반응을 '관계 사고'라고 부른다. 이런 사고 패턴은 여러 감정을 불러일으킨다. 생각이 감정과 연결되는데, 여러 생각이 뭉치고 연결되니 감정도 복잡해질 수밖에 없다. 늘어나는 생각에 따라 감정도 폭주하는 상황을 가리켜 예민하다고 말한다.

마음이 예민해지는 것은 앞서 말했듯 피부가 예민해지는 과정과 비슷하다. 다친 피부는 예민하다. 그전엔 아무것도 못 느꼈을 감각인데 통증을 느끼고, 평소 같으면 무시할 자극도 간지럽게 느낀다.

마음이 예민해진 사람들은 평소라면 무시했을 사소한 자극에도 쉽게 영향을 받는다. 그래서 남들이 무슨 얘기를 하거나 특정한 표정을 지으면, 그 장면이 지워지지 않는다. 자존감이 건강한 사람의 뇌에선 '나랑 관련 없는 일'이라며 중요도를 낮게 평가하고 폐기할 정보들이다. 자존감이 약하고 예민한 사람들은 이런 불필요한 정보를 끌어안고 되새긴다. 의미를 곱씹고 저의가 무엇이었을까 깊이 생각한다. 생각이 깊어질수록, 자신과 어떤 관계가 있을지 곰곰이 고민한다.

예를 들어, 친구들 모임에서 누군가 자랑을 한다. "지난번에 시골에 땅을 좀 샀는데, 재개발이 됐지 뭐니? 나 돈 엄청 벌었어"라는 얘기를 한다. 건강한 사람들은 겉으로는 "어머 그래? 좋겠다. 부럽다" 하면서도 큰 관심을 두지 않는다. 그 말에 크게 흔들리지 않는다. 반면 자존감이 약한 사람은 이런 일에도 큰 영향을 받는다. '걔는 내가 손해 본 거 알면서도 나 들으라고 그런 거 아니야?'라고 생각한다. 집에 가서도,

그 다음 날도 그 장면을 곱씹는다.

마음이 병들면 사소한 것을 깊게 생각하고, 그럴수록 사소한 남의 일이 중요한 나의 일이 되어간다.

관계 사고에서 피해 사고까지

'망상' 개념으로까지 고착된 건 아니지만, 관계 사고는 유난히 머릿속을 떠나지 않기에 마음 약한 사람들을 괴롭힌다. 관계 사고는 자신을 믿지 못해 생긴다. 자기 능력을 못 믿다 보니 자기 방어 능력에 대한 확신도 떨어진다. 그래서 누구한테 공격을 받거나 마음이 한번 흔들리면, 재기하지 못할까 봐 전전긍긍한다.

관계 사고에 빠진 사람들은 '어떻게 하면 좀 더 당당하게 보일까' 하고 자주 생각한다. 그만큼 당당하지 않다는 뜻이다. 모임에서 남들 사이에 오가는 한마디 한마디에서도 은근히 자신에 대한 언급이나 평가가 나오지 않을까 촉각을 곤두세운다.

남의 말에 집중하다 보니 상대적으로 기억력이 좋아 보이기도 한다. 남들은 다 웃고 넘어가는 일을 혼자 곱씹고 되새기기 때문이다. 그래서 몇 달이 지난 후 불쑥 전화해서 "너 그때 사람들 앞에서 왜 그런 얘기 했어?" 하고 따지기도 한다.

관계 사고에서 부정적인 부분이 강화되면 '피해 사고'로 이어진다. 보통 피해망상이라고 부르는 이 증상은 여러 사람을 피곤하게 만든다. 내가 손해 보고 있지는 않은지, 나 몰래 친구들이 따로 만나고 있는 건 아닌지, 늘 신경을 쓴다.

남의 감정은 남에게 맡기자

예민함을 떨치려면 자신과 타인을 구분하는 연습부터 해야 한다. 타인의 범위는 무척 넓다. 자신을 제외한 사람은 모두 타인이다. 가족도 남이고, 친구도, 회사 동료도 당연히 남이다.

부모 자식 사이에 마찰이 잦은 이유는 대개 이 점을 자꾸 잊기 때문이다. 내가 낳고 키운 존재라, 자꾸 나의 일부로 느껴진다. 그래서 자식 문제가 내 문제 같아 참견하고 잔소리를 한다. 마찬가지로 자식은 부모에게 요구하고 받는 걸 당연하게 여긴다. 엄마니까 자식을 위해 헌신해야 한다고, 아빠니까 자식을 믿어야 한다고 기대를 한다. 그러나 그들은 부모이기에 앞서, 세상을 힘겹게 살아왔고 이제 쓸쓸히 늙어가는 존재다.

자식이 철이 들면 부모를 '나의 엄마, 아빠'로만 인식하지 않는다. 성숙한 자녀는 부모가 나이 들었음을 인정한다. 체력과 기억력이 떨어진, 서러움과 의심이 늘어난 노인으로 여긴다. 부모도 사람이고 누군가의 자녀이며, 감정과 욕구를 지닌 생명체로 인식하는 것이다.

행복하게 살아가기 위해서는 남의 일을 남의 일로 남겨두는 습관을 들여야 한다. 남이 한 얘기나 행동을 곱씹고, 내가 피해봤다고 생각하면서 행복하기란 불가능하다.

물론 남의 모든 일에 무관심해서는 안 된다. 세상에는 협동해야 할 일이 있기 때문이다. 또한 사랑하는 관계에서는 적절한 관심과 애정이 있어야 행복을 주고받을 수 있다.

중요한 건, 남의 감정은 그 사람에게 맡겨두어야 한다는 점이다. 저마다 자기만의 웃음 코드가 있고 감정의 급소가 있다. 똑같은 영화를 봐도 웃는 부분과 우는 부분이 다를 수 있다. 각자 느끼는 감정은 자기만의 이유가 있어서 그렇게 느끼는 것이다. 따라서 "당신 그런 일로 기분 나빠하면 어떡해?"라는 말은 아무 의미가 없다. 남들의 감정은 그들 고유의 것이며 내가 어떻게 할 수도 없고 해서도 안 된다. 그 감정이 내 잘못으로 생긴 것도 아니며 내 책임도 아니다.

남에게 관심을 갖고 도와주고 싶다면 그렇게 하자. 하지만 그 사람의 감정을 바꾸려 들거나 내 것으로 끌어오지는 말자. 남이 화가 났든, 의심을 보이든, 그 사람의 일일 뿐이다. 상대가 화를 낸다고 같이 화를 낼 필요도 없고, 거기에 휘둘리거나 억눌릴 필요도 없다. 남의 감정은 남의 것이다.

자존감 향상을 위해 오늘 할 일

예민함을 없애는 주문 외우기

알고 보면 세상에 죽기 살기로 덤벼들 일은 별로 없다. 대부분의 분쟁은 사소한 일에서 시작한다. 오가다 어깨가 부딪쳤다거나 나보다 어려 보이는데 존대를 안 했다거나 하는 일이 큰 싸움으로 이어지곤 한다.

이러면 어떻고 저러면 좀 어떤가. 나에게 중요하지 않거나 내가 싫어하는 사람들이 나를 뒤흔들게 할 필요가 있는가 말이다. 인간관계에 예민해질 때면 "그 사람하고 사이가 좀 나빠지면 어때?" 하고 내뱉어 보자. 건강 문제에 지나치게 예민하다면 "좀 아프면 어때? 누구나 지병

하나씩은 갖고 살아가잖아"라고 해보자. 그 말만으로도 예민함에서 조금은 벗어날 수 있다.

특히 한 가지를 계속 생각하는 걸 '집착'이라고 부르는데, 집착을 없애려면 "그게 뭐라고"라고 중얼거려보길 바란다. 판단을 잘못해서 금전적인 손해를 본 경우, 잃은 돈의 액수보다 더 큰 문제는 바로 집착이다. 손해를 봤다는 생각에 몰두해서 며칠이고 시간을 낭비하거나 인간관계에 금이 가기까지 한다. 이럴 땐 "그깟 돈 몇 푼 잃은 게 뭐라고" 하고 중얼거리자. 사랑하는 사람과 이별을 했다면 "사귀다 헤어지는 게 무슨 대수라고" 하고 말해보자. 마음을 휘어잡고 있던 무거운 생각이 한결 가벼워짐을 느낄 수 있을 것이다.

주문

"그럼 좀 어때!"
"그게 뭐라고!"
"좀 잘못되면 어때!"

5장을 마치며

받아들이고 원하고 지속하라

좋지 않은 습관을 버리기 위해서는 다음 네 가지 과정이 이루어져야 한다.

첫 번째는 '받아들이기'이다. 두 가지를 받아들여야 한다. 하나는 나에겐 오래된 나쁜 습관이 있다는 것, 또 하나는 그 습관이 나를 괴롭힌다는 점이다. 잘 받아들이려면 직접 적고 읽는 게 좋다. 가령 첫 줄은 '나에겐 남의 감정을 바꾸고 조정하려는 습관이 있다.' 다음 줄은 '이 습관은 나를 지치게 한다.' 이렇게 두 줄을 적어놓고 수시로 소리를 내어 읽는다. 담배를 끊고 싶다면, '나에겐 담배를 피우는 습관이 있다. 이 습관은 내 몸에 해롭다.' 이렇게 적고 읽기를 반복하면 된다. 금연을 결심했다가도 다시 피우게 되는 이유는 이 두 가지를 잊기 때문이다. 흡연이 습관이란 걸 잊으면, '한 번만 피우고 끊을 수 있다'는 생각이 든다. 그 습관이 몸에 해롭다는 사실을 잊으면, '스트레스 받느니 담배 피우는 게 나아'라는 생각이 싹튼다. 그러니 나에게 습관이 있고 그 습관이 내게 나쁘다는 사실을 반복해서, 적어도 1주일간은 뇌에 알려줘야 한다.

두 번째는 '원하기'이다. 모든 일에는 양가성이 있다. 나쁜 습관에 대한 마음도 그렇다. 그 습관을 끊고 싶으면서도, 이마저도 없으면 삶이 흐트러질 것 같다는 두려움이 있다. 나쁜 습관을 완전히 끊어내려면, 끊기를 간절히 바라야 한다. 누구에게나 자존감을 낮추는 습관이 있게 마련인데, 거기서 꼭 벗어나고 싶다고 스스로 원해야 한다.

세 번째는 '척하기'이다. 마음 깊은 곳에서 변화가 시작되어 별 어려움 없이 끊을 수 있으면 좋겠지만, 그런 일은 흔치 않다. 새로운 습관이 생길 때까지는,

기존 습관을 끊은 척해야 한다. 척하는 것이 내 것이 되기까지는 적어도 두 달 이상의 시간이 걸린다.

마지막으로 '지속하기'가 필요하다. 자존감이 부족한 사람들이 가장 힘들어하는 것이 이것이다. 습관은 언제든 재발하려고 든다. 그래서 한 번에 모든 변화가 이루어지지 않는다. 재발했을 때 '역시 난 안 돼. 이것 봐, 또 실패했잖아'라며 절망해버리는 게 문제다.

변화는 단 한 번의 결심이나 시도로 이루어지지 않는다. 되는 듯하다가 안 되고, 안 될 듯하다가 되기를 반복한다. 나도 모르게 다시 열등감에 빠지거나, 나쁜 습관에 다시 발 들이는 건 자연스러운 일이다. 중요한 것은 실패로 단정 짓지 않는 것이다. 무너지면 쌓고 또 쌓기를 반복해야 마음이 완성될 수 있다.

PART 6

자존감 회복을 위해 극복할 것들

1

상처 극복하기

농부들은 봄에 씨앗을 뿌린다. 여름엔 잡초를 뽑는다. 병해충을 잡기 위해 농약도 뿌린다. 자존감을 회복하는 과정도 이와 비슷하다.

우리는 자존감이라는 열매를 수확하기 위해 이 책을 읽고 있다. 앞서 한 일들은 봄과 여름에 해당하는 과정이었다. 자존감이 무엇인지 알고, 자신을 존중하고 사랑하는 게 어떤 것인지 파악하는 작업이 봄의 일이다. 그리고 여름이 되어서 방해물을 제거하는 작업을 했다.

자연에서는 나쁜 것만 제거해주어도 결실을 거둔다. 벼는 쭉정이만 걸러주면 알아서 여물고, 새는 자기가 알아서 껍질을 깨고 세상에 나온다. 자존감도 어느 정도는 이런 이치를 따른다. 자기 마음을 해치는 나쁜 것들을 제거해주면 회복하기가 쉽다.

나쁘고 해로운 것이 뭔지 알고 자기에게 그런 점이 있음을 받아들이기, 이것이 자존감 회복을 위한 기본 단계라면, 그 다음 단계는 구체적인 극복 방법을 알고 실천하기다.

모든 상처는 과거형

제일 먼저 살펴볼 것이 '상처'다. 흔히 "나 상처 받았어" "상처로 남았다"라고 말한다. 그렇다면 상처란 대체 무엇일까? 또 어떤 게 상처가 되고, 어떻게 드러날까? 이는 상담을 하다 보면 많은 이들이 궁금해하는 점이기도 하다. 이에 대해 세 가지로 답을 해보겠다.

Whatever: 무엇이든 상처가 될 수 있다. 어떤 말도 상처가 될 수 있고, 어떤 사건, 어떤 행동도 상처로 남을 수 있다. 따라서 "그만한 일에 몇 년간 괴로워하는 내가 바보인가요?"라는 질문은 의미가 없다.

However: 상처를 표현하는 방식 역시 무엇이든 될 수 있다. 어떤 사람들은 눈물을 흘리고, 어떤 사람들은 화를 낸다. 웃음으로 표현하는 사람도 있고, 어금니를 꽉 깨무는 사람도 있다. 아무렇지 않은 듯 살아가는 사람도, 그런 일 없다며 둘러대는 사람도 있다.

Whenever: 어떤 사람들은 상처가 발생하자마자 드러나지만, 몇 년이 흐른 후에 나타나기도 한다. 몇십 년이 흐른 뒤에 상처에 사로잡히는 사람도 있고, 빨리 시작해서 빨리 끝나는 사람도 있다.

현재의 삶에 영향을 미치는 과거의 상처, 즉 트라우마에 대해 사람들이 많이 묻는데 내 답은 늘 비슷하다. "그럴 수도 있고, 아닐 수도 있다." 상처가 발생하고 나타나는 방식은 너무나 다양해서, 정해진 규칙은 없다.

하지만 중요한 공통점이 있다. 모든 트라우마는 과거에 일어난 일이라는 것. 마치 커다란 개구리 사진 같다고 생각하면 된다. 커다란 개구리 사진을 어린아이들에게 보여주면 다들 무서워하며 뒤로 물러나거나 울음을 터뜨린다. 하지만 사진은 그 자체로 절대 우리를 해칠 수 없다. 단지 그 개구리 사진에 겁을 먹은 순간엔 괜찮다는 말이 와 닿지 않을 뿐이다.

트라우마가 불러온 결과

미국 드라마 〈엘 워드The L word〉의 등장인물 가운데 제니(제인)라는 여성이 있다. 처음에 그녀는 남자친구와 결혼을 앞둔, 평범한 캐릭터로 나온다. 그러다 어느 순간 커피숍 여사장과 충동적으로 사랑에 빠져들더니, 그 뒤로 극단적이고 자기 파괴적인 모습을 보인다. 친구들을 이간질하고, 상처 주고, 자해 행동을 한다. 이런 그녀에게 한국 시청자들은 '똘제인'이라는 별명을 붙인다. 어디로 튈지 모르는 활화산 같은 캐릭터란 뜻이다.

사실 제니에게는 어린 시절 성추행을 당한 상처가 있다. 부모는 어린 제니를 보호해주지 않았고, 그 사건을 은폐했다. 게다가 모든 잘못을 제니 탓으로 돌렸다. 이 과정에서 제니는 또 상처를 받았고, 아픔을 안은 채 살아왔다.

제니는 작가를 꿈꾸며 끊임없이 글을 쓰고 평범한 남자와 사랑도 하지만 암울한 기억에서 벗어나지 못한다. 문란한 성생활에 빠지면서까지 과거를 잊어보려 하지만, 좀체 쉽지 않다. 결국 그녀는 스트립 바를 찾아가 댄서가 된다. 취한 눈을 번뜩이며 환호하는 남자들 앞에서 쇼를 한다. 그런 제니에게 친구가 묻는다. "넌 어릴 때 그런 일도 겪었으면서 대체 왜 여기서 이런 일을 하고 있는 거야?" 제니가 답한다. "여기선 내가 멈추고 싶을 때 멈출 수 있어. 내가 보여주고 싶은 만큼만 보여주고, 정지하고 싶은 곳에서 정지할 수 있어. 그걸 느끼는 게 좋아."

내 마음의 급소는 무엇일까

마음에 받은 상처는 종종 흔적을 남긴다. 시간이 약이라고 하지만, 덜 아문 자리가 불쑥불쑥 아픔을 준다. 잊을 만하면 자꾸 그 일이 떠올라 괴롭다. 겉은 아물었지만 속은 곪아 있어서 갈수록 더 아픈 경우도 있다. 제니의 상처는 성추행이라는 사건이다. 지나간 일이지만 고통은 현재 진행형이다. 아물지 않은 상처가 자꾸 덧나고 고통을 준다.

건드렸을 때 유독 큰 고통을 느끼는 부분, 이를 마음의 급소라고 한다. 제니에게 마음의 급소는 '내 마음대로 할 수 없음'이다. 추행하는 상대를 힘으로 제어할 수 없었고 빠져나갈 수도 없었던 게 큰 충격으로 남았다. 사건을 수습하는 과정에서도 부모의 행동에 반대할 수도 없고 그저 하라는 대로 따를 수밖에 없었다.

사람들에게는 저마다 마음에 급소가 있고, 이는 과거에 경험한 상처와 연관되어 있다. 형제간의 차별이 상처로 남은 사람에게는 경쟁을 해야 하는 상황이 급소다. 억울한 누명을 쓴 트라우마가 있는 사람은 조금이라도 억울한 상황이 되면 급소로 작용한다. 사람마다 작용하는 급소가 다르다.

급소를 보호하는 방어기제

상처 받은 사람들은 급소를 어떻게 방어할지 고민하게 된다. 그래서 방어 방법을 개발한다. 의식적으로 개발하기도 하지만 대개는 자기도 모르는 사이에 방어 방법을 개발한다.

이런 방어 방법, 즉 마음의 급소가 노출되지 않고 아픔으로 이어지지 않게 보호하는 방식을 '방어기제'라고 부른다. 심리학자들은 다양한 방어기제가 있다고 밝혔다. 이솝우화에 나오는 '여우와 신포도' 얘기는 '합리화'라는 방어기제의 대표적인 예로 통한다. 포도가 시어서 안 먹는 거라며 자신을 합리화하는 것, 이것이 여우의 방어기제다.

사람들은 자신만의 방어기제를 사용한다. 한 사람이 방어기제를 여럿 사용하기도 하고, 한 사건에 대해 여러 방법을 쓰기도 한다. 방어기제는 그 사람 인생에서 상당히 중요하다. 어떤 방어기제를 사용하느냐에 따라 인격이나 성격이 결정된다고 주장하는 사람들도 있다.

미숙한 방어 vs. 성숙한 방어

급소를 보호하기 위한 방어기제가 자신이나 타인에게 오히려 해를 끼치는 경우가 있다. 이를 미숙한 방어기제라고 부른다. 앞서 예로 든 드라마에서 제니는 마음대로 할 수 없다는 생각에서 자유로워지고 싶어 방어기제를 발동한다. 그런데 그 방식이 자해, 알코올 의존, 문란한 성생활 등이었다. 이런 행동은 그 순간에는 위안을 주는 듯 보인다. 하지만 결국 후회를 낳고 악영향을 끼친다.

미숙한 방어기제에는 이 밖에도 여러 가지가 있다. 비난과 자책이 대표적이다. 안 좋은 느낌이 올라올 때 타인을 공격하면서 탓하거나 자신을 비난하면서 시간을 보내기도 하고 험담을 하면서 방어하는 경우도 있다. 가령 시어머니에게 상처를 받았는데 그 감정을 받아들이기 힘들고 당사자에게 서운함을 표현할 자신도 없다. 그래서 자식이나 친정 식구들에게 괴로움을 토로한다. 당장 시어머니나 자신을 해치지는 않지만, 완전한 방어도 아니다. 게다가 자식 – 시어머니, 친정 – 시댁 간에 새로운 갈등을 야기하기 때문에 평화적인 방법이라고는 할 수 없다.

꾹꾹 눌러 담기만 하는 억압을 사용하는 사람들도 있다. 이들은 대개 엉뚱한 데에서 폭발하는 양상을 보인다. 남편에게 화가 났는데 자녀에게 "너도 네 아빠 닮아서 그 모양이야!"라며 화를 낸다. 억압의 방어기제는 결국 분노와 공격 양상으로 분출돼, 여러 사람을 곤란하게 만든다.

미숙한 방어기제와는 반대로, 성숙한 방어기제를 갖춘 사람들은 자기 마음을 방어하면서도 아무에게도 해를 끼치지 않는다. 성숙한 방어기제의 대표는 승화(sublimation)다. 자기가 겪은 나쁜 사건이나 그와 관련된 부정적인 감정을 생산적인 활동으로 발달시키는 것이다. 예컨대 왕따와 우울증을 경험한 청소년이 어른이 되어 왕따 학생들을 돕는 심리 전문가가 되는 경우가 그렇다. 어릴 때 느낀 답답함과 슬픔을 기억하기에 누구보다 공감력이 뛰어난 치료자가 될 수 있다. 그 밖에 실연의 아픔을 담아 노래로 만드는 작곡가, 상처를 문학 작품으로 풀어내는 작가들도 승화의 방어기제를 사용한 사례다. 이는 해가 되지 않을 뿐더러 타인을 위로한다.

상처와 자존감 회복의 목표에는 방어기제를 보완하는 것도 포함된다. 전문가의 따뜻한 공감과 조언을 받아, 아픔에 어떻게 반응할지 결정하고 훈련하다 보면 상처를 수습할 방법을 자연스레 깨닫는다. 성숙한 사람도 상처를 받고 급소가 있다. 그들은 평화로운 방법으로 자신을 보호한다.

바꿀 수 없는 과거, 지금은 안전하다

세상에 바꿀 수 없는 두 가지가 있다. 바로 타인과 과거다. 과거에 받아 현재까지 남아 있는 상처는 누구나 괴롭다. 그리고 잊기 힘들다. 안타깝지만 과거는 바꿀 수도, 지울 수도 없다.

과거의 상처가 현재의 우리를 괴롭히는 이유는 시간 개념을 뒤흔들어놓기 때문이다. 오래전에 끝난 일인데 마치 옆에서 일어나는 일 같은 혼동을 준다. 10년 전 강도당한 경험이 있는 사람을 상담했는데, 그는 얘기하는 내내 출입구를 응시했다. 이유를 물어보니 "저 문을 열고 그 강도가 쫓아올 것 같아요"라고 했다.

어릴 때 부모에게 받은 상처, 선생님에게 받은 상처, 친구들에게 당한 따돌림은 사실 다 지나간 일이다. 무시당하고 비교당했던 나는 '오래전 그날의 나'다. 그런데 여전히 '지금의 나'가 겪는 일로 생각하는 것이다. 상처가 괴로운 것은 사실이다. 하지만 상처는 모두 과거형이라는 사실을 잊어서는 안 된다.

마음속 응어리가 승화되고 나면 이런 혼란에서 벗어날 수 있다. 머릿속에 있을 땐 혼란스럽지만 막상 밖에 꺼내놓고 보면 다 지나간 일이란 게 확실해지기 때문이다. 거기서 우리는 벗어났고, 지금은 안전하다. 우리를 괴롭힌 어른들은 이미 노인이 되었고, 우리가 더 강해졌다. 그것을 깨달아야 한다.

뇌에게 말하기: "다 지나간 일이다"

이 이야기를 우리의 뇌는 모르고 있다. 뇌는 아직 착각하고 있다. 혹은, 평소에는 잘 알다가도 술에 취하거나 컨디션이 나빠지면 분별력을 잃는다. 지나간 일과 현재를 혼동한다.

상처는 한 편의 공포영화를 보고 나온 것과 비슷하다. 영화를 보는 내내 귀신과 좀비가 튀어나와 두려움에 질려 움츠러들고 비명을 지른다. 하지만 영화가 끝나고 영화관 밖으로 나오면 좀전의 공포는 현실과 무관하다.

그 사실을 끊임없이 알려줘야 한다. 그 상처는 지나간 일이라는 것을 뇌가 완전히 이해할 수 있도록 해줘야 한다. 그러려면 마음속으로 되새기는 것보다는 외부에서 정보를 주는 쪽이 효과적이다. 뇌 속 깊은 곳, 감정과 기억의 중추가 느낄 수 있도록 소리를 들려줘야 한다. "다 지나간 일이야. 지금은 괜찮아. 나는 지금 안전해"라고 소리 내 알려주자.

그래도 뇌는 자꾸 헷갈릴 것이다. 너무 오랫동안 잘못 생각하고 있었던 탓에 지나간 일이라는 사실을 잘 받아들이지 않으려 한다. 마음속에서 '이런 방법이 무슨 소용 있어? 혼자 웅얼거릴 필요 없어. 나중에 하지 뭐'라는 생각이 싹틀 것이다. 뇌는 익숙한 것을 좋아하기 때문에 상처 때문에 괴로운 상황마저 유지하려고 한다. 그럼 어찌해야 할까? 하루 100번씩 꾸준히 들려줘야 한다. 입으로 소리를 내어 귀가 듣도록, 계속. 그래야 귀 세포가, 심장 세포가, 안면 근육이 그 사실을 깨닫는다.

내 귀에 들려주기를 할 때는 주의할 점이 있다. 너무 허황되거나 과장된 표현을 지양해야 한다. 오히려 반감을 불러올 수 있기 때문이다. 예를 들어 "내가 세상에서 최고야." "난 뭐든지 할 수 있어!" 라고 하면 일시적으로 감정은 배출되지만 스스로도 아니란 생각이 들기 때문에 효과가 지속되기 어렵다.

예

그 일은 누가 겪더라도 힘든 일이었어.
게다가 그땐 너무 어려서 막을 수도 없었잖아.
나쁜 일이었지만 이미 지난 일이야.
벌써 10년 전 일이라고.
지금의 나는 성장했고 스스로를 지킬 힘도 생겼고
나를 도와주는 사람도 많아.
잘했어, 잘 견뎠어.

2

저항 극복하기

로맨틱 코미디 영화들을 보다 보면 이렇게 전개되는 경우가 많다. 1. 별로 어울리지 않아 보이는 두 사람이 만나고 자꾸 서로 얽힌다. 2. 둘이 점점 친해진다. 3. 곧 사귈 것 같다. 키스도 했다. ……이 다음 바로 사랑에 빠지면 좋겠지만 대개는 고비가 온다. 두 사람 중 자존감 낮은 한쪽이 몰래 떠나면서 이런 쪽지를 남긴다. "내가 이런 행복을 느껴도 되는지 모르겠어" "당신은 소중한 사람이야. 하지만, 나는 지금 사랑을 할 때가 아니야. 좀 더 멋진 사람이 되어서 돌아올게" 그러고는 어디론가 떠나버린다. 행복을 꿈꾸면서도, 자기가 과연 행복해도 되는지 의심하고 뒷걸음질 친다.

영화의 주인공은 매력적이고 사랑을 갈망한다. 하지만 상처가 있고 자존감이 낮다. 그래서 막상 사랑을 찾아도 그것을 견디지 못한다. 갖고 싶으면서도 놓고 싶은 마음이 있기 때문이다. 우리 마음속엔 늘 이런 양가감정이 존재한다.

원하면서도 원치 않는 마음

"자존감이 회복되길 바라나요?"라는 질문을 들으면 대부분 그렇다고 대답할 것이다. 그런데 마음 깊은 곳에서 지금의 삶이 변화하기를 바라는지는 생각해볼 필요가 있다. 의외의 대답이 나오는 경우도 흔히 있다.

"네, 저는 저희 아이들이 행복한 세상에서 살았으면 좋겠어요."

"당연하죠. 전 취업도 해야 하고, 결혼도 해야 하니까요."

"뻔한 말을 왜 물어보시죠? 선생님은 불행하고 싶으세요? 왜 똑같은 질문을 반복하시는 겁니까?"

실제로 질문해보면 이런 반응이 돌아올 때가 많다. 사람들은 자존감을 회복하고 싶어서 책도 읽고 상담도 받아보지만 마음속에서는 다른 목표와 충돌하는 경우가 많다. 자신의 자존감을 회복하는 일보다는 자녀 문제에 집중을 한다. 혹은 눈앞의 과업을 걱정하느라 회복에 집중을 못한다.

자존감 회복이라는 인생의 변화 앞에서 우리의 마음은 복잡하다. 간절히 원하면서도 원치 않는 마음, 회복으로 향하지만 한쪽에서는 반대 행동을 하는 모습. 변화를 원하면서 한편으로 '저항'한다. 우리에게 어떤 저항이 있는지 인식하고 극복해야, 진정한 회복으로 나아갈 수 있다.

자존감이 회복되고 행복해진다는데 무슨 저항? "나는 그런 거 전혀 없으니, 빨리 자존감이나 회복하게 해줘요"라고 불평하는 경우도 있다. 하지만 회복 과정에서 저항을 들여다보는 일은 무척 중요하다.

사실, 저항이 생기는 것은 지극히 자연스러운 현상이다. 물체를 옮길 때 발생하는 마찰력과도 같은 것이다. 우리는 모두 불행한 나에서 행복한 나로 옮아가기를 바란다. 하지만 이 위치에서 저 위치로 옮아가기 위해서는 마찰력, 중력을 극복해야만 한다.

우리를 계속 제자리에 머무르게 하려는 힘은 늘 있다. 나에겐 저항이 없다며 억누르기보다는, 어떤 문제 때문에 마찰력을 더 크게 느끼는지, 어떻게 해야 저항을 쉽게 극복할 수 있을지 고민하는 편이 더 현실적인 방식이다.

예를 들어, 면접관이 지원자에게 "이 회사에 다니고 싶습니까?"라고 물으면, 모든 지원자가 "네, 다니고 싶습니다"라고 대답할 것이다. 그런데 마음속 한구석에선 더 이상 늦잠을 못 잘 거란 걱정, 새 회사에 잘 적응할 수 있을지, 등등 상반된 마음이 있다. "이 회사에 출근하면, 아침부터 밤늦게까지 일해야 합니다. 작가가 되겠다는 당신 꿈도 접어두어야 하고요. 그래도 괜찮나요?"라는 질문을 받으면 더욱 마음이 흔들린다. 취업하고 싶은 마음이 훨씬 크기는 하지만, 그 대가로 포기해야 할 부분이 있기 때문이다.

양가감정은 오래된 연인들에게서도 흔히 나타난다. 사랑이 식어서 헤어지고 싶으면서도 이제껏 쌓은 안정적인 관계를 유지하고 싶은 마음도 든다. 때로는 헤어지는 것이 나에게 훨씬 행복한 일임을 알면서도 저항의 벽을 넘지 못하며 불만만 늘어놓는다.

행동과 실천을 막는 세 가지 저항 심리

문제는 저항을 인식하지 못하거나 받아들이지 못하는 경우다. 자기 안의 반발력을 의식하지 못하면 극복도 못하기 때문이다. 이들은 열심히 노력하지만 번번이 실패한다.

가령, 자기계발서를 열심히 읽는 사람들 중에도 저항에 압도된 경우가 있다. 자존감을 회복하기 위해 책 읽기 말고도 여러 방법을 취해본다. 강연도 들으러 가고, 전문가들을 찾아 상담도 받는데, 도무지 진척을 못 보곤 한다. 저항은 마음속에 숨어서 적극성을 끌어내린다. 책을 읽는 것은 운전을 잘하기 위해서 운전 설명서를 읽는 것과 같다. 설명서만 열심히 읽고 외운다고 운전을 잘할 수는 없다. 아무리 머릿속에 지식이 가득해도 손과 발이 훈련되지 않으면 유능한 운전자가 될 수 없다.

진정 회복을 바란다면 움직여야 하는데 저항이 자꾸 막아선다. 자존감을 회복하는 행동과 실천을 가로막는 대표적인 저항이 있다. 다음과 같은 세 가지다.

저항 1: 과연 성공할 수 있을까?

첫 번째 저항은 결과에 대한 의심이다. 결과를 의심하기 시작하면 행동이 더뎌진다. 이는 자신이 없기 때문에 생기는 의문이다. 어차피 실패할 것 같고 열심히 노력했는데도 실패하면 더 허무할 것 같다. 희망을 가졌다가 이루지 못하면 더 실망할 것 같아서, 미리 포기하는 게 나을 것 같다는 생각이 든다.

자존감 낮은 사람이 결과를 의심하는 것은 당연한 일이기는 하다. 자신의 능력을 믿지 못해 자존감이 낮은 것이니, 성공에 대한 확신을 하지 못한다.

하지만 자존감이 건강해지는 과정은 합격·불합격으로 평가되는 일이 아님을 알아두자. 가령 헬스클럽에서 3개월 동안 운동을 열심히 해서 연예인 몸매가 될 수도 있고 안 될 수도 있다. 그러나 분명히 지금보다는 나아질 것이다. 작심삼일이 될지언정 괜찮다. 3일은 운동하는 게, 3일간 아무것도 안 하는 것보단 낫다.

저항 2: 누가 몰라서 안 하나? 이론은 이론일 뿐이야

『화성에서 온 남자 금성에서 온 여자』를 처음 읽었을 때, 이 책만 읽으면 남녀 사이에 싸움이 없겠구나 싶었다. 남자와 여자의 언어가 서로 어떻게 다르고, 따라서 어떻게 이야기해야 하는지 구체적으로 제시했기 때문이다. 그 책은 베스트셀러가 되었지만, 여전히 남자와 여자는 서로 다른 언어로 말하고 여전히 다툰다.

그것은 우리가 '실천에 대한 저항'을 가지고 있기 때문이다. 이론과 실제를 따로 생각해서, 이론은 열심히 공부해도 실천하지 않는다. 배운 대로 하지 않으니 실패할 수밖에 없는데, 이들은 오히려 이론을 탓한다. 이론을 완벽하게 배웠는데 성공하지 못했다면서 말이다.

책을 읽고 깨달은 바가 있다면 그것을 실전에 적용해야 한다. 그래야 비로소 의미가 있다. 실제와 상관없는 이론서가 욕을 먹듯이, 이론을 실제에 적용하지 않는다면 그것 또한 무의미한 일이다.

저항 3: 해봤는데 안 되더라고

열심히 노력하다가 다시 원래 상태로 돌아가는 경우가 있다. 처음에는 자존감도 조금 올라가는 것 같고, 마음도 안정된 것 같고, 음식 조절도 잘되는 듯하다가 어느 순간에 무너진다. 그러면 '역시 해도 안 되는구나' 하고 실망한다. 이제까지의 노력이 다 헛수고였다고 느낀다.

아무리 작은 변화라 하더라도, 변화에 익숙해지기까지는 2개월 이상 걸린다. 그사이에 고질적인 습관이 재발하는 것은 지극히 자연스러운 현상이다. 사람 마음에도 관성의 법칙이 있다.

이런 이유로 자신을 비난하고 포기해버리면 안 된다. 그럴 때는 다시 자존감이 낮아진 이유와 계기를 꼼꼼히 되짚어보면 큰 도움이 된다. 도대체 누구를 만나 어떤 말을 들었는지, 그때 어떤 감정이 어떤 속도로 전개되어 좌절하게 되었는지 짚어보자. 이 과정을 통해서, 다시는 그 이유로 재발하지 않도록 반창고를 붙일 수 있다.

그래도 그냥 계속하라

이 밖에도 변화를 막아서는 많은 저항들을 만난다. 주변 사람의 영향도 무시할 수 없다. 열심히 노력하는데 알아주지 않는다거나, 나는 변했는데 가족이 변하지 않을 수도 있다. 난 분명 변했는데 아니라고 우기는 친구가 있을 수도, 막상 나 자신이 기쁘지 않을 수도 있다. 이 모든 것이 변화를 가로막는 벽이 된다.

많은 사람들이 이런 벽을 만나면 어떻게 뛰어넘을지 고민한다. 그런데 문제는 답이 나올 때까지 멈춘다는 것이다. 사실 마음의 장벽은 실질적인 방해물이 아니다. 긍정적 보상이 없거나 부정적 보상이 너무 커서 그렇지, 우리의 노력을 직접 막아서지는 않는다.

실질적인 변화를 느끼고 싶다면 계속 진행하는 것이 중요하다. 마음의 저항을 극복하지 못한 채 안고 가야 할 때도 있다. 벽에 부딪히다 보면 근력이 자연스럽게 생긴다. 멈추지 않고 그냥 계속하기, 그것이 변화를 앞당긴다.

행복이라는 종착역을 믿어라

우리는 모두 행복이라는 종착역을 원하고 자존감의 회복을 바란다. 하지만 거기에 따른 책임이나 변화에 대한 두려움 때문에, 행복을 원하면서도 한편으로는 밀어낸다. 이를 극복하기 위해서는 종점을 믿어야 한다. 나에게 만족하는 내가 되면 행복해진다고 믿어야 한다. 그 사실을 믿고, 그렇게 되기를 바라야 한다.

자존감이 높아지고 행복해지면 잃는 것들도 있다. 불행했을 때, 자존감이 낮았을 때 가끔 받았던 동정심이나 배려, 양보 같은 것들과 헤어져야 한다. 또한 부러움을 받는 한편으로 시기나 질투도 받을 수 있다. 어쩌면 사실과 다른 소문에 시달릴 수도 있고 그래서 억울한 일이 생길 수도 있다. 어쩔 수 없다. 변한 것은 우리이기 때문이다. 타인들의 도덕은 달라지지 않았고 그들이 성숙한 것도 아니다.

자존감이 회복되는 과정에서 우리는 분명 저항을 만난다. 그럴 때면 '그냥 예전처럼 살 걸 그랬나' 하는 생각이 들 수도 있고, 겸손함이 없어질까 봐 걱정할 수도 있다. 하지만 스스로를 사랑하거나 자존감이 회복된다고 해서 갑자기 오만해지거나 왕따가 되진 않는다. 왜냐하면 자존감을 획득하면서 매너와 배려가 생길 것이고, 그것이 우리를 지켜 줄 것이기 때문이다.

다시 말하지만 자신을 높이 평가하고 존중하는 것은 옳은 일이다. 또 행복해지는 일이다. 우리는 행복해질 것을 믿어야 한다. 무시를 받는 것보다는 부러움을 받는 것이 확실히 행복하다. 동정을 받는 것보다는 질투를 받는 것이 더 행복하다. 누구의 보살핌이 없어도 행복할 수 있다. 그리고 회복된 자존감은 누구에게도 손해나 상처가 되지 않는다.

3

비난 극복하기

비난은 바이러스 같다. 상대의 입에서 출발해 내 몸으로 들어온다. 나를 공격하는 바이러스가 집단에 퍼질 때도 있다. 믿었던 친구가 내 뒤에서 여러 명에게 퍼뜨리기도 한다. 그래서 우리는 비난을 두려워하고, 나에 대해 하는 말들에 예민해진다.

하지만 사실 바이러스는 그다지 무서운 존재가 아니다. 생명체도 아니고 물리적으로 우리를 해칠 능력도 없다. 단지 우리 몸속에 들어와 자리 잡기 때문에 문제가 생긴다. 비난도 품고 있어서 문제다. 우리 안에 있을 때 괴로움과 자학을 유발한다. 그것들이 우리를 공격한다.

따라서 비난이 언제 어떻게 날아오는지 잘 알아야 한다. 입만 열면 비난을 뿜어내는 사람들이 있는데, 이들을 피하거나 최대한 멀리 두어야 한다. 부득이하게 가까이할 수밖에 없다면 마스크를 쓰거나 손이라도 자주 씻어야 한다. 다시 말해 예방하거나, 방어하거나, 후유증이라도 줄여야 한다.

비난의 다섯 종류

먼저 비난이 뭔지 짚고 넘어갈 필요가 있다. 많은 사람들이 비난에 대해 오해하기 때문이다. 사실을 말하거나 좋은 의도로 한 말은 비난이 아닐까? 그렇지 않다. 비난은 화살을 쏘는 것과 같다. 그 목표물이 적이든, 우리 편이든, 내가 되었든 다음과 같은 것들이 비난이다.

1) 솔직히 얘기하는 비난

우리는 어릴 때부터 정직해야 한다고 배웠다. 그래서 사실을 있는 그대로 얘기하면 잘했다고 생각한다. 사실을 지적하는데 뭐가 문제냐고 생각한다. 그러나 말하는 의도나 수반된 감정이 무엇이냐에 따라서 '사실 언급'은 비난이 되기도 한다.

"내가 보기에 박 대리는 직장생활보다 가정이 우선인 것 같아."

박 대리가 상사에게 이런 말을 들었다고 하자. '직장생활보다 가정이 우선'이라는 게 설령 사실일지라도, 대다수가 이렇게 생각할지라도, 개인 의견이라고 밝혔다 해도 이 문장은 비난이다. 직장 상사의 저 말 이면엔 상대를 깎아내리려는 의도가 있기 때문이다. '당신이 자꾸 가정만 신경 쓰는 게 불만이야'라는 감정도 함께 깔려 있다.

2) 원인을 얘기하는 비난

"제가 이렇게 자존감이 낮아진 건, 어릴 때 사랑을 충분히 못 받아서인가요?"

상담할 때 자주 듣는 질문이다. 마음에 병이 생기면 흔히 그 원인을 알려고 한다. 알코올에 집착하는 이유, 이별을 받아들이지 못하는 이유, 불안이 생긴 이유가 무엇에 기인하는지 궁금해한다.

그러나 치료자들은 그 원인을 말하는 데에 신중을 기해야 한다. 많은 내담자와 보호자들이 치료자가 거론하는 원인을 두고 격론을 펼치기 때문이다. "내가 이렇게 된 게 아빠 때문이래요!" "그건 네 의지가 부족한 탓이야! 원망하지 마!"라면서 자기 방어와 공격을 반복한다.

부정적인 결과에 대해 원인을 찾다 보면 비난으로 귀결되기 십상이다. 이미 감정이 손상되어 있기 때문이다. 그래서 해결하려 하기보다는 남에게 탓을 돌리려는 미숙한 행동으로 이어진다. 반드시 원인을 찾아야만 하는 경우라면, 상대의 기분을 배려하고 충분히 지지한 후에 시작해야 한다.

3) 부정적 미래를 예고하는 비난

"너 이런 식으로 하면, 나중에 친구들하고도 잘 못 지내고 외톨이가 될 거야."

자녀를 양육하거나 신참을 교육할 때 흔히 등장하는 비난이다. 상대방의 행동이 얼마나 잘못되었는지를 알려주는 말이다. 의도는 일면 친절하다. 잘못을 일깨우고 다시 저지르지 않기를 바라는 마음, '바늘 도둑이 소 도둑 될까 봐' 우려하는 마음에서 한 말이다.

그러나 이 말은 상대에게 억울함을 불러일으킨다. 그깟 바늘 하나 훔쳤는데 소 도둑으로 몰린 느낌이 든다. 이런 비난이 반복되고 심해지면, 단순하게 말해서 '이왕 이렇게 된 거 진짜 소나 한 마리 훔쳐야겠다'는 마음으로 확대되기 쉽다. 억울함이 반항심으로 이어진다.

4) 비교하는 비난

문장 형식이 비교형을 띠면 대부분 비난이다. 또는 대구형 문장 구조도 유사한 비난이다. "누구누구는 이렇던데……"라며 끝을 흐리는 말도 비난이다. 그다음 내용은 말하지 않아도 알 수 있기 때문이다.

주로 윗사람이 아랫사람들을 비교한다고 생각하는데, 의외로 아랫사람이 윗사람들을 비교하는 경우도 많다. 옆 파트 팀장님은 그렇지 않다며 불만을 품는 경우도 있고, 대기업 임원들은 저러지 않을 거라며 회사 전체를 비교하는 경우도 있다. 특히 부모 자식 간에는 부모가 자식을 비교하는 것만큼이나 자식이 부모를 비교한다. 내가 좀 더 부잣집에서 태어났더라면, 공감해줄 줄 아는 친구 엄마 같은 부모를 만났다면, 하는 생각을 한다. 마음속에만 품고 있으면 그나마 다행이지만 말로 표현하는 순간 비난이 된다.

5) "왜?"라고 묻는 질문형 비난

"미안한 짓을 왜 해?"라는 질문은 '그 행동의 원인을 분석해봐'라는 거창한 의미가 아니다. '당신은 미안한 줄 알면서도 고치지 못하는 못난 사람'이라는 비난의 뜻이 담겨 있다.

이 다섯 가지 경우 외에도 어떤 말을 듣고 기분이 나쁘다면 비난이라고 생각하면 된다. 표면상으로 보면 원인과 결과를 말하고 있고, 차분한 말투로 조언하고 있다 하더라도 그 조언을 듣고 감정이 상했다면, 그건 비난이다. 듣는 사람이 비난이라고 받아들였기 때문이다. 비난은 인지하는 게 중요하다.

바람직한 비난은 없다

비난을 당할 때는 자신이 비난당하는 상황임을 빨리 알아차려야 한다. 왜 그래야 할까? 비난은 우리 인생에 별 도움이 되지 않기 때문이다. 물론 눈물 쏙 빠지게 혼나고 난 뒤에 열정과 승부욕이 생기는 경우도 있다. 그러나 그건 울면서 감정이 배출되어 생기는 '정화'(ventilation)의 효과이지 비난의 효과가 아니다.

서로 비난하며 싸우는 관계를 발전적 관계라고 착각하는 경우도 있다. 특히 부부는 싸워야 잘 산다고 오해하곤 한다. 하지만 부부치료자들은 이에 대부분 반기를 든다. 미국의 부부치료자인 존 가트맨 박사는 부부 수천 쌍을 대화하게 두고, 그 패턴을 분석했다. 어떤 부부들이 행복하게 살고 어떤 부부들이 이혼으로 가는지를 분류했다. 그 결과, 부부 만족도는 경제적인 문제나 자녀 문제, 고부간 갈등 같은 굵직한 원인에서 비롯하지 않았다. 이혼하는 부부들은 비난, 경멸, 무시 등 의사소통 방식 때문에 갈등을 빚었다. 이혼으로 가는 대표적인 소통 방식이 비난과 반격이었다. "이건 당신 때문이야!"라는 식의 비난과, "당신은 또 어떻고?" 하는 식의 응수는 서로에게 상처를 남긴다. 이런 방식으로 옳고 그름을 따지거나 문제의 원인을 파고들면, 문제 해결이 아닌 관계 파탄에 가까워진다.

비난은 투사일 뿐이다. 무슨 일이 생겼을 때 남 탓을 하는 행동을 말한다. 투사는 미숙한 방어기제에 속한다. 승화나 유머와는 달리, 문제를 일으키고 생산적 활동으로 이어지지도 않기 때문이다.

어린아이가 달리다 넘어져 울음을 터뜨리면 부모는 "땅이 그랬지? 땅 나쁘다, 때찌!" 하며 땅바닥을 친다. 그럼 아이는 덩달아 땅을 때리며 울음을 그친다. 비난을 하며 잠시나마 아픈 걸 잊는 거다. 물론 아이가 크면 더 이상 땅을 탓하지 않는다. 그런다고 아픈 다리가 낫지도 않고 시간을 되돌릴 수도 없다는 걸 잘 아니까.

그런데 어른도 스트레스를 받으면 판단력이 흐려지기 쉽다. 평상심을 잃을 정도로 괴로울 땐, 성숙한 사람들도 어린 시절에나 사용하던 미숙한 방어기제를 사용한다. 뇌가 일시적으로 퇴행하는 셈이다.

그래서 비난을 한다. 비난을 자주 하는 것은 마음이 자주 불편해서 퇴행한다는 뜻이고, 강하게 비난하는 것은 크게 퇴행한다는 뜻이다. 얻는 것도 없고 달라지는 것도 없건만 그 사실을 알지 못한다. 마음이 너무 불편한 나머지, 그런 이성적인 계산도 서지 않는 것이다.

비난받을 때 잊지 말아야 할 것들

권투 선수가 링 위에서 펀치를 맞는다고 치자. 정신을 놓고 있으면 그로기 상태가 될 때까지 계속 맞는다. 경기가 끝난 후에도 심각한 후유증을 남긴다. 그러기 전에 피하거나 끌어안아야 한다. 이도 저도 어려우면, 서둘러 항복이라도 해서 손상이나마 최소화해야 한다. 비난받을 때도 마찬가지다.

1) 비난 인지하기

인생은 복싱과 달리, 링이 따로 없다. 상대 선수도 정해져 있지 않다. 집에서든 직장에서든, 친구나 가족, 동료, 놀이터나 엘리베이터에서 잠깐 스치는 이웃에게도 공격당할 수 있다. 비난당하면 제일 먼저 내가 비난당하고 있음을 깨달아야 한다. 그것 때문에 방어력이 떨어지고 있다는 사실도.

2) 내가 괴로운 건 비난 때문임을 인지하기

누굴 만났는데 기분이 나빠졌다면 비난당해서이기 쉽다. 말뿐 아니라 눈빛으로, 작은 제스처로, 혹은 아무 행동도 하지 않는 것으로도 비난당할 수 있다. 그것이 공격인지 아닌지 모호하다면, 모호한 공격을 당한 것이다. 이때 상대에게 "나를 비난했죠?"라고 따지는 건 의미가 없다. 대부분의 경우 상대방은 부인한다. 그리고 상대에게는 그 말이 진실일 때가 많다. 비난할 의도가 없었다고 해도 달라지는 건 없다. 내가 비난당했고 그래서 괴롭다는 것, 그게 중요하다.

3) 상대가 불안한 상태여서 내게 투사했다는 사실을 잊지 말기

이 사실은 너무나 당연해서 많은 사람들이 놓치는 부분이다. 누가 우리를 공격했다면 그건 그 사람이 우리에게 '투사'한 것이다. 그가 미숙한 방어기제를 사용한 이유는 많이 괴롭기 때문이다. 공격당한 내 마음이 불편해서 잊기 쉽지만, 알고 보면 상대방 역시 지치고 불안한 상태다.

4) 단지 그 사람의 감정일 뿐임을 인지하기

우리는 착각하곤 한다. 나를 비난하는 사람이 나에 대해 잘 알고 있다고 말이다. 엄마가 내 성격을 지적하거나 상사가 내 능력을 폄하하면, 정말 그 말이 옳다고 받아들인다. 그런데 사실은 단지 그 사람이 오늘 잠깐 한 생각일 뿐이다. 그들은 나에 대해 정통하지도 않고 나를 객관적으로 평가할 기준도 없다. 그러고 싶은 생각도 없으며, 현명하게 누굴 판단할 능력도 없다.

우리에게 어떤 의견을 제시하거나 평가했다고 해서 그것이 진리일 리 없다. 개인적인 의견이고, 언제 변할지 모른다. 비난하는 그들은 이미 스트레스에서 자신을 방어하지 못한 상태다.

질문형 비난 대처법

순수한 질문-답변으로 처리하기

많은 비난이 질문 형태를 띤다. "넌 왜 취직을 안 하니?"라는 비난은 질문을 가장한 비난이다. 우리도 그 사실을 안다.

이때 "아 왜 아침부터 잔소리야?" 하고 반격하는 순간 2차, 3차 공격을 받을 명분을 제공하는 꼴이 된다. 이런 질문형 비난은 순수한 질문으로 처리하면 된다. 우선, 취직하지 않는 이유에 대해서 생각을 해보자. 답이 떠오르면, "토익 성적이 낮아서 그런 것 같아요" 혹은 "대학 때문에 차별을 당하는 것 같아요" 등 적절하게 대답하면 된다. 잘 모르겠으면, “오랫동안 생각을 해봤는데 잘 모르겠습니다. 좀 더 생각해보고 답이 떠오르면 말씀드릴게요”라고 말하면 된다. 아니면 “제가 왜 취직을 못하고 있는지 생각하신 바가 있으면 알려주세요”라는 식으로, 비난을 ‘상의’로 돌려버리는 방법도 있다.

서술형 비난 대처법
그 사람의 생각으로 놔두기

비난이라는 화살을 한 대 맞고 속상하다고 두 대 쏘면, 세 대, 네 대를 연거푸 맞을 수 있다. 그런데 열 대 맞았다고 분해서 반격으로 열 대를 맞힌들, 나의 고통은 덜어지지 않는다. 차라리 한 대 맞았을 때 멈췄다면 1의 고통만 받았을 텐데, 고통을 10으로 늘린 셈이다.

타인의 생각은 타인의 생각으로 놔두자. 언니랑 비교당했다면, “우리 언니는 똑똑하고 저는 그렇지 않다고 생각하시는군요”라고 받으면 된다. 그러면 또 “왜 넌 언니처럼 열심히 해보겠다고 말하지 않니?”라는 비난이 따라올 수 있다. 그때도 역시 “어머니 생각은 그러시군요” 하고 상대의 생각을 인정하면 된다.

비난에 대처하는 고차원적 자세
공감

나를 비난하는 상대는 화가 나 있거나, 괴롭거나, 나를 미워하고 있다. 이런 부정적인 감정을 견디기란 참 어려운 일이다. 정신과 의사들이나 상담자들 역시 하루 종일 내담자들의 부정적인 감정을 마주한다. 그것을 그대로 감당하면 아마 하루도 못 버티고 사직서를 내야 할 것이다.

전문가들이 버틸 수 있는 이유는 '공감'하기 때문이다. 공감은 상대를 치유하기도 하지만 결국 부정적인 감정을 소거하는 가장 효과적인 방법이다. 감정의 주파수를 맞춰서 공명 현상을 일으켜 상대의 부정적인 감정을 없애버린다.

공감을 말로 표현하면 "그렇구나"가 된다. 치료자들은 하루 종일 "그랬군요" "아, 그런 일이 있었군요" "그런 생각이 들었군요" "그래서 그렇게 화가 난 거였군요"라는 말을 한다. 공감하며 대화하다 보면 내담자와 치료자에게 있던 부정적인 감정들이 소거된다.

공감은 비난에 대처하는 가장 고차원적인 스킬이다. 나를 비난하는 상사에게는 이런 식으로 말해보자. "죄송합니다. 정해진 시간 안에 마무리했어야 하는데 제가 너무 시간을 지체해서 곤란해지셨지요. 많이 답답하셨을 것 같아요."

공감을 건네면 상대는 공격성을 잃는다. 결과적으로 우리는 최소한의 비난만 경험한다.

4

악순환 극복하기

부부간 사이가 좋지 않은 경우, 대부분 상대방에게 문제가 있다고 말한다. 이들은 배우자에 대한 불평을 잔뜩 안고 치료자를 찾아온다. 그 사람이 무능하고, 못됐고, 거짓말쟁이라는 걸 치료자가 간과할까 봐 조바심을 낸다. 그런데 한편으로는 상대에게 의존한다. "그 사람만 달라지면 나는 더 이상 성질도 안 피우고, 가정에 충실할 수 있어요!" 이 말은 자신의 행복이 배우자에게 달려 있다는 얘기다. 여기서 아이러니가 발생한다. 배우자를 세상에서 가장 무능한 사람이라고 믿으면서 자기 인생을 그 사람에게 맡기는 아이러니 말이다.

물론 그들은 이런 역설적 상황을 쉽게 인식하지는 못한다. 비단 부부 사이만의 일이 아니다. 자식과 사이가 나쁜 부모는 자식에게 많은 기대를 한다. 사장에게 불만이 많은 사람은 사장에게 그만큼 기대한다.

기대하는 만큼 실망하고, 실망감을 안겨준 사람에게 실망감을 해소해 주길 기대한다.

중요한 것은 기대와 실망이 악순환된다는 점이다. 기대가 클수록 실망이 크고, 실망이 클수록 기대는 커진다. 몇 번 반복하다 포기를 해야 하는데 보통 그러질 못한다. 악순환의 늪에 빠지면 이 과정이 반복되면서 강화된다. '내가 이만큼 독하게 말하면 남편이 바뀌겠지' 하고 기대했다가 바뀌지 않으면 그만큼 크게 실망한다.

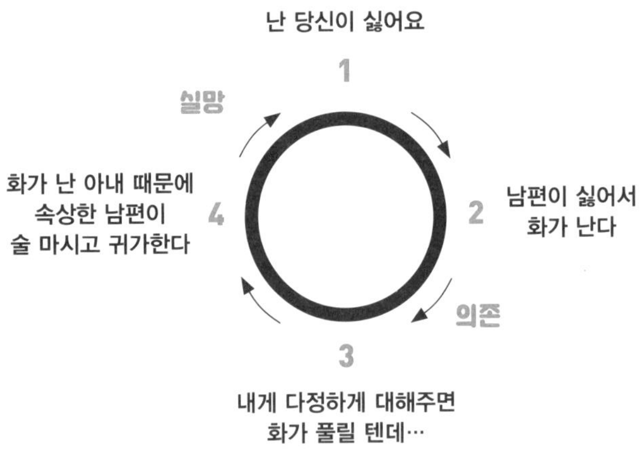

이런 악순환에서 벗어나려면 몇 가지 생각을 버려야 한다.

버릴 것 1

근본을 바꿔야 한다는 생각

두 아이의 엄마가 찾아왔다. 두 살 터울 형제를 키우는데 서로 시샘이 많아 걱정이라고 했다. 수시로 장난감 쟁탈전이 벌어졌다. 매번 동생은 형에게 빼앗기고 울음을 터뜨렸다. 형은 아랑곳하지 않고 줄행랑을 쳤다.

"똑같은 장난감을 두 개 사면 될 것 같습니다."

간단한 해결책을 제시했다. 아이 엄마는 한동안 멍하니 있었다. 그러더니, 짜증 섞인 말투로 불만을 드러냈다.

"그럼 근본적인 문제는 해결이 안 되는 거잖아요."

"네?"

"근본적인 문제가 해결이 되어야지요. 형제끼리 서로 시기하고 질투하면서 살고 있잖아요. 저는 아이들이 서로 배려하고 양보하는 아이로 키우려고 해요. 그러려고 이곳에 찾아온 거라고요. 제대로 된 해결책을 알려주셔야죠."

억울한 마음이 들었다. 그 집 자녀는 겨우 여섯 살, 네 살이다. 아이들이 시샘하고 질투하고 서로 빼앗으려 드는 건 지극히 자연스럽다. 게다가 부모의 사랑을 조금이라도 더 받으려는 행동은 어른들 사이에서도 종종 일어난다.

많은 사람들이 문제의 근원에 매달린다. 지금 눈앞에서 불이 나고 있는데 '과연 저 불이 왜 났을까? 누전 때문일까? 방화일까? 우리나라의 소방 방재 시스템은 왜 이럴까?' 하고 고민하는 것과 같다. 일단 불을 끄고 보는 게 중요하지 않을까?

버릴 것 2

남을 바꿔야 한다는 생각

마음 문제를 풀 때, 사람들은 원인 분석에 지나친 에너지를 낭비하느라 문제 해결을 위해 남겨놓은 에너지가 없다. 지친 뇌는 엉뚱한 판단을 한다. 불가능한 것에 집착한다. 대표적인 것이 남에 대한 생각이다. 잠을 못 자고 밥맛까지 잃어가면서 남을 생각한다. 아무리 고민하고 관심을 주어봤자 바꿀 수 없는 문제에 집중한다.

가령, 회사 상사에게 혼이 나서 밤에 잠이 안 온다 치자. 화가 나고 억울한 마음에 자다가도 자꾸 깬다. 잠을 깊게 못 자다 보니 다음 날 멍한 상태로 회사에 출근한다. 집중력이 떨어져 업무 효율이 떨어진다. 게다가 상사는 아주 깐깐한 사람이다. 그래서 또 야단을 맞는다.

여기서 가장 먼저 해결할 문제는 수면 리듬을 되찾는 것이다. 잠을 푹 자면서 피로를 회복해야 한다. 그래야 다시 업무 능력을 향상시킬 수 있다. 대부분의 우울감은 잠만 잘 자도 해결이 된다.

남에게도 문제는 있다. 상사의 성격 문제도 있고, 아래 직급 사람들이 너무 많은 일을 해야 하는 조직문화도 문제다. 하지만 그걸 먼저 해결하려다가는 아무것도 해결할 수 없다. 세상에서 바뀌지 않는 것 두 가지가 '남'과 '과거'다. 나의 문제, 그중에서도 바꿀 수 있는 문제부터 손을 대야 한다.

물론 내가 바뀐다고 해서 남이 바뀐다는 보장은 없다. 내가 잠을 잘 자게 되고 업무 능력이 좋아진다 해도, 그 사람은 계속 나를 비난할 수 있다. 하지만 중요한 것은 나의 인생이다. 남의 인생은 변함없겠지만,

내가 변하면 삶의 만족도가 20점에서 70점 정도로 상승할 수는 있다. 그게 낫지 않겠는가.

버릴 것 3
성격을 바꿔야 한다는 생각

또 어떤 이들은 성격 바꾸기에 집착한다. 자신이 너무 다혈질이라거나 내성적이라며 병원을 찾아온다. 혹은 경계성 인격장애의 특징을 모두 가지고 있다고 말한다. 이들은 대개 자신의 모든 게 탐탁지 않다. 성격을 고쳐달라는 말은 자신의 모든 것을 고쳐달라는 말이나 다름없다.

물론 성격도 변할 수 있다. 지속적인 상담을 받으며 변할 수도 있고, 한순간의 깨달음으로 확 달라지는 사람도 있다. 문제는 자신이 바꾸려는 걸 '성격'이라고 이미 명명하는 데서 온다. 성격을 바꾸고 싶다고 얘기하면서도 마음속 한구석에서 '성격이 과연 바꿀 수 있는 건가?' 하고 의심한다. 관용적으로 성격이란 바꾸기 어려운 것을 의미하기 때문이다.

이런 역설적 상황 때문에, 자기 성격을 바꿔야 한다는 사람들은 갈팡질팡하며 악순환에 빠진다. '내 성격은 참 나빠. 바꿔야 해. → 하지만 성격은 쉽게 바뀌지 않을 거야. → 그래서 내 나쁜 성격이 유지되고 있어. → 그러니 너무 괴로워. 성격을 바꿔야 해. → 하지만 성격은 쉽게 바뀌지 않아. 약을 먹어도 바뀌지 않고, 의사를 찾아가도 마찬가지겠지' 하는 식이다.

성격 바꾸기를 목표로 삼으면 중간에 지칠 수밖에 없다. 변하지 않는 것에 계속 초점을 맞추기 때문이다. 가령, 내성적인 사람이 변하기 위해 모임에도 나가고, 평소보다 말을 많이 하려고 노력한다. 하지만 부끄러움을 느끼거나 혼자 있고 싶어질 때마다 그는 자신의 그런 특성에 주목한다. 사람들은 자신이 행한 수많은 행동들에는 관심을 주지 않는다. 그러면 마음속 깊은 곳에 있는 내성적인 특징을 느끼며 '역시 난 변하지 않았어'라고 받아들인다.

실제로는 변한 것도 있고 변하지 않은 것도 있다. 그런데 변하지 않은 것에 관심을 더 주다 보니, 그것이 강화된다. 성격이 변하지 않았다기보다는, '성격에 집중'했기 때문에 변화가 멈추는 셈이다.

끊어낼 악순환 고리를 찾는 법

겉으로 드러난 문제와 이면의 문제는 서로 악순환을 이룬다. 가령, 마음 깊이 자리한 '나에 대한 불만'이, '직장에 대한 불만'으로 드러난다. 그런데 겉의 불만은 마음속 깊은 곳의 불만을 강화한다. '회사가 싫고, 이런 회사를 다니는 내가 싫다. 내가 싫어진 이유는 회사가 나를 이렇게 만들었기 때문이다. 이렇게 만든 회사가 싫다. 그런 회사를 다니는 내가 싫다'는 식이다.

성격 문제, 관계 문제도 마찬가지다. 원인이 결과고 결과가 원인이다. 자책을 하다 보면 나를 이렇게 만든 타인을 탓하게 되고, 그렇게 핑계를 대는 나를 다시 탓하게 된다. 자책과 타책(비난이나 투사)이 반복되는 셈이다.

반복은 에너지를 만든다. 같은 현상이 반복되면 점차 강화된다. 나중엔 멈추고 싶어도 관성 때문에 계속된다. 이 악순환의 고리를 끊어내야 한다. 깊은 곳에서 끊든 얕은 곳에서 끊든 상관없다. 남에서 끊든 나에서 끊든, 자신이 원인이라고 생각하는 것과 결과라고 생각하는 것 중 어느 쪽을 끊어도 상관없다.

끊으려면 자신이 어떤 순환을 하고 있는지 알아봐야 한다. 머릿속에서 생각만 할 때는 그림이 그려지지 않는다. 생각이 계속 흘러가버리기 때문이다. 자존감 문제가 있다면, 이제껏 계속 자존감이 낮아진 원인에 대해서 생각했을 것이다. 이제는 그 결과에 대해 생각하고 다음과 같이 적어보도록 한다.

자존감이 낮아서 어떤 일이 생기는가?

예

쉽게 주눅이 든다. 사람을 피한다. 긴장을 한다.

그래서 어떤 일이 생기는가?

예

소개팅 자리에 나가서도 아무 말도 못한다. 사람을 안 만나게 되고 외로워진다.

그래서 어떤 일이 생기는가?

예

내가 싫어지면서 어릴 때부터 잔소리를 많이 한 엄마를 원망한다. 지난 연인에게 받은 배신감을 떠올리며 눈물을 흘린다.

그래서 어떤 일이 생기는가?

예

지나간 일, 혹은 가족을 원망하고 있는 내 자신이 한심하다.

이런 식으로 써나가다가, '그래서 자존감이 낮아졌다'는 문장이 나오면, 일종의 악순환 순서도가 만들어진다. 그러면 각 순환의 단계에서 무엇을 끊어내기가 가장 쉬울지 떠오를 것이다.

자존감이 낮다는 추상적인 목표를 세우기보다는 '원망에서 벗어나기' '과거를 용서하기' 같은 구체적인 방향을 세우는 게 악순환의 고리를 벗어나기에 좋다. 독자분들도 본인이 느끼는 감정의 악순환을 그림으로 그려보자.

당장 해결할 수 있는 것부터

의사들이 쓰는 단어 중에 '대증치료'라는 말이 있다. 증상을 치료한다는 뜻이다. 원인은 따로 있더라도 겉으로 드러나는 증상이나 고통 위주로 치료해야 하는 상황이 있다. 예를 들면 사춘기 청소년의 피부에 난 여드름이 그렇다. 급격한 신체 발달과 호르몬 불균형 때문에 여드름이 난다. 그러나 여드름 치료를 위해서 성장을 멈추게 하거나 호르몬 검사를 하는 의사는 없다. 우선 눈에 보이는 여드름을 제거하고 2차 감염을 막는 것이 최선의 치료다. 흉터가 남지 않게 하고 드러나는 염증이 생기지 않게 조치하면서 청소년기를 지나게 한다. 성인기에 접어

들면 대개 그런 여드름은 잦아들기 때문에, 그때그때 여드름을 최소화시키면서 시간을 기다린다.

마음의 문제도 대증치료가 필요하다. 대부분의 문제는 눈앞에 보이는 불부터 꺼야 한다. 정신과 의사들은 대부분 첫 면담에서 "잠은 잘 주무세요?" "입맛은 어때요? 어디 불편한 데는 없으세요?"라는 질문을 한다. 이들은 마음의 문제가 신체 문제, 그중에서도 생활에 가장 기본이 되는 리듬과 연결돼 있다는 것을 안다. 그래서 우선 해결할 수 있는 문제부터 손을 댄다. 표면에 드러나는 문제, 누가 봐도 문제인 문제부터 해결해나간다. 마음보다는 몸이 드러나는 문제다. 과거보다는 현재가 겉에 있는 문제고, 남보다는 내가 해결하기 쉬운 대상이다.

여기까지 읽고 시도해봤는데도 아직 나쁜 습관이 남아 있거나, 극복 안 되는 문제가 있을 수 있다. 그렇다고 절대 좌절할 필요는 없다. 꼭 나쁜 점을 다 없애야만 자존감을 회복하는 건 아니다. '나에겐 이런 점들이 있구나' 정도로 인정하고 꾸준히 극복 시도를 해보면 된다.

낮은 자존감은 말하자면 몸에 붙은 군살과 같다. 쓸모없는 지방층을 없애는 것도 중요하지만, 새 근육을 만들어내는 것이 더 중요하다. 지금까지는 자신에게 붙은 나쁜 점들을 봤다면, 이제는 새로이 좋은 면을 북돋울 차례다. 긍정적인 면 말이다.

다음 장에서는 자기 스스로를 사랑하고, 스스로에게 만족하고, 안정감을 느끼는 실질적인 방법들을 알아본다.

PART 7

자존감을 끌어올리는 다섯 가지 실천

1

자신을 맹목적으로 사랑하기로 '결심하기'

우리는 부모에게 사랑을 바란다. 엄마니까, 아빠니까 자신을 사랑해줘야 한다고 여긴다. 부모의 사랑은 맹목적이라고 배웠다. 아무 대가도 바라지 않고, 있는 그대로의 나를 사랑해준다고 배웠다. 그게 진짜 사랑이라고. 그러다 결혼을 하면 배우자에게 맹목적인 사랑을 바란다. 이게 나니까, 있는 그대로 사랑해달라고 한다.

남들에게는 그런 사랑을 원하면서, 정작 우리 자신에게는 어떤가. 있는 그대로의 모습을 사랑하기는커녕 이런저런 조건을 들어 자신을 미워한다. 앞으로 자신에게 해줘야 할 것이 바로 우리가 바라는 사랑이다. 이유나 조건 없이 있는 그대로의 자신을 사랑해야 한다. 우리의 목표는 자신을 향한 맹목적이고 이상적인 사랑이다.

사랑은 무슨 조건을 갖추어야 찾아오는 것이 아니다. 사랑할 만한 외모를 갖추거나 좋은 성격과 인품을 갖출 때까지 기다릴 필요가 없다. '자존감을 모두 회복한 다음에, 당당해진 다음에 나를 사랑해야지' 하고 미룰 필요가 없다.

그저 오늘부터 지금의 나를 사랑하겠다고 결심하면 된다. 그리고 앞으로도 계속 나의 성격과 행동, 사소한 버릇 하나하나를 다 사랑하기로 한다. 그것이 자신을 사랑하는 방법이다.

사랑을 원하면서 두려워하는 이유

아마 좀 황당한 기분이 들 수도 있을 것이다. 자기를 사랑하기로 결심하는 게 사랑하는 방법이라고? 너무 간단해서 허무할 지경이다. 그러나 이 간단한 일이 여태 그토록 어려웠던 건, 우리 내면에 사랑에 대한 두려움이 있어서다.

우선, 약하고 별 볼 일 없는 자신을 사랑했다가 이대로 굳어버리면 어떡하나 하는 불안이 있다. 다시 말해, 외모도 별로고 성격도 부정적인 이 모습을 사랑했다가 더 이상 발전도 못하고 반복되지 않을까 하는 두려움이다.

사랑에 대한 또 하나의 저항은 '나르시시즘'에 대한 걱정이다. 자신을 너무 사랑한 나머지, 세상에 자기만 잘난 줄 아는 재수 없는 아이가 되어버릴까 봐 두려워한다. 이건 마치 근육도 없고 체력도 약한 남자가 '너무 근육이 많아 몸이 울퉁불퉁해지면 징그럽잖아. 그게 더 건강엔 해로울 수도 있어'라며 운동을 기피하는 것이나 다름없다.

우리는 그동안 사랑의 힘을 믿지 못했다. 오히려 자신을 사랑하는 것이 스스로를 해칠 거라는 생각을 한다. 그래서 사랑하고 싶으면서도 '사랑받을 만한 나'가 되기까지 사랑을 미룬다.

이것은 사랑을 주지 않는 사람들의 논리와 같다. '사랑받을 만해야 사랑을 주지?'라며 오히려 상대를 비난하는 사람들. 있는 그대로 상대를 인정하고 사랑하지 못하는 사람들 말이다. 우리가 자신을 그렇게 대하고 있지 않은가? 매력 없고 자존감 낮다고 스스로 비난해왔지 않은가. 그 결과 무엇을 얻었는가?

사랑을 믿어야 사랑할 수 있다

정말로 사랑이 우리를 망칠까? 우리를 퇴행시키거나, 이대로 멈추어버리게 만들까? 혹은 우리가 우리를 사랑하면 공주병·왕자병에 걸려버릴까? 그래서 남들을 배려하지 못하고, 자기 잘난 줄만 알다가 왕따당하고 버려지고 마는 게 자기 사랑의 최후일까?

사랑에 대한 이런 복잡한 생각으로 우리는 갈등한다. 남이 주는 사랑은 받고 싶은데, 스스로를 사랑하면 안 될 것 같다. 심지어는 남이 주는 사랑마저도 거부한다. 관계가 깊어지면 '원래의 나를 알게 되면 떠날 거야'라며 도망치기도 한다.

우리는 사랑을 믿지 못한다. 사랑한다는 말을 못 믿고, 우리가 누구를 사랑하는 것도 못 믿는다. 가장 근본적으로는 사랑의 힘 자체를 믿지 못한다. 사랑 자체를 나쁜 것으로 인식한다.

아마도 어린 시절부터 쌓인 오해 때문일 것이다. 우리에겐 사랑을 핑계로 받은 상처가 적지 않다. 사랑의 매라는 이름으로 맞기도 했고,

사랑하니까 하는 충고라며 비난도 당했다. 그래서 헷갈린다. 매를 사랑이라고, 미움, 증오, 비난까지도 다 사랑이라고 오해해버렸다.

사랑은 누명을 썼다. 실제 사랑은 아무것도 파괴하지 않는다. 사랑받고 아낌 받고, 소중하게 다루어진 아이들의 자아가 건강하다. 나르시시스트는 애정 결핍의 산물이다. 과잉보호는 '우리 애는 약해'라는 무시의 결과다. 무조건적이고 진정한 사랑을 받은 사람들은 사랑스럽게 성장한다. 그 사실을 믿어야 한다.

자신을 사랑해도 괜찮다

이제는 자기 스스로를 사랑해도 괜찮다고 받아들여야 한다. 사랑 앞에선 좋은 것과 나쁜 것이 없다. 사랑해야 할 것과 하지 말아야 할 것이 없다. 성격이 소심하거나 자존감이 낮다는 이유로 사랑을 거부해선 안 된다. 지금 있는 그대로의 모습을 사랑하면 된다.

우리는 완전한 사랑을 꿈꾼다. 불치병에 걸린 연인을 끝까지 지켜주는 사람, 약물중독에 자기파괴를 일삼는 사람을 떠나지 않고 보살피는 가족……, 저런 사람들도 사랑을 받는데 왜 나는 사랑받지 못하나? 그러면서 자기연민에 빠지곤 한다.

그 사랑을 우리가 하면 된다. 더 이상 사랑을 할지 말지 망설이거나 양가감정에 빠지지 말길 바란다.

2

자신을 사랑하기

자존감 낮은 채로 오랜 시간을 살아온 사람들에게는 자신을 미워하거나 다그치는 것이 익숙하고 편하다. 그래서 불쑥불쑥, '내가 왜 이런 고된 과정을 배워야 해? 그냥 가던 길을 가고 싶어'라는 생각이 든다. 하지만 포기하면 안 된다. 끊임없이 자신을 사랑하는 법을 익히기 바란다. 그러다 보면 자신에 대한 사랑이 생활에 자연스럽게 스며들 것이다. 자신을 사랑하는 일은 누구에게도 손해를 끼치지 않는다.

마음속 '나를 사랑하는 나' 찾기

우리 마음속에는 '나'가 세 명 있다. 첫째는 '자존감 낮은 나', 두 번째는 자존감 낮은 나를 '다그치는 나', 세 번째는 자존감 낮은 나를 '사랑하는 나', 이렇게 각기 다른 내가 존재한다.

그동안 자존감 낮은 나와 다그치는 나 둘이서 싸움을 벌여왔다. 보통 낮에는 자존감 낮은 내가 활동하고 밤에는 다그치는 나가 활동한다. 자존감을 낮춘 채로 일하고, 공부하고, 사람을 만난다. 그러고서 밤이 되면 다그치는 나가 깨어난다. '넌 왜 말을 그렇게 하니? 왜 그렇게밖에 행동을 못하니?'라며 비난한다. '자존감 낮은 나'는 점점 위축된다. 그래서 점점 더 자존감이 낮아진다.

이 둘의 싸움이 반복되는 동안 '사랑하는 나'는 점점 설 자리를 잃었다. 우리가 스스로를 사랑하지 못하는 이유는 '사랑하는 나'가 점점 소멸되었기 때문이다. 힘을 잃고 의식 저편으로 사라졌다.

자신을 사랑하는 것은 새로운 일이 아니다. 저편으로 사라진 '사랑하는 나'를 불러오는 일이다. 그래서 '자존감이 낮은 나'와 '사랑하는 나'를 결혼시키면 된다. 본인 혹은 치료자가 주례가 되어 "자존감이 낮은 나와 사랑하는 나는 평생 동안 헤어지지 말고 서로 사랑하라"라는 말을 들려주면 된다. 그럼 어떻게 해야 '사랑하는 나'를 불러올 수 있을까?

'나를 사랑하는 나' 소환하기

어느새 '다그치는 나'는 우리를 독점했다. '자존감 낮은 나'를 둘러싸고 벽을 쌓았다. 그래서 다른 사람이 찾아와서 사랑한다고 하거나 힘을 내라고 보내는 메시지들을 다 차단한다. 그렇다고 '사랑하는 나'의 사랑이 식은 것은 아니다. 그 사랑은 강하고, 일관적이다. '사랑하는 나'

는 지속적으로 우리에게 메시지를 보낸다. 그 메시지를 들으면 우리는 행복해지고, 성장한다. 스스로 자신을 사랑스럽게 가꾸어나간다.

문제는 방어벽이다. '다그치는 나'가 단단히 걸어놓은 빗장 때문에 '자존감이 낮은 나'는 갇혀 있다. 그래서 '사랑하는 나'가 보내는 메시지를 받지 못한다. 그 메시지만 들으면 '자존감이 낮은 나'는 성장할 수 있다. 강해지고 현명해져서 성벽을 뚫을 수도 있다.

성숙한 뇌 회로는 융통성(flexibility)이 있다. 그래서 자극에 유연한 반응을 보인다. 가령, 발표하기 전에 심장이 두근거리고 식은땀이 흐르더라도 주눅 들지 않을 수 있다. '사랑하는 나'가 성벽을 뚫고 등장해서 메시지를 전한다면 말이다. "괜찮아! 누구나 발표하기 전에는 떨어. 게다가 청중의 반 이상은 다 졸고 있다고. 너는 그저 네가 준비한 PPT를 줄줄 읽기만 해도 돼. 네 목소리가 떨려도 아무도 신경 쓰지 않아." 이렇게 위안을 주면 된다.

'사랑하는 나'가 보내는 메시지 듣기

"가정을 해봅시다. 당신을 진정으로 사랑하는 존재가 있다고 합시다. 그는 정말 당신에게 푹 빠져 있습니다. 당신을 사랑하기 위해 태어난 존재 같습니다. 사람일 수도 있고 떠도는 영혼일 수도 있고, 고양이나 강아지일 수도 있습니다. 어쨌든 당신에게 완벽한 사랑을 주는 존재입니다.

그 존재가 지금 당신에게 무슨 말을 해줄 것 같나요? 지친 당신에게, 혹은 상처로 괴로워하는 당신에게, 혹은 되는 일이 아무것도 없다고, 나는 왜 이 모양인지 모르겠다고 실망할 때, 당신에게 어떤 얘기를 건넬까요?”

이런 질문을 내담자에게 할 때가 있다. 편안한 상태에서 이 질문에 집중을 하면 ‘사랑하는 나’가 무슨 말을 하는지 알 수 있다. 대개 사람들은 이렇게 답한다. “괜찮아. 누구나 그래” “최선을 다했잖아, 지금도 충분히 멋져” “사랑해. 무슨 일이 있어도 네가 사랑스럽다는 걸 잊지 마” 등의 얘기를 할 것 같다고 한다.

이 말들이 바로 우리 뇌가 듣고 싶어하는 말이다. 이 말을 듣지 못해 우리의 자존감이 성장하지 못하는 것이다. 우리는 ‘사랑하는 나’가 주는 메시지를 들어야 한다. 그 이야기를 들은 자존감은 서서히 회복되고 성장한다.

‘사랑하는 나’가 보내는 메시지를 들으려면, ‘다그치는 나’가 쳐놓은 장벽을 헐겁게 만들어놓아야 한다. 그래서 우선은 이것을 설명하려 한다. 굳어버린 자존감의 벽을 허무는 방법 말이다.

‘다그치는 나’가 쳐둔 장벽을 허무는 법

우리 뇌는 수많은 신경세포로 이루어져 있고, 그 세포들은 단단한 고리를 형성한다. 그래서 한번 형성된 생각의 회로는 그 생각을 반복하는 경향이 있다. ‘다그치는 나’가 쌓아놓은 성벽은 뇌에 실제로 존재한다. 부정적인 생각의 회로가 강화된 채 우리를 괴롭힌다. 마치 생각의 회로에 벽이 쌓인 것과 같다.

이를 허물기 위해서는 뇌의 양쪽을 번갈아가면서 자극해야 한다. 왼쪽 한 번, 오른쪽 한 번 움직이게 하는 '양측성 자극'을 주면 뇌 회로가 말랑말랑해진다.

대표적 양측성 자극은 '걷기'다. 걸을 때마다 왼쪽 뇌와 오른쪽 뇌가 번갈아가면서 활동한다. 이때 우리를 옥죈 방어벽은 조금씩 헐렁해진다. 대부분의 운동이 뇌를 자극한다. 하지만 모든 운동이 양측성 자극은 아니다. 수영에서 자유형과 배영은 양측성이지만 접영이나 평영은 아니다. 복싱처럼 양손을 다 쓰는 운동은 양측성 자극 운동이지만 골프나 공 던지기 같은 운동은 양측성이 아니다. 왼쪽과 오른쪽이 하는 일이 균등하지 않기 때문이다. 치료 목적으로 활용되는 양측성 운동으로 안구 운동이 있다. 주로 외상후 스트레스 장애나 우울증을 치료하는 데 쓰인다. 이 밖에 몸의 양쪽을 한 번씩 터치하는 방식(무릎이나 손처럼 왼쪽과 오른쪽이 나뉜 부분), 귀 양쪽에 번갈아가면서 소리를 들려주는 방식도 양측성 자극에 속한다.

양측성 자극은 변화를 꾀할 때 효율이 높다. 담배를 끊기로 결심했을 때는 걸어 다니면서 "나는 끊을 수 있다. 할 수 있다!"라고 외치면 효과적이다. 이별을 받아들일 때 여행을 추천하는 것도 이런 이유에서다.

자존감을 높이기 위한 양측성 자극 운동으로 나비의자 기법을 추천한다. 양측성 자극과 '사랑하는 나'의 메시지가 결합된 방법이다. 다음과 같이 해보자.

1. 의자에 등을 기대고 편안히 앉는다.
2. 양쪽 팔을 X자로 포개어, 손가락이 반대편 어깨와 팔꿈치 사이

에 놓이도록 한다.

3. 눈을 감고 손바닥으로 반대편 팔 윗부분을 토닥거린다. 왼쪽 한 번, 오른쪽 한 번, 1~2초 간격으로 교대로 두드린다.
4. 두드리면서 말을 한다. "괜찮아. 지금 잘하고 있어" "난 최선을 다했어. 그걸로 충분해" "난 괜찮은 사람이야"라고 자신에게 들려준다.
5. 하루에 10분씩 이런 식으로 나를 사랑하는 나의 메시지를 듣는다.

3

스스로 선택하고 결정하기

자신을 존중하지 못하는 사람들은 결정을 앞에 두고 다른 사람을 찾는다. 결정하는 게 힘들어 병원을 찾기도 한다. 자퇴를 하고 현장 경험을 쌓을까, 아니면 학교를 다니면서 취업 준비를 빨리 하는 게 나을까 고민하는 학생, 상습적으로 바람 피우는 남편과 이혼할지 말지 갈등하는 부인 등, 근심 가득한 표정으로 병원을 찾는다.

자신의 판단을 믿지 못하는 사람들

안타깝게도 나는 대부분의 질문에 답을 주지 못한다. 그리고 나에게 그런 질문을 하는 사람들도 대부분 내가 답을 못 주리란 걸 알고 있다. 그러면서도 묻는다. "선생님은 전문가이고 저보다 경험이 많으니 아실

것 아닙니까. 어떻게 해야 제가 후회를 덜 할까요?" 물론 답을 할 수도 있다. "지금 학생은 복학을 하지 않는 게 나아요" "이혼하세요. 위자료를 많이 받게 도와줄 변호사를 소개해드리겠습니다"라고 단칼에 얘기할 수도 있다.

하지만 나는 일부러라도 답을 주지 않는다. 특히 나에게 간절히 의존하거나 자존감이 낮다고 호소하는 분일수록 더 조심스럽게 다가선다. 왜냐하면 나는 그들을 존중해주어야 하기 때문이다. 그들은 당장 답을 내놓으라고 신경질을 내기도 하고 몇 번씩 찾아와서 되묻기도 한다. 그들을 존중할수록 나는 뭐라 답을 할 수가 없다. 그들이 하라는 대로 하면 그들을 무시하게 되는 아이러니가 발생한다.

완벽한 선택이란 없다

세상엔 여러 갈림길이 있다. 하루에도 몇 차례 그 앞에 선다. A, B, C 중에서 어떤 것을 골라야 좋은 선택이 될지 고민한다. 그런데 대부분의 경우 그들 간의 가치는 크게 차이 나지 않는다. 말하자면 점심 메뉴 고르는 것과 비슷하다. 햄버거를 먹을까? 된장찌개를 먹을까? 아니면 생선구이? 어떤 메뉴를 선택해야 가장 현명한 결정이 될까?

사실은 셋 중 뭘 먹어도 큰 차이는 없다. 점수로 따지자면 가령 햄버거는 67점 정도 되고, 된장찌개는 71점, 생선구이는 69점 정도다. 게다가 시간이 지나면 점수가 바뀌기도 한다. 햄버거 자체는 67점인데, 막상 매장에 도착해보니 반값 할인을 한다. 그럼 만족도는 72점 정도로 올라간다. 그런데 할인 행사 때문에 사람들이 엄청 많이 몰렸다. 평소

보다 시끄럽고 정신이 없다. 그래서 65점 정도로 떨어지기도 한다.

여기서 중요한 건, 누가 선택했는지도 만족도에 영향을 끼친다는 점이다. 원래는 햄버거나 된장찌개나 별 차이 없었다. 그런데 팀장이 "야! 오늘 된장찌개로 통일해!"라고 결정해버리는 순간, 달라진다. 아무리 맛있는 된장찌개가 나온다 한들 만족도는 50점 아래로 떨어져버린다.

물론 인생의 큰 갈림길과 점심식사 메뉴가 주는 중압감은 엄연히 다르다. 하지만 남이 선택을 대신하면 만족도가 떨어진다는 점에선 같다. 결과가 좋게 나와도, 기쁨을 100퍼센트 느끼지 못한다. 성공의 지분이 타인에게 있기 때문이다. 결과가 좋지 않으면 더욱 기분이 나쁘다.

그런데도 우리는 자꾸 남에게 의존한다. 주체성이 중요하단 걸 알면서도 결정을 미룬다. 내가 무엇을 원하는지 이미 알고 있으면서도 그것을 따르려 하지 않는다. 도대체 왜 그럴까.

남이 내린 결정은 책임감이 덜하다

결정에는 책임이 따른다. 본인이 내린 결정의 지분을 100퍼센트라고 한다면, 남이 내린 결정은 많아야 70~80퍼센트다. 그러면 나쁜 결과가 나와도 마음의 짐이 덜어진다. 후회나 죄책감이 밀려오더라도 70~80퍼센트만 느낀다. 남이 결정을 내려주거나 남이 결정에 참여하면 잘못된 결과에 대한 아픔이 덜하단 얘기다.

그래서 사람들은 자신의 판단을 믿지 않으려고 한다. 낮은 자존감이 방어기제로 작용한다. 권위가 떨어지기는 하지만 그만큼 책임을 회피하게 되는 셈이다. 그 결과 우리는 가시밭길을 걷는다. 나쁜 결과를 두려워하지 않으니 자꾸 나쁜 결과를 만든다. 처음부터 본인이 판단하고, 본인이 아픔을 느꼈어야 한다. 100이란 고통을 느꼈으면 후회라도 하는데, 80 정도의 고통만 느끼니 계속 그 실수를 반복한다.

결정이 존재감을 좌우한다

중요한 건, 결정을 미룰 때마다 자신의 입지가 줄어든다는 점이다. 요즘 '존재감'이라는 표현을 많이 쓰는데, 존재감이란 달리 말하면 그 사람이 많은 것을 결정한다는 뜻이다. 존재감이 큰 사람은 모임의 분위기를 결정하고, 그날의 성과나 방향을 결정한다.

결정에서 권위가 떨어지는 사람은 그만큼 존재감이 없다. 있으나 마나 한 존재, 즉 아무 영향력을 발휘하지 못하는 사람이 된다. 스스로 결정하는 일이 거의 없거나 큰 의미 없는 결정이라면 자존감은 약해질 수밖에 없다. 옳고 그름의 문제가 아니다. 자기 인생에서 자기 존재감이 느껴지지 않으니, 자존(self-existence)의 바탕이 사라지는 셈이다. 이런 사람이 자존감을 끌어올리려면, 스스로 결정하고 그 결정을 존중하는 법을 훈련해야 한다.

자존감은 감정적으로는 자신을 사랑하는 마음이다. 그리고 이성적으로는 스스로 결정하고 자신의 결정을 존중하는 능력이다.

자존감을 높이는 결정법

1) 스스로 결정하기

자기 일은 스스로 결정한다. 결정권을 가져오면 책임과 동시에 권위를 갖게 된다. 어차피 자기 인생은 자기 책임이기 때문에 손해 보는 장사가 아니다. 조언을 구하더라도, "결정은 제가 하겠지만"이라고 말을 시작하는 게 좋다. 핵심은 '나의 일'을 결정하라는 것이다. 자신의 선택에 집중할수록 남에게 참견하는 일은 줄어든다.

2) 결정을 따르기

자신이 내린 결정을 따르자. 가지 않은 길이 걱정되고 두려워질 때마다 앞서 말한 점심 메뉴를 떠올리자. 갈팡질팡하는 이유는 다른 걸 선택해도 결과가 비슷하기 때문이다. 갈림길에 있다는 얘기는 양쪽 다 그게 그거라는 뜻이다. 손해 보는 결과가 나오더라도 걱정하지 말라. 스스로 내린 결정이기에, 좋은 학습이 될 것이다.

3) 결과가 나쁘면 미래형 후회하기

결과는 좋을 수도 있고 나쁠 수도 있다. 안 좋은 결과에 도달했다면 후회해도 된다. 아파해도 된다. 결과에 전적인 책임을 지고, 아픔의 지분을 100퍼센트 본인이 가져라. 단, 후회할 때 미래형 후회를 하자. '그때 그러지 말았어야 했어'는 과거형 후회다. 당신의 자존감을 갉아먹는다. '앞으로는 이런 경우가 있을 때, 반드시 이렇게 해야지!'라고 미래형 후회를 하라. 이 후회는 다짐이기도 하다.

4) 결과가 좋으면 타인에게 감사하기

결과가 좋으면 기뻐하라. 그 기쁨 또한 100퍼센트 본인이 누려라. 당신이 내린 결정이 당신을 성공으로 이끌었다. 당신의 선택이 옳았음을 모두가 알고 있다. 그러니, 감사의 기쁨을 타인에게 돌려라. "당신 조언 덕분에 성공할 수 있었어"라고 얘기하라. 그들 또한 기분이 좋아져서, 앞으로 당신이 더 잘되기를 바랄 것이다.

자기 결정을 돕는 다섯 가지 질문

옳은 결정이나 틀린 결정은 없다. 어떤 쪽이 더 좋은 결정이었는지 알 수 있는 결정 또한 없다. 결정에서 명확히 할 수 있는 부분이 있다면 그건 범위와 시간이다. 대부분 나에 관한 일을 결정하므로 결정 범위는 '나'로 제한된다. 따라서 남은 건 시간뿐이다. 결정을 내리는 데 한 시간이 걸릴지 두 시간이 걸릴지 몇 년이 걸릴지, 그 시간만 선택하면 된다. 오래 고민한다고 해서 그만큼 현명한 답이 찾아지는 건 아니다. 그냥 오래 걸릴 뿐이다.

자신의 결정을 존중하기 위해선 다음 질문에 잘 대답하면 된다.

a. 여러 고민 중 내가 할 고민은 무엇인가? (남의 문제 배제하기)
b. 무엇을 결정해야 하는가? (감정 배제하기)
c. 어떤 것과 어떤 것 사이의 선택인가? (자신을 갈림길에 놓기)
d. 이 결정을 언제까지 내려야 하나? (시간 제한하기)
e. 이 결정의 유효성은 언제까지인가? (결정 유효 기간 정하기)

이 질문들이 결정을 내리는 데 도움을 줄 것이다. 이때 제한 시간을 넘어서도 계속 고민 중일 수 있다. 그건 당신이 '계속 고민하기'로 결정한 결과다. 처음엔 두 방향 갈림길인 줄 알았는데, '고민하면서 시간만 보내기'라는 항목이 더 있었던 것이다. 그리고 그것을 택한 결과다.

4

'지금, 여기'에 집중하기

성형외과 광고판에서는 성형수술 '전'과 '후' 사진을 보여준다. 우리는 그 광고들을 보면서, 전에 이러했던 사람이 이렇게 변할 수 있구나 하고 생각한다. 많은 광고들이 그런 식이다. 과거는 어땠고 미래는 어떨지 보여준다. 이처럼 과거-현재-미래에서 현재는 빠져 있기 일쑤다. 성형수술 장면을 광고로 제작하는 바보는 없다. 그런 고통스러운 과정은 다큐멘터리에나 나올 장면이다.

변화를 원하는 건 현재가 괴롭기 때문이다. 그래서 광고는 현재를 건너뛴다. 과거와 미래에 집중하게 한다. 하지만 현재 없이 미래의 변화는 불가능하다. 성형수술은 피가 튀고 엄청나게 아픈 과정이다. 그게 현실이다.

마음의 변화를 겪고 싶다면 자기 마음을 수술해야 한다. 여기에도 약간의 고통과 인내가 따른다. 그런데 그것조차 감수하지 않으려는 사람들이 많다. 그래서 늘 과거와 미래를 왔다 갔다 하면서 현재를 외면한다.

모든 해결책은 현재에 있다

"선생님은 저를 바꿔줄 수 있나요? 선생님한테 상담을 받으면 정말 나를 사랑할 수 있어요?"

메일이나 전화를 통해 이런 문의를 받을 때가 있다. 글쎄, 뭐라고 대답해야 할지 참 어려운 문제다. 미래에 관한 질문이 들어오면 늘 하는 대답은 비슷하다. '알 수 없다.' 10초 후에 무슨 일이 생길지도 모르는데 사람들은 몇 년 후의 일을 자꾸 물어본다.

미래를 생각하면 불안해서 많은 사람들이 대책을 세운다. 우선 '자기 확신'을 통해 불안을 넘기려는 시도가 있다. 마케팅에서도 이 방법을 애용한다. "나는 할 수 있다" "이 학원에 다니면 반드시 명문대에 합격할 수 있다"라고 확언하면서 불안을 찍어 누른다.

'자기 확신'이나 '자기 최면' 혹은 '긍정적인 태도'를 통해 불안을 줄일 수 있다면 그 방법을 계속 써도 괜찮다. 그런데 나는 그런 방법을 권하지 않는다. 아무리 긍정적인 태도로 미래를 낙관한다 하더라도 위기는 거듭 찾아오게 마련이다. 특히 컨디션이 안 좋다든가 열심히 노력해도 보상을 못 받으면 확신이 흔들린다. 그럴 때마다 '나는 왜 확신이 들지 않을까' 하고 고민하는 사람들도 있다. 확신이 곧 성공으로 통하는 길이라고 믿는 것 같다. 물론 확신이 들면 좋겠지만, 세상에 확신할 수 있는 일이 몇 개나 되겠는가. 애초 미래는 불확실한 것이기에 확신에 집착할 필요가 없다.

어떤 해결책이든 결국은 '현재에 집중'할 수밖에 없다. 자기 확신이든 자기 최면이든, 여러 가지 방법으로 불안을 해소하지만 결국 현실로 돌아온다. 불안을 누른 학생은 오늘 일과에 매진하고 다이어트 문제로 갈등하던 젊은이는 오늘 운동에 전념한다.

과거로 도망치는 습관

그런데 미래 불안을 해결해도 바로 현실에 집중하지 못하는 사람들도 있다. 이번엔 과거에 집착하는 쪽으로 도망가기 때문이다. 특히 현실을 받아들이기 힘든 사람들일수록 과거 문제에 집착한다.

"왜?"라는 질문은 비난의 뜻을 포함한다고 앞서 말했다. "왜 내가 그랬을까?"는 자기 비난이 되고, "너는 왜 그랬니?"는 타인에 대한 원망이 된다. 우리는 마음이 불편해질 때마다 이런 질문을 하지만 결국 답도 찾지 못하고 상처만 커진다.

그럼에도 이 질문을 끊어내지 못하는 것은 현실을 받아들이지 못하기 때문이다. "난 도대체 이해가 안 돼요. 그 사람은 왜 바람을 피운 걸까요? 분명 출장을 간다고 했거든요." 현실을 인정하지 못하는 사람들은 과거로 후퇴한다. 지나간 인생에서 답을 찾으려고 한다. 사랑한다고 믿었던 사람이 오랫동안 거짓말을 해온 것을 알게 되었으니 충돌이 생긴다. 출장이 아닌 외도로 기억하려니 받아들일 수가 없는 것이다. 현실 상황에 집중하면 괴로워지는 것도 과거로 돌아가는 이유다. 가슴이 아프거나 열이 오르면 과거로 도망간다.

자존감도 마찬가지다. 현재의 나에게 만족하지 못할 때 과거로 도망친다. 유치원 시절이 문제였을까? 부모님의 부부싸움이 문제였을까? 고등학교 때 따돌림 비슷한 걸 당한 게 문제였을까? 그렇게 도망친다. 그런데 질문 끝에 도달하는 답은 정해져 있다. "만날 과거에만 집착하느라 시간을 보내는 내가 너무 한심해요."

지금, 여기서 내가 원하는 것은 무엇인가

과거에 집착하면 후회스럽고, 미래에 몰입하면 혼란스럽다. 과거는 되돌릴 수가 없으니 답답하고, 미래는 오지 않았으니 모른다. 그것이 과거와 미래의 본질이다. 건강한 사람의 머릿속엔 과거, 현재, 미래의 비중이 비슷하거나 현재가 절반 이상을 차지한다. 자존감이 약한 사람은 과거나 미래 문제에 편중되어 있다.

문제 해결은 현재에 더 집중하는 데에서 시작한다. 정신과 의사들이 'here and now'라고 부르는 원칙이다. 지나간 문제나 앞으로 닥칠 문제를 생각하지 말고 지금 당장 할 일에 집중하라는 것.

이는 새로운 습관을 들이는 과정이다. 가령 매일 아침 일어나 운동을 하거나 닭가슴살로 다이어트를 하는 것과 비슷하다. 그동안의 일정에서 벗어나 새 생활에 길들이는 작업이다. 그런데 아무리 지금 여기에 집중하자고 해도 궤도를 벗어나기 십상이다. '지금 여기'란 말이 추상적이기 때문이다. 그래서 자꾸 미래 불안으로 가든지 과거로 회피하려고 한다.

그러지 않으려면 눈앞에 글씨를 적어놓아야 한다. 지금 당장 종이를 꺼내서 이렇게 적자. '지금, 여기서 내가 원하는 것은 무엇인가?' 혹은 '지금, 여기서 나는 무엇을 해야 하는가?' 그러고서 그 답을 찾아나가야 한다. 답은 한 번에 찾아내지 못할 수도 있다. 다음 예시를 참고해서, 궤도 이탈을 몇 번 겪더라도 되돌아오기 바란다.

며칠 앞으로 다가온 프레젠테이션이 정말 중요해서 잘해내고 싶은데 잘되지 않을 것 같아 불안한 사람의 경우, 이런 과정을 거쳐 스스로 답을 찾을 수 있다.

'지금 여기서 내가 원하는 것은 무엇일까?'

'프레젠테이션을 잘하는 것.'

'아니지, 프레젠테이션은 미래잖아. 지금 뭘 하고 싶으냐고?'

'지금은 준비해야 하는 시간이지. 그런데 지금 준비한다고 발표를 잘할 수 있을까? 또 떨지 않을까?'

'아니 아니, 그건 미래고, 지금 여기서 내가 원하는 것은 뭐지?'

'지금은 준비를 열심히 하고 싶은데, 벌써 밤 11시가 되어버렸어. 퇴근 후에 친구랑 영화를 봤거든. 그러지 말았어야 했어.'

'그건 과거잖아. 지금, 여기서, 내가 하고 싶은 건 뭘까?'

'지금 여기서는 한 시간이라도 집중해서 프레젠테이션 자료를 정리하고 싶어.'

'그래 그럼 적어보자. 「나는 지금 여기서 한 시간 동안 프레젠테이션 자료를 정리하고 싶다.」 라고 이 문장을 적어서 책상 앞에 붙여놔. 그리고 미래가 불안하거나 과거가 후회될 때마다 바라보는 거야. 그래야 자료 정리에 집중할 수 있어.'

현재에 집중하면 문제 해결을 앞당길 뿐만 아니라, 새로운 이득을 얻는다. 그것은 바로 '매력'이다. 현재에 몰두한 사람은 상당히 매력적으로 보인다. 자존감을 높이면서 현재에 몰두할 수 있고, 매력도 함께 얻게 되는 것이다. 일석삼조다.

5

패배주의를 뚫고 전진하기

패배주의에 갇힌 사람들은 아무리 자존감을 높이는 방법을 알려줘도 모른다고 한다. 사랑하는 방법을 모르고, 자신의 결정을 존중하는 방법을 모른다. 운동을 하라고 하면 못하겠다고 한다.

이런 사람들과는 아무리 싸워도 답이 안 나온다. 자존감이라는 단어가 감정적 의미를 내포하기 때문이다. 이들은 논리가 있는 것 같지만 사실 감정으로서의 자존감이 낮다.

하지만 이 경우에도 방법은 있다. 패배주의에 젖어 있거나 자존감에 대해 전혀 몰라도 방법은 있다. 말하자면 자동차 운전법을 배우는 것과 같다고 할까. 자동차가 어떻게 굴러가는지 몰라도 운전은 한다. 자존감도 마찬가지다. 자존감이 무엇인지, 왜 좋아져야 하는지 몰라도, 자존감은 상승할 수 있다.

자존감이 약할수록 신념은 확고하다

패배주의에 빠진 사람들은 확신이 있다. 자신은 잘 안 될 것이라는 확신이다. 그리고 근거를 제시한다. '나는 이러이러해서 안 될 거야. 약을 먹어도 소용없을 거고, 상담을 해도 소용없어. 결국 내가 바뀌어야 하는데, 내가 바뀔 리가 없거든.'

자존감 약한 사람들이 우유부단하고, 결정을 못 내려 갈팡질팡할 거라고 생각한다면 그건 선입견이다. 이들은 확고하다. 본인이 잘 안 될 거라는 믿음만큼은 말이다. 그럴 수밖에 없는 건 그들이 부정적인 사료에 집중하기 때문이다. 자신의 약점, 상처, 결여, 잘 안 된 경력만 상기한다. 부정적 근거를 바탕으로 부정적 결론을 강화시킨다.

물론 이렇게 부정적인 자기 인식을 유지하고 싶은 사람은 없을 것이다. 그러나 굳은 생각을 고치기는 쉽지 않다. 일종의 망상 내지는 신념이 되어 있다. 이런 사람은 건드려봤자 화만 내기 일쑤다. "네가 나를 알아? 내가 어떻게 살아왔는지는 내가 제일 잘 알아. 그러니 설득하지 마. 난 행복할 수 없어!"라고 말하는 식이다. 이런 사람에게 자신을 사랑하라느니 자기 자신을 존중하라는 식의 충고는 의미가 없다. 아마 충고를 반박할 수많은 자료와 근거를 들 것이다.

폐허의 집에서 안락한 집으로

자존감은 집 같은 것이다. 아무리 현실이 고되고 힘들어도 집이 안락하면 잘 견딜 수 있다. 마음을 공격하는 수많은 비난과 비교, 열악한 외부 상황은 일종의 악천후다. 자존감이 견고해야 안전하게 피할 수 있고, 몸과 마음을 추스를 수 있다.

패배주의에 익숙한 사람들은 말하자면 돌보지 않아 엉망진창인 집에 익숙한 사람과 다름없다. 문틈으로 황소바람이 들어오고 천장은 곧 무너져 내릴 듯 위태롭다. 물도 제대로 안 나오고 청소도 하지 않아 지저분하다. 그는 이 집 한구석에 웅크리고 있다. "나는 어릴 때부터 이렇게 살았어. 부모님도 이렇게 살아왔고. 나보다 더 못 사는 사람도 있는데 뭘" 하면서 어색한 웃음을 짓는다. 사정을 아는 지인들이 그를 도우려고 한다. 청소를 해주는 사람, 먹을 것을 채워놓는 사람도 있다. 하지만 그들이 돌아가면 다시 원점이다. 심지어 전문가들이 찾아와서 집을 보수해줄 테니 자기들이 마련한 임시 숙소에서 지내라고 해도 소용이 없다. 공사를 하려면 짐 정리도 해야 하고 정든 물건 몇 가지도 버려야 하기 때문이다. 그는 변화하려 하지 않는다. 발전보다는 익숙한 것을 택한다.

하지만 그런 경우에도 자존감은 변할 수 있다. 받아들일 준비가 되어 있지 않아도 상관없다. 자존감을 집에 비유했지만, 향상되는 과정은 공사가 필요 없다. 허물어져가는 집을 리모델링할 때는 거주자들이 집을 비워줘야 한다. 기존의 구조물을 부숴야 하고 소음과 먼지가 발생한다. 하지만, 자존감을 상승시킬 때는 그런 번거로운 과정이 필요 없다.

기적을 부르는 질문
내가 자존감이 회복된 사람이라면?

자존감을 회복하면 뇌가 건강해진다. 긍정적인 생각을 하게 되고, 사소한 걱정은 무시하게 된다. 타인의 감정에 쉽게 감염되지 않고, 자신의 주관을 잃지 않는다. 그런데 그 역도 성립한다. 뇌가 건강해지면 자존감이 회복된다.

뇌 건강을 되찾으려면 숙지해야 할 점이 두 가지 있다.

첫째, 뇌는 신체기관이다. 머릿속으로 노력하는 것은 큰 의미가 없다. 팔에 근육이 생기길 바라는 것에 비유할 수 있다. 마인드 컨트롤도 필요하지만, 실제 근육을 만들려면 무거운 덤벨을 들어야 한다. 실제 행동이 중요하다.

둘째, 뇌 건강을 위한 노력과 결과 사이의 인과관계는 늘 뒤섞인다. 그러니까 자존감이 회복된 사람처럼 사소한 행동을 하다 보면, 뇌가 건강해지고 자존감이 회복된다.

만일 오늘 밤 기적이 일어난다고 생각해보자. 자는 동안 당신의 자존감이 완벽해졌다고 말이다. 자신을 적절하게 사랑하고, 자신감 있고, 자기 판단을 존중하면서도 타인을 배려하는 따뜻한 사람이 되었다고 상상해보자. 아침이 밝았을 때, 당신은 어제까지와 달리 어떻게 행동할까? 이 질문에 사람들은 이렇게 답했다.

"저는 거울을 보면서 웃을 것 같아요. 아침마다 거울 보는 게 고통이었거든요. 만약 자존감이 좋아진다면 세수를 하면서도 얼굴을 찌푸리지 않을 거고, 샤워하면서 콧노래도 흥얼거릴 것 같아요."

"아침을 먹을 것 같아요. 언제부턴가 야식을 먹었거든요. 그래서 속이 부대끼고 잠도 깊게 못 잔 채로 눈을 떴어요. 밥 생각도 없고, 죽고 싶은 기분으로 회사에 갔죠. 하지만 이제는 아침에 선식을 먹거나 간단하게 샐러드라도 챙겨 먹을 것 같아요."

그 행동을 먼저 하면 된다. 뇌는 원인과 결과를 혼동해서 당신의 행동을 따라간다. 하다 보면 점점 쉬워진다. 익숙해진다.

뇌를 행복하게 하는 세 가지 행동

간단하면서 효과가 좋은 방법도 있다.

걸어라. 자신을 존중하는 사람처럼: 자신을 존중하고 자신의 결정을 믿는 사람처럼 걸어라. 허리는 펴질 것이고, 어깨는 적당히 힘이 빠질 것이다. 여유 있는 사람처럼, 타인의 비난에 별로 개의치 않는 사람의 걸음걸이처럼 발을 내딛어라.

표정을 지어라. 나를 사랑하는 듯이: 거울을 볼 때마다 '내가 나를 사랑하고 있다면, 지금 어떤 표정을 지을까' 떠올리고 그대로 하자. 평범한 기분이라면 당신은 미소 짓게 될 것이다. 하지만 억지로 웃으라고 하지는 않겠다. 살다 보면 애인과 이별하는 날도 있고, 가족이 아픈 날도 있다. 그런 날이라 해도 거울 속의 사람을 사랑하고 있다면 어떤 표정을 지을지 생각하라. 그 표정을 지어라.

혼잣말을 하라: 힘든 일을 겪을 때, 자존감이 아주 강한 사람이라면 어떤 말을 할지 생각해 혼잣말을 하자. "괜찮아, 누구나 이런 일은 겪어"라고 일반화하거나, "나니까 이 정도로 막았지, 다른 사람이었으면 정말 큰 사고를 쳤을 거야"라고 합리화할 수도 있을 것이다. 그 말을 뇌에 들려주라. 뇌는 그런 말을 좋아한다. 뇌가 좋아하는 말을 자주 들려주자.

걷기, 표정 짓기, 혼잣말하기. 이 세 가지를 염두에 두자. 인간만이 할 수 있는 행동이기 때문이다. 인간의 뇌는 이 세 가지 행동을 할 때 활발하게 기능한다. 뇌가 가장 활발하고 효율적으로 움직일 때 자존감을 향상시키면 변화가 이루어진다. 소리 지르기, 물건 때려 부수기, 남 공격하기는 다른 동물들도 할 수 있는 행동이다. 그렇게 행동해서는 뇌 건강을 되찾을 수 없다. 인간답게, 세련되게 살자.

Epilogue

당신은 밀림의 왕이다

오랫동안 나는 사자가 말 그대로 '밀림의 왕'이라고 생각했다. 새끼들과 놀다가 배가 고프면 어슬렁어슬렁 사냥이나 다니며 편하게 사는 줄 알았다. 맘먹으면 얼룩말쯤은 얼마든지 잡고 사자가 나타나면 코끼리나 악어도 꼬리를 내리고 도망갈 거라 생각했다.

그런데 사자의 삶도 그리 녹록하지 않다는 걸 얼마 전에야 알게 됐다. 내셔널 지오그래픽 채널에서 하마에게 공격당하는 사자를 보았다. 새끼를 잃은 어미 하마의 복수였다. 하마의 공격을 받고 내팽개쳐진 사자는 이리저리 비틀거리며 겨우 버티고 있었다. 충격적이었다. 그뿐만이 아니었다. 사자의 삶도 꽤나 힘들어 보였다. 독수리, 하이에나 등 맹수들이 틈만 나면 보금자리를 위협했고, 새끼들이 공격당할까 봐 노심초사했다. 혼자 하는 사냥도 쉽지 않았다. 내 생각과 달리 얼룩말은 빠른 속도로 도망을 쳤고, 심지어 뒷발로 사자를 걷어차기도 했다. 제대로 맞으면 사자의 턱뼈가 으스러질 정도로 강력한 펀치였다. 동물의 왕이라고 여겼던 사자가 뱀에 물려 죽기도 하고 코끼리에게 밟힐까 봐 혼비백산하여 도망을 치기도 했다.

고단한 사자를 보는데 눈물이 찔끔했다. 내가 그렇게 부러워했던 사자였는데, 사자처럼 되고 싶었는데, 정작 사자는 하루하루를 힘들게 버티면서 살아가고 있었다.

어쩌면 우리 삶도 그렇지 않을까 하는 생각이 든다. 지금 한국 사회를 살아가는 우리 모두는 슬픈 사자의 삶을 살고 있는지도 모르겠다. 세상의 중심에 서 있고 싶고, 가족은 나만 믿고 있는데 알고 보니 세상엔 우리를 위협하는 것투성이다. 지금도 힘겨운데 매번 전력질주를 해야 하고, 누굴 앞질러야만 살아남을 수 있다. 우리는 지금 지친 사자처럼 대한민국이라는 정글에서 버티고 있다.

그러나 이렇게 생각하면 어떨까. 지금은 잠시 고된 육아와 생활 전선에서 지쳐가지만, 우리는 모두 사자보다 멋지고 뛰어난 왕이다. 가족에겐 누구와도 바꿀 수 없는 소중한 아들딸이자 부모, 배우자이고, 많은 위기를 견뎌낸 전사이자 꿋꿋하게 삶을 지켜낸 영웅이다. 가끔은 예기치 못한 공격에 중심을 잃기도 하고, 슬픔과 절망 속에서 울부짖기도 하겠지만 왕이라는 사실에는 변함이 없다. 불 꺼진 방안에서 숨죽여 울어도 괜찮다. 약해서가 아니다. 인간이라 그렇다.

어떤 순간에도 잊지 말자. 당신은 밀림의 왕이다. 세상의 중심이다. 당신은 세상에서 단 하나뿐인 소중한 존재다.

자존감 수업

1판   1쇄 펴낸날 2016년 9월 1일
1판 148쇄 펴낸날 2024년 6월 1일

지은이 | 윤홍균

펴낸이 | 박경란
펴낸곳 | 심플라이프
등 록 | 2011년 8월 8일(제406-251002011000219호)
주 소 | 경기도 파주시 광인사길 88 3층 302호(문발동)
전 화 | 031-941-3887, 3880
팩 스 | 02- 6442-3380
이메일 | simplebooks@naver.com
블로그 | http://simplebooks.blog.me

종이 | 세종페이퍼
인쇄 · 제본 | 정민문화사
후가공 | 이지앤비

ISBN 979-11-86757-09-3 03190

• 이 도서의 국립중앙도서관 출판시도서목록(CIP)은 서지정보유통지원시스템 홈페이지(http://seoji.nl.go.kr)와 국가자료공동목록시스템(http://www.nl.go.kr/kolisnet)에서 이용하실 수 있습니다.(CIP 제어번호: 2016014497)